# 古典文獻研究輯刊

## 三八編

潘美月・杜潔祥 主編

# 第 6 冊

## 版本學傳習錄（下）

曹之著、司馬朝軍修訂

國家圖書館出版品預行編目資料

版本學傳習錄（下）／曹之著、司馬朝軍修訂 -- 初版 -- 新北
市：花木蘭文化事業有限公司，2024〔民 113〕
目 6+222 面；19×26 公分
（古典文獻研究輯刊 三八編；第 6 冊）
ISBN 978-626-344-709-7（精裝）
1.CST：古籍 2.CST：版本學
011.08                                        112022571

ISBN-978-626-344-709-7

9 786263 447097

古典文獻研究輯刊
三八編　第六冊　　　　　　ISBN：978-626-344-709-7

## 版本學傳習錄（下）

| 作　　者 | 曹之（著）、司馬朝軍（修訂） |
| --- | --- |
| 主　　編 | 潘美月、杜潔祥 |
| 總 編 輯 | 杜潔祥 |
| 副總編輯 | 楊嘉樂 |
| 編輯主任 | 許郁翎 |
| 編　　輯 | 潘玟靜、蔡正宣　美術編輯　陳逸婷 |
| 出　　版 | 花木蘭文化事業有限公司 |
| 發 行 人 | 高小娟 |
| 聯絡地址 | 235 新北市中和區中安街七二號十三樓 |
|  | 電話：02-2923-1455／傳真：02-2923-1452 |
| 網　　址 | http://www.huamulan.tw 信箱 service@huamulans.com |
| 印　　刷 | 普羅文化出版廣告事業 |
| 初　　版 | 2024 年 3 月 |
| 定　　價 | 三八編 60 冊（精裝）新台幣 156,000 元 |

# 版本學傳習錄（下）

曹之著、司馬朝軍修訂

**上 冊**

第一版曹之先生自序　曹之

第二版曹之先生自序　曹之

修訂版序言　司馬朝軍

**第一編　古籍版本學引論**

第一章　古籍版本與古籍版本學 …………………… 3

　一、什麼是古籍 ………………………………… 3

　二、版本與古籍版本學 ………………………… 5

　三、古籍版本學與相關學科的關係 ………… 10

　四、研究古籍版本學的意義 ………………… 12

　五、古籍版本學的研究方法 ………………… 16

　六、古籍的結構 ……………………………… 19

　七、古籍版本的類別 ………………………… 25

第二章　古籍版本學史略 ………………………… 35

　一、古籍版本學的產生 ……………………… 36

　二、古籍版本學的發展時期（上） ………… 41

　三、古籍版本學的發展時朝（中） ………… 46

　四、古籍版本學的發展時期（下） ………… 52

　五、古籍版本學的成熟時期（上） ………… 59

　六、古籍版本學的成熟時期（下） ………… 65

　七、古籍版本學的繁榮時期（上） ………… 69

　八、古籍版本學的繁榮時期（下） ………… 73

**第二編　中國古籍版本源流**

第三章　寫本源流 ………………………………… 81

　一、先秦兩漢寫本 …………………………… 81

　二、魏晉南北朝隋唐五代寫本 ……………… 88

　三、宋元寫本 ………………………………… 97

　四、明代寫本 ………………………………… 103

　五、清代抄本 ………………………………… 109

　六、佛經寫本 ………………………………… 115

第四章　唐五代刻書 …………………………………… 121
　　一、唐代刻書 ………………………………………… 121
　　二、五代刻書 ………………………………………… 124

第五章　宋代刻書 ………………………………………… 129
　　一、國子監刻書 …………………………………… 129
　　二、公使庫刻書 …………………………………… 133
　　三、朱熹刻書及其他 ……………………………… 137
　　四、陳起刻書及其他 ……………………………… 141
　　五、宋代刻書的特點 ……………………………… 145

第六章　遼夏金元刻書 ………………………………… 149
　　一、遼國刻書 ………………………………………… 149
　　二、西夏刻書 ………………………………………… 151
　　三、金國刻書 ………………………………………… 155
　　四、元代官刻 ………………………………………… 157
　　五、元代書院刻書 ………………………………… 162
　　六、元代民間刻書 ………………………………… 166
　　七、元代刻書的特點 ……………………………… 170

第七章　明代刻書 ………………………………………… 173
　　一、經廠刻書 ………………………………………… 173
　　二、國子監刻書 …………………………………… 178
　　三、藩府刻書 ………………………………………… 185
　　四、書帕本 …………………………………………… 191
　　五、明代家刻 ………………………………………… 194
　　六、毛晉刻書 ………………………………………… 199
　　七、明代坊刻 ………………………………………… 205
　　八、明代刻書的特點 ……………………………… 210

第八章　清代刻書 ………………………………………… 215
　　一、武英殿刻書 …………………………………… 215
　　二、國子監刻書 …………………………………… 219
　　三、官書局刻書 …………………………………… 221
　　四、清代家刻本 …………………………………… 226
　　五、北京琉璃廠招書及其他 ……………………… 230
　　六、清代刻書的特點 ……………………………… 234

## 下 冊

### 第三編 中國古籍版本鑒定

**第九章 根據內容鑒定版本** …………………………… 239
 一、卷數 ………………………………………… 239
 二、編例 ………………………………………… 243
 三、學術源流 …………………………………… 245
 四、名物制度 …………………………………… 245
 五、內容時限 …………………………………… 247
 六、篇目安排 …………………………………… 248
 七、內容文字 …………………………………… 249

**第十章 根據形式鑒定版本** …………………………… 253
 一、書名頁 ……………………………………… 253
 二、序跋 ………………………………………… 255
 三、卷端 ………………………………………… 261
 四、避諱 ………………………………………… 267
 五、牌記 ………………………………………… 272
 六、行款 ………………………………………… 278
 七、字體 ………………………………………… 282
 八、刻工姓名 …………………………………… 288
 九、裝訂形式 …………………………………… 293
 十、紙張 ………………………………………… 297
 十一、藏書印 …………………………………… 304
 十二、室名 ……………………………………… 309

**第十一章 寫本與活字本的鑒定** ……………………… 315
 一、寫本的鑒定 ………………………………… 315
 二、活字本的鑒定 ……………………………… 319

**第十二章 古籍版本作偽** ……………………………… 323
 一、古精版本作偽舉例 ………………………… 324
 二、古籍版本作偽的鑒別 ……………………… 330

**第十三章 考訂一書的版本源流** ……………………… 333
 一、考訂一書版本源流的意義 ………………… 333
 二、考訂一書版本源流的方法 ………………… 334

三、善本 ……………………………………… 339

## 第四編 《中國古籍善本書目》標書方案

與投標課題相關的代表性成果 ……………… 349

課題設計論證…………………………………… 353

  1. 國內外相關研究的學術史梳理或綜述………… 353

    1.1 原版《中國古籍善本書目》的成就與
       不足 ……………………………………… 354

    1.2《中國古籍善本書目》問世之後的訂訛 … 355

    1.3《中國古籍善本書目》問世前後出版的
       「善本書目」「善本圖錄」 …………… 356

    1.4《中國古籍善本書目》問世之後的「古籍
       普查登記目錄」 ………………………… 370

    1.5《中文善本書國際聯合目錄》與《海外
       中文古籍總目》 ………………………… 387

    1.6「全球漢籍合璧」 …………………… 391

  2. 代表成果分析………………………………… 391

    2.1 關於古籍分類 ……………………… 391

    2.2 關於古籍編目 ……………………… 392

    2.3 關於古籍版本學研究 ……………… 398

    2.4 可進一步探討、發展或突破的空間 …… 411

    2.5 本選題相對於已有研究的獨到學術
       價值、應用價值和社會意義 ………… 412

總體框架和預期目標 ………………………… 415

  1. 總體框架 …………………………………… 415

    1.1 本課題內含的總體問題 …………… 415

    1.2 研究對象和主要內容 ……………… 415

    1.3 總體研究框架和子課題構成 ……… 416

    1.4 子課題與總課題之間、子課題相互之間
       的內在邏輯關係 ……………………… 416

  2. 預期目標 …………………………………… 417

    2.1 學術思想理論 ……………………… 417

    2.2 學科建設發展 ……………………… 417

    2.3 資料文獻發現利用 ………………… 418

**研究思路和研究方法** ⋯⋯⋯⋯⋯⋯⋯⋯⋯⋯ 419

　1. 研究思路 ⋯⋯⋯⋯⋯⋯⋯⋯⋯⋯⋯⋯⋯ 419

　　1.1 總體思路 ⋯⋯⋯⋯⋯⋯⋯⋯⋯⋯⋯ 419

　　1.2 研究視角和研究路徑 ⋯⋯⋯⋯⋯⋯ 419

　　1.3 具體闡明研究思路的學理依據、科學性
　　　　和可行性 ⋯⋯⋯⋯⋯⋯⋯⋯⋯⋯⋯ 420

　2. 研究方法 ⋯⋯⋯⋯⋯⋯⋯⋯⋯⋯⋯⋯⋯ 421

　　2.1 針對本課題研究問題擬採用的具體研究
　　　　方法 ⋯⋯⋯⋯⋯⋯⋯⋯⋯⋯⋯⋯⋯ 421

　　2.2 研究手段和技術路線 ⋯⋯⋯⋯⋯⋯ 421

　　2.3 說明其適用性和可操作性 ⋯⋯⋯⋯ 423

**重點難點和創新之處** ⋯⋯⋯⋯⋯⋯⋯⋯⋯ 425

　1. 重點難點 ⋯⋯⋯⋯⋯⋯⋯⋯⋯⋯⋯⋯⋯ 425

　　1.1 本課題擬解決的關鍵性問題 ⋯⋯⋯ 425

　　1.2 本課題擬解決的重點難點問題 ⋯⋯ 425

　2. 創新之處 ⋯⋯⋯⋯⋯⋯⋯⋯⋯⋯⋯⋯⋯ 426

　　2.1 在問題選擇方面的創新之處 ⋯⋯⋯ 426

　　2.2 學術觀點方面的創新之處 ⋯⋯⋯⋯ 426

　　2.3 研究方法方面的創新之處 ⋯⋯⋯⋯ 427

　　2.4 分析工具方面的創新之處 ⋯⋯⋯⋯ 428

　　2.5 文獻資料方面的創新之處 ⋯⋯⋯⋯ 428

　　2.6 話語體系方面的創新之處 ⋯⋯⋯⋯ 428

**參考文獻和研究資料** ⋯⋯⋯⋯⋯⋯⋯⋯⋯ 429

**修訂版後記** ⋯⋯⋯⋯⋯⋯⋯⋯⋯⋯⋯⋯⋯ 455

# 第三編　中國古籍版本鑒定

# 第九章　根據內容鑒定版本

古籍反映了一定時期政治、經濟、文化、語言等背景，無不打上時代的烙印。因此，我們可以通過古籍的卷數、編例、學術源流、名物制度、內容時限、篇目安排、內容文字等鑒定版本。

## 一、卷數

卷是古籍的重要計量單位之一。

### 篇與卷

篇和卷都是古籍計量單位，二者既有區別又有聯繫。就產生時間而言，篇早於卷，因為篇開始是簡策的計量單位，卷開始是帛書的計量單位，簡策的出現比帛書要早。就作用而言，篇主文義起訖，不可分合；卷主帛書短長，可以分合。但是漢代竹帛並行，二者幾乎沒有嚴格的界限了。盧文弨《鍾山札記》卷一云：

> 篇即卷也。《漢志》：《易》皆言篇，《詩》皆言卷。其餘一類之中，或篇或卷不一，至末總其數云：「大凡書六略、三十八種、五百九十六家、萬三千二百六十九卷」，此非「篇」即「卷」乎！

### 分卷方法

一書多卷，分卷方法並不一樣。或一篇就是一卷，《漢志》孝經類著錄十一家五十九篇，五十九篇就是五十九卷。但是《漢志》中也有卷大於篇的。例如《詩經》三百零五篇，《漢志》著錄為二十八卷。紙書盛行之後，卷大於篇的現象非常普遍，如《墨子》七十一篇，高儒《百川書志》著錄為十五卷；《文

心雕龍》五十篇，《隋書·經籍志》著錄為十卷，等等。既然卷大於篇，那麼一卷到底有多少篇呢？這要考慮各卷篇幅長短的平衡、各卷內容的相對獨立等因素，因書而異。例如明葉盛《菉竹堂書目》四卷，經史子集各一卷；明陳增《日涉編》十二卷，雜採故實詩歌，按時令編次，每一月為一卷；明何偉然《廣快書》五十卷，收書五十種，每一種書為一卷；清內府編《佩文韻府》正集四百四十四卷，拾遺一百一十二卷，以韻分卷，每韻一卷。

## 卷次的命名

一書多卷，卷次的命名方法也很複雜，一般說來，絕大多數古籍都用一、二、三……依次命名，但也有下述情況：

（一）二卷本用「上下」「內外」「前後」等命名。例如宋費樞《廉吏傳》二卷，便用「上下」命名。

（二）三卷本用「上中下」命名。如唐林慎思《伸蒙子》三卷和唐殷璠《河嶽英靈集》三卷便是。

（三）四卷本用「甲乙丙丁」「春夏秋冬」「元亨利貞」等命名。例如唐陸龜蒙《笠澤叢書》四卷用「甲乙丙丁」命名；明嘉靖刻本韓邦奇《啟蒙意見》四卷用「元亨利貞」命名。

（四）五卷本用「甲乙丙丁戊」「宮商角徵羽」等命名。例如元王士點《禁扁》五卷用「甲乙丙丁戊」命名；明段一元《化機匯參》五卷用「端的上天梯」五字命名。

（五）六卷本用「禮樂射御書數」命名。例如明羅汝芳《近溪子集》六卷和抄本高攀龍《高子未刻稿》六卷便是。

（六）七卷本用「王侯將相有種乎」等命名。例如宋謝枋得《文章軌範》七卷，舊本用「王侯將相有種乎」七字命名，清刻本又改用「九重春色醉仙桃」七字命名。

（七）八卷本用「甲乙丙丁戊巳庚辛」「黃絹幼婦外孫齏臼」、八音（金石絲竹匏土革木）、八卦（乾坤震巽坎離艮兌）等命名。清厲鶚《樊榭山房集》前集詩八卷便用「甲乙丙丁戊巳庚辛」命名。「黃絹幼婦外孫齏臼」是一個典故。傳說東漢漢安二年（143）五月五日，會稽上虞（今紹興）人曹盱於溺死江中，他的一個 14 歲的女孩名叫曹娥，沿江呼號，悲痛不已，17 天後投江而死。當地的人為了表彰曹娥之孝，在江邊特樹「曹娥碑」，碑文由 13 歲的才子

邯鄲淳書寫，深受人們稱讚〔註1〕。後來，蔡邕慕名而來。他讀了以後，認為碑文的確寫得很好，名不虛傳，便在碑的背面寫了「黃絹幼婦外孫齏臼」八個大字。這八個大字是什麼意思呢？「黃絹」指帶顏色的絲織品，即「絕」字；「幼婦」指少女，即「妙」字；「外孫」指女兒的孩子，即「好」字；「齏臼」指盛放醬菜的器皿，即今「辭」字（異體字作「辤」），合起來即為「絕妙好辭」四個字。

（八）十卷本用天干命名，例如明隆慶刻本王交《綠槐堂稿》十卷、宋《群公四六續集》十卷等便是。此外，也有用「東壁圖書府，西園翰墨林」等命名的。

（九）十二卷本用地支命名。明鄭太和《麟溪集》二十二卷，前十卷用天干命名，後十二卷用地支命名。明張丑《清河書畫舫》十二卷，鮑氏刊本用「鶯嘴啄花紅溜，燕尾點波綠皺」十二字命名。

還有用二十八宿、千字文等命名的。例如明嘉靖本何良俊《何翰林集》二十八卷用二十八宿（角、亢、氐、房、心、尾、箕、斗、牛、女、虛、危、室、壁、奎、婁、胃、昴、畢、觜、參、井、鬼、柳、星、張、翼、軫）命名；明萬曆刻本《新刻出像官版大字西遊記》二十卷用「月到天心處，風來水面時。一般清意味，料得少人知」命名，佛經刻本多用千字文命名。

**卷數的增減**

一書多卷，在流傳過程中，卷數常常發生變化，有的增多了，有的減少了。這是什麼原因呢？第一，內容有所增加。如許慎《說文解字》原書分十四篇，敘目一篇，許慎之子許沖奏上時以一篇為一卷，共十五卷。後來徐鉉校此書時，除糾正脫誤之外，又增加了反切、注釋和新附字，以其篇帙繁重，每卷又各分上下，變成三十卷。宋代楊甲《六經圖》原本六卷、三百零九圖，後來東嘉葉仲堪重新編訂，增圖八十幅，卷數也因此由六卷變成七卷。《文選》舊本三十卷，唐代李善作注後，每卷一分為二、全書遂增至六十卷。第二，內容有所亡佚。宋代龍袞《江南野史》原本二十卷、八十四傳，後亡佚五十傳，到清代編《四庫全書》時，只見到十卷本。清姚際恒《九經通論》原本一百六十三卷，而今天只能看到《詩經通論》數十卷和《春秋通論》殘卷。第三，刻書者的任意分合。有些刻書者喜歡改變卷數，標新立異。朱熹《詩集傳》原本二十

---

〔註1〕《後漢書·曹娥傳》。

卷，後來坊刻肆意合併，清編《四庫全書》時，只看到八卷本。陳彭年《江南別錄》原本四卷，宋齊梁陳每朝各一卷，可是，到清代編《四庫全書》時，只看到一卷本，那是後人把四卷合成一卷了。第四，計算方法不一。宋呂祖謙《春秋左氏傳說》，陳振孫《直齋書錄解題》將《續說》四冊一併計算，著錄為三十卷，《四庫全書總目》不計《續說》著錄為二十卷。《周易注》，其中包括王弼《易注》六卷、《略例》一卷和韓康伯《繫辭注》三卷。王儉《七志》將三者合計著錄，得十卷；《新唐書·藝文志》和《舊唐書·經籍志》僅計王弼所撰，得七卷（包括《略例》在內）。《後漢書》一書，《新唐書·藝文志》析其子卷計之，得一百卷，《宋史·藝文志》合其子卷計之，得九十卷。第五，一書原無定本。如宋程頤《易傳》，王稱《東都事略》作六卷，《宋史·藝文志》作九卷，這是為什麼呢？據楊時跋，程頤沒有寫完《易傳》就死了，其門人張繹續作，沒有多久，張繹也死了。因為《易傳》這本書根本沒有定本，所以傳本各異。第六，計算有誤。例如明嘉靖刻本胡纘宗《鳥鼠山人集》，《四庫全書總目》錯誤著錄為二十九卷，《四庫全書總目》云：「是編凡《正德集》四卷、《嘉靖集》七卷、《鳥鼠山人小集》十六卷、《後集》二卷。」四數相加正好二十九卷。其實，這裡的四、七、十六、二等數應是各分集的終卷數，即《正德集》從第一卷至第四卷、《嘉靖集》從第五卷至第七卷、《鳥鼠山人小集》從第八卷至第十六卷，再加上《後集》二卷，共得十八卷。正是由於上述原因，造成了卷數的變化。

## 卷數與版本鑒定

卷數是我們鑒定版本的重要依據之一。卷數差異往往是同書異本互相區別的一個重要標誌。卷數不同，也就意味著版本的不同。例如《聖宋名賢五百家播芳大全文粹》，宋刻本一百卷；《四庫全書》本和張金吾愛日精廬藏本一百一十卷；陸心源藏精抄本一百二十六卷。宋司馬光《涑水紀聞》，陳振孫《直齋書錄解題》著錄本十卷；清武英殿聚珍本十六卷；明范氏天一閣藏舊抄本二卷。各種杜詩注本分卷也不同：九家集注、黃鶴補注本為三十六卷；《草堂詩箋》本為五十卷；集千家注分類本為三十五卷；劉須溪評點本為二十卷（外文集二卷、附錄一卷）。宋張耒《文潛集》抄本有八十二卷本、六十五卷本和六十卷本等，明嘉靖郝梁本為十三卷，清武英殿聚珍本為五十卷。唐王績《東皋子集》的版本有五卷本和三卷本兩個系統，三卷本屬於刪節本，五卷本早已失

傳，傳世刻本如明崇禎本、清孫星衍岱南閣本、羅振玉唐風樓本均屬三卷刪節本系統。利用卷數鑒定版本一定要詳審卷數。詳審卷數，僅僅查看目錄是不行的，必須翻閱正文，因為目錄和正文不一致的情況還是有的。有時候，可能有書無錄，即正文卷數多，目錄卷數少。如明天一閣刻本《京氏易傳》目錄二卷，正文則有三卷。有時候，可能有錄無書，即目錄卷數多，正文卷數少。如宋羅從彥《豫章文集》目錄題十七卷，實則第一卷有錄無書；明梅鼎祚《書記洞詮》目錄題一百一十六卷，實則補遺四卷有錄無書；清吳之振《宋詩鈔》目錄題一百零六卷，實則鄧肅、魏了翁、方逢辰、岳珂、嚴羽、謝枋得、鄭思肖、王柏等 16 家皆有錄無書。

## 二、編例

所謂編例，就是指一書內容的編製體例。編例有時代性，一個時代的版本在編例方面往往會有某種傾向，這種時代傾向可以作為我們鑒定版本時代的一個依據。

宋代類書盛行，《宋史·藝文志》著錄類書 278 部、10526 卷，後來清人倪燦《補志》又增補類書 2341 卷。這些類書基本上都是依內容分類編排，例如《太平御覽》分 55 部、5363 類（如果加附類，共 5426 類）；《太平廣記》分 92 個大類、150 多個小類；《冊府元龜》分 1104 類。在類書的影響下，宋本唐詩別集常常將內容分類編排，例如《韋蘇州集》分為燕集、寄贈、送別、酬答、逢遇、懷思、行旅、感歎、登眺、遊覽、雜興等類；《孟東野集》分為感興、詠懷、遊適、居處、行役、寄贈、懷寄、酬答、送別、詠物、雜題、哀傷等十四類；《姚少監集》分送別、寄贈、閒適、時序、風月、題詠、遊覽、宴集、和答、酬謝、花木、鳥獸、器用、哀挽、雜詠等類。為什麼宋人喜歡分類呢？除了官修類書的影響之外，還有兩個原因：第一，宋代公牘、應酬文常作四六之體，為文詞藻華麗，多掇拾前人佳句，別集分類編次，正可備作獺祭之用。元劉壎《隱居通議》云：

> 宋初承唐習，文多儷偶，謂之崑體。至歐陽公出……舊格遂變，
> 風動景隨，海內皆歸焉。然朝廷制誥，縉紳表啟，猶不免作對。雖
> 歐、曾、王、蘇諸大儒，皆奮然為之，終宋之世不廢，謂之四六，又
> 謂之敏博之學，又謂之應用。

四六駢文講求工對，分類之書不可或缺。第二，宋代舉業甚盛，士子為了金榜題名，常常捨本逐末，遍求分類之本，權作敲門之磚。正如宋岳珂《愧鄉錄》

卷九所說：

> 自國家取士場屋，世以決科之學為先，故凡編類條目、撮載綱
> 要之書，稍可以便檢閱者，今充棟汗牛矣。建陽書肆方日輯月刊，
> 日異而不同，以冀速售，而四方轉至傳習。

明本唐詩別集則與宋本不同，往往將內容分體編排。例如明正德王廷相序本
《沈佺期集》將內容分為五古、七古、五律、五排、七律、五絕、七絕等類；
明本《孟襄陽集》將內容分為五古、七古、五排、五律、七律、五絕、七絕等
類；明本《岑嘉州集》將內容分為五古、七古、五律、五言長律、長短五七言、
七律、五絕、七絕等類；明本《錢考功集》將內容分為五古、七古、五律、五
言長律、七律、五絕、七絕等類。為什麼明人喜歡分體呢？這與明代前後七子
掀起的復古運動有關。早在七子之前，為反對虛浮的臺閣體，茶陵詩派領袖李
東陽就提出了效法唐詩的文學主張，他在《懷麓堂詩話》中云：

> 詩用實字易，用虛字難。盛唐人善用虛，其開合呼喚，悠揚委
> 曲，皆在於此。用之不善，則柔弱緩散，不復可振，亦當深戒……
> 宋詩深卻去唐遠，元詩淺去唐卻近。顧元不可為法，所謂取法乎中，
> 僅得其下耳。

後來，七子正式提出「文必秦漢，詩必盛唐」的文學主張。李夢陽《與徐氏論
文書》云：

> 夫詩，宣志而道和者也。故貴宛不貴嶮，貴質不貴靡，貴情不
> 貴繁，貴融浴不貴工巧，故曰聞其樂而知其德。故音也者，愚智之
> 大防，莊波簡侈浮孚之界分也。至元、白、韓、孟、皮、陸之徒為
> 詩，始連聯鬥押，累累數千百言不相下，此何異於入市攫金、登場
> 角戲也。

元、白等俱為中晚唐詩人，把他們比做「入市攫金、登場角戲」，其推崇盛唐
詩歌之意，溢於言表。何景明在《大復集・與李空同論詩書》中說得更明確：

> 近詩以盛唐為尚，宋人似蒼老而實疏鹵，元人似秀峻而實淺俗。

明人推崇唐詩，重於各種詩體的寫作方法，而不大關心其內容是送別或是寄贈
等。為了迎合這種社會風氣，明本唐詩別集多因體而編，以便人們模擬。

知道了宋本、明本唐詩別集編例之不同，在我們鑒別版本的時候，就可以
把它作為區別宋本、明本的一個標準。關於這個問題，萬曼先生在《唐集敘錄》
中多次提到，該書《韋蘇州集敘錄》云：

宋人編定唐集，喜歡分類，等於明人刊行唐集，喜歡分體一樣，都不是唐人文集的原來面目。

當然，編例包括的內容很多，以上只是舉例而已。但是，利用編例的時代特徵鑒定版本，也不能絕對化。例如宋本唐集喜歡分類，也並非一概如此。在不少宋本唐集中，常常是分類、分體並用，只不過以分類為主而已。在我們鑒定版本的時候，還要綜合考慮其他方面。

## 三、學術源流

學術的發展有一個循序漸進的過程，這個過程通常可以分為若干階段。這些階段有先有後，有源有流，不可顛倒其先後關係。在學術發展的各個階段中，通常又有不同的派別，這些派別除了具有共性之外，亦各具特徵。例如，近體詩發展到宋代就出現了西崑體、江西詩派、江湖詩派等派別：西崑體專從形式上模仿李商隱，一意堆砌詞藻和典故；江西詩派崇尚瘦硬風格，要求字字有來歷，每每襲用前人詩意而略改其詞；江湖派是指政治上沒有地位的江湖詩人的詩風。實際上，在各個派別之中，每個詩人也有區別於他人的作品風格和學術思想。就是對於一個人來說，他的早期思想和晚期思想也常常會有變化，不可能始終一致，古今中外莫能例外。一個從事古籍版本鑒定的人，如果熟悉古代的學術源流和學術派別，熟悉古人的思想演變過程，就可以把古籍版本鑒定工作從表皮深入到裏層，就能使古籍版本鑒定工作建立在更加可靠的基礎之上。

根據內容鑒定版本不是可有可無，而是非常必要的。根據內容鑒定版本並非易事，沒有對有關學術演變源流的深刻瞭解，即使注意到了版本內容，也仍然難以得出正確的結論。

## 四、名物制度

我國歷史悠久，朝代眾多，名物制度常常因時而異。不瞭解名物制度的變遷歷史，就會犯常識性錯誤。陳垣先生在《元典章校補釋例》第五卷中專門談了沈刻《元典章》在名物制度方面的九條錯誤：

（一）不諳元時年代而誤例：元祐、正統分別為宋、明年號，而沈刻《元典章》卻誤作元代年號。

（二）不諳元時帝號、廟號而誤例：元有太祖、世祖而無聖祖，而沈刻《元典章》有之。

（三）不諳元時部族而誤例：元時部族分為蒙古人、色目人和漢人，而沈刻《元典章》誤「色目」為「色日」。

（四）不諳元時地名而誤例：元有「重慶路」而無「重慶府」，而沈刻《元典章》誤作「重慶府」。

（五）不諳元時人名而誤例：「帖木兒」為元時常見人名，而沈刻《元典章》誤作「站木兒」。

（六）不諳元時官名而誤例：「總把」為元代官名，「把總」為清代官名，而沈刻《元典章》誤作「把總」。

（七）不諳元時物名而誤例：元稱「被絮」為「絮被」，而沈刻《元典章》有「冬則終以被絮暖匣」之誤。

（八）不諳元時專名而誤例：元代「腹裏」專指中書省所轄山東西、河北之地，而沈刻《元典章》誤「腹裏」為「腸裏」。

（九）不諳元時體制而誤例：元代皇帝聖旨稱「欽此」，皇太后懿旨及太子令旨稱「敬此」，沈刻《元典章》多把「敬此」誤作「欽此」。元代規定每月朔（初一）、望（十五）、二弦（初八、二十三）為禁刑日，四天之內不得殺害生物。沈刻《元典章》不諳此制，遂有「禁刑日每月初二、初八、十五、二十五」之誤。元代規定京府州縣官員每日早聚圓坐，參議公事，稱為「圓坐署事」，頗似現代的圓桌會議。其所議謂之「圓議」；其所簽押謂之「圓簽」或「圓押」。沈刻《元典章》不諳此制，多誤「圓」為「圖」「原」等。

陳垣先生講的雖然是刻書、校書，但是對於鑒定古籍版本也完全適用。古籍涉及大量的年號、廟號、地名、人名、物名、規章制度等，這些名物制度常常因版本不同而不同。不熟悉這些名物制度，就無法從內容上鑒定版本。茲以《皇輿全圖》為例加以說明：

《皇輿全圖》是全國地圖，原著錄為「木刻本」，刻印時代不詳。但既然是地圖，總要標識地名，我們完全可以根據地名的時代特徵判斷其刻版時代。該圖山西省內有「朔平府」「右玉縣」「左雲縣」「平魯縣」等地名；陝西省內有「耀州直隸州」「乾州直隸州」「鄜州直隸州」「葭州直隸州」「綏德直隸州」等地名；直隸省內有廣平府「磁州」等地名。據《雍正實錄》卷三十二記載：雍正三年（1725）五月設朔平府，治右玉，大同右玉衛改右玉縣，左雲衛改左雲縣，平魯衛改平魯縣。同書卷三十六記載：雍正三年（1725）九月西安府之華、耀、邠、乾六州和延安府的鄜、葭、綏德三州俱升為直隸州。同書卷四十三記載：

雍正四年（1726）四月河南彰德府之磁州改屬直隸廣平府。以上記載均與《皇
輿全圖》相合。又據《雍正實錄》卷四十六記載：雍正四年（1726）七月末，湖
北景陵縣改天門縣。圖中未有反映。因此，《皇輿全圖》繪製刻版年代當在雍正
三年（1725）九月至雍正四年（1726）七月之間。此圖字跡線條纖細挺直，棱
角分明，和常見的乾隆銅版非常相似，當非木刻，應屬銅版〔註2〕。這個例子說
明考證包括地名在內的各類名物制度，對於鑒定版本來說，是非常重要的。

　　一幅古代山水畫，前人定為北宋范寬名作，理由是落款署名「范寬」。啟
功先生正是從署名入手，否定了前人的結論。范寬本名范中立，華原人，北宋
著名山水畫家。因為性情寬和，人稱「范寬」。可見「范寬」非畫家本名，而
是後人戲稱，哪有畫家自署戲稱之理？版本鑒定也常會碰到類似問題，要弄清
古籍著者的原名、謚號等，如用謚號，則該書必定刻在本人去世之後，而不可
能在其生前。

## 五、內容時限

　　任何人物的活動，都不能超越特定的歷史時期；任何事件的發生，都不能
超越特定的歷史背景。作為記人記事的古籍，也有相應的時限範圍。我們可以
把內容時限作為鑒定版本的一個依據。例如一本記載明初宋濂事蹟的圖書，那
麼，這本書的版本時代當在明代中期之後，最早不得超過明代初期。如果把這
本書定為宋本，那就不對。一本書記事截至清代乾隆年間，那麼這本書的版本
時代當在清代乾隆之後，最早不得超過清代乾隆年間。如果把這本書定為明
本，那就不對。下面再看幾個具體例子：

　　《新鍥皇明紀政錄》，或據明嘉靖三十四年（1555）陳建序定為明嘉靖三
十四年（1555）刻本。查該書為編年體史書，書中記事已至明隆慶六年（1572），
因知此書於明嘉靖十八年（1539）刻版之後，尚有續刻，續刻時間不應早於明
隆慶六年（1572）。

　　《皇明詔令》，或據該書明嘉靖十八年（1539）黃臣序及目錄所載時間定
為明嘉靖十八年（1539）刻本，查該書所載詔令實至明嘉靖二十八年（1549），
因知此書於明嘉靖十八年（1539）之後，尚有續刻，續刻時間不應早於明嘉靖
二十八年（1549）。〔註3〕

---

〔註2〕崔建英：《古籍著錄瑣見》，載《圖書情報工作》1981年第4期。
〔註3〕《中國善本書提要·皇明詔令》。

《太嶽太和山志》，或據明隆慶六年（1572）凌雲翼序定為明隆慶六年（1572）刻本。查該書記事已至明萬曆四十三年（1615），因知此書在明隆慶六年之後尚有續刻，續刻時間不應早於明萬曆四十三年（1615）。〔註4〕

明張孚敬《羅山詩稿》，或據版刻風格定為明正德刻本。查該書所載詩作以編年為序，始辛未終丙申辛未即明正德六年（1511），丙申即明嘉靖十五年（1536）。僅就內容時限而論，已遠非明正德刻本。又考張孚敬原名璁。因犯嘉靖皇帝朱厚熜諱，請旨改名，嘉靖皇帝因賜名孚敬。《羅山詩稿》卷三《弔桂見山三首》自注云：

> 上御文華殿問臣孚敬曰：「桂琴安否？」時子已逝數日矣！傷哉！

這裡既載孚敬之名，可見此事當發生在嘉靖皇帝賜名之後，非正德刻本所應載，正德間張孚敬尚名張璁。因知此書決非正德刻本。〔註5〕以上數例說明古籍時限與版刻年代密切相關。我們鑒定版本的時候，必須詳察內容的時間下限，做到版刻時代與內容時限相一致。鑒定方志尤應注意這種情況，因為方志刻版之後，續修續刻之舉司空見慣，如將續刻之本混同原刻，那就不符合客觀事實。

## 六、篇目安排

篇是古籍的最小單位。篇目的數量、排列等也是鑒定版本的依據，下面略舉數例：

國家圖書館藏《新編對相四言》是一種兒童讀物，「相」就是「圖」，一字一圖，看圖識字。有人以為是明初刻本，王重民先生根據篇目的排列次序定為明嘉靖、萬曆間刻本，其《中國善本書提要·新編對相四言》云：

> 其刻書時代，余疑應在嘉、萬間。何也？第八頁載算盤，一如今式，而次於算子（即籌算）之前。考陶宗儀《輟耕錄》，雖有「算盤珠」之名，而明初人布算，尚莫不用籌，其確言用算盤，始見於景泰元年吳敬之《九章詳注比類算法大全》，至萬曆二十年程大位《算法統宗》出，算盤之用始廣。蓋正德、嘉靖間算盤始稍稍普及。是書列算盤於算子前，必在盤珠勝於算籌之後，余因謂必非明初刻本也。

〔註4〕《中國善本書提要·太嶽太和山志》。
〔註5〕崔建英：《明別集版本審定札記》，載《圖書情報工作》1983年第1期。

　　明淩氏四色套印本有六卷本和八卷本兩種，兩種版本均用同一版片印成，孰先孰後，世鮮知之。王重民先生從對照兩本的篇目入手，發現八卷本將六卷本的文學、賞譽、輕詆三類各分上下兩篇，並變易分卷方法，遂多出兩卷。又通過對校兩本文字異同，終於得出結論：六卷本先印，八卷本後印。王重民先生在《中國善本書提要‧世說新語》中曾經詳細談及鑒定經過：

　　　　八卷較六卷本多兩卷，凡增出之卷，必須空出書題一行，類目標題一行。如八卷本卷一凡三十四頁，即用六卷本前三十四版，而問題在八卷本如何增出書題「世說新語卷二」一行，類目「言語下」一行，因六卷本之第三十五頁無此空地也。其方法為改刻第三十六頁全版，增入書題及題目，而刪減注文，俾空出兩行（「晉武帝始登阼」條，刪去注內「咸熙二年」四字及條末全注。「諸葛規在吳」條，刪去注文十餘字，將原版四行改為三行），則適成為一新本矣。但不對校，不知其技不過如此而已。

以上二例說明內容篇目可以作為我們鑒定版本的線索，抓住這個線索，利用考訂學術源流、校勘文字異同等方法就可以弄清刻印時代。

## 七、內容文字

　　內容文字是古籍的主要組成部分，不同版本的文字差異大量存在。一字之差，意思甚或大相徑庭。杜牧《秋夕》詩云：「銀燭秋光冷畫屏，輕羅小扇撲流螢。天階夜色涼如水，臥看牽牛織女星。」這首詩刻畫了一個純真無邪的少女形象。第三句是環境描寫，「天階」指天井裏的平臺，是少女活動的空間，涼如水的夜色是少女活動的背景。然而，《唐詩三百首》中「天階」作「天街」，一字之差，境界全非。作「天街」的本子把詩中少女說成「宮女」，暗中突出一個怨字。這種解釋與少女的情態格格不入〔註6〕。當然，我們不想在這裡過多地評論是非，但是此例至少說明文字差異常常是不同版本互相區別的重要標誌。下面我們再舉兩個例子：

　　唐高仲武編《中興間氣集》收有朱灣《詠三》詩：「獻玉屢召疑，終朝省復思。即哀黃鳥興，還復白圭詩。請益先求友，將行必擇師。誰知不鳴者，獨下仲舒帷。」為什麼題為《詠三》？因為該詩每一句都包含一個「三」字，第一句「獻玉屢召疑」指楚人卞和三次獻玉之事。第二句「終朝省復思」指代《論語‧學而》

────────────

〔註6〕臧克家：《一字之差，境界全非》，載《文史知識》1990年第6期。

中「吾日三省吾身」之句。第三句「即哀黃鳥興」指這樣一件事：秦穆公死，命以奄息、仲行、鍼虎三個良人殉葬，國人因作《詩經·秦風·黃鳥》，寄託對三人之哀思。第四句「還復白圭詩」指「南容三復白圭」之事，語詳《論語·先進》。第五句「請益先求友」指「益者三友」，語詳《論語·季氏》。第六句「將行必擇師」指「三人行，必有我師焉」，語詳《論語·述而》。第七句「誰知不鳴者」指淳于髡和齊威王的一段對話：「淳于髡說於齊威王曰：『國中有大鳥，止於王庭，三年不蜚又不鳴，王知此鳥何也？』王曰：『此鳥不飛則已，一飛衝天；不鳴則已，一鳴驚人。』」事詳《史記·滑稽列傳》。第八句「獨下仲舒帷」指漢董仲舒「三年不窺園」之事。後人不解詩意，把「三」字改作「玉」字，妄題《詠玉》，元明刻本皆然。知道了這一點，鑒定元明刻本就便當多了〔註7〕。

　　清程偉元萃文書屋曾先後兩次用木活字排印古典名著《紅樓夢》：第一次排印時間在乾隆五十六年（1791），世稱「程甲本」；第二次排印時間在乾隆五十七年（1792），世稱「程乙本」。程甲本和程乙本有什麼區別？俞平伯先生曾將甲乙兩本對勘，發現兩本異文多至 5900 餘字。例如正文第十四回標目，程甲本作「林如海捐館揚州城」，程乙本作「林如海重返蘇州郡」。

### 小結

　　通過內容鑒定版本的途徑是多方面的，以上只是舉例而已。沈從文先生精於古代服飾研究，他根據南唐降宋官吏一律服綠的規定，斷定名畫《韓熙載夜宴圖》成於宋初南唐投降之後，而不能成於李煜未降以前。沈從文先生在《中國古代服飾研究·引言》中還就鑒定古代名畫問題發表了很好的意見：

> 歷代鑒定畫跡時代的專家，多習慣於以帝王題跋、流傳有緒、名家收藏三大原則作為尺度，當然未可厚非。可最易忽略制度的時代特徵……古人說：「談言微中，或可以排難解紛。」但從畫跡本身和其他材料互證，或其他器物作旁證的研究方法，能得專家通人點頭認可，或當有待於他日。

這就是說，人們鑒定名畫往往側重於帝王題跋、流傳有緒、名家收藏等外在方面的東西，而忽略了事物制度的時代特徵，忽略從畫跡本身和其他材料互證、或其他器物作旁證的研究方法。沈先生講的是名畫鑒定，但是對於古籍版本鑒定也完全適用。沈括《夢溪筆談·書畫》亦云：

---

〔註 7〕（清）錢曾：《讀書敏求記·中興間氣集》。

　　歐陽公嘗得一古畫牡丹叢，其下有一貓，未知其精粗。丞相正
肅吳公與歐公姻家，一見曰：「此正午牡丹也，何以明之？其花披哆
而色燥，此日中時花也；貓眼黑睛如線，此正午貓眼也。有帶露花，
則房斂而色澤；貓眼早暮則睛圓，日漸中狹長，正午則如一線耳。」
此亦善求古人筆意也。

又云：

　　藏書畫者，多取空名，偶傳為鍾、王、顧、陸之筆，見者爭售，
此所謂耳鑒。又有觀畫而以手摸之，相傳以為色不隱指者為佳畫，
此又在耳鑒之下，謂之揣骨聽聲。

這兩段話告訴我們：鑒定書畫不能止於耳鑒，不能止於揣骨聽聲，要善求古人
筆意，要從牡丹花和貓眼一日早中晚的變化中，詳考所以然。這裡講的也是書
畫鑒定，同樣適合於鑒定古籍版本。對於古籍版本鑒定來說，人們往往習慣於
耳鑒和揣骨聽聲，而忽略了版本內容的鑒定，應當糾正這種不良傾向。當然，
我們這裡說的版本內容是狹義的，僅指卷頁正文的內容。廣義的版本內容，還
應該包括序跋、卷端題名等所涉及的官名、地名、人名等，因為弄清他們的時
代，是不可能一望而知的，必須進行嚴密的考證。有人建議把版本鑒定稱為版
本考訂，庶幾近之。

# 第十章　根據形式鑒定版本

我們提倡根據內容鑒定古籍版本，並不排斥根據形式鑒定版本。我們主張以內容為主、內容與形式相結合的鑒定方法。有時候，我們可以將古籍書名頁、序跋、卷端、避諱、牌記、行款、字體、刻工姓名、裝訂、紙張、藏書印、室名等，作為版本鑒定的輔助手段。

## 一、書名頁

書名頁是古籍結構的組成部分。

### 書名頁的類型

書名頁有四種類型：（一）只有書名。如清康熙十四年（1675）刻本《賴古堂集》書名頁僅題「賴古堂集」四字；清乾隆十六年（1751）刻本《雪莊西湖漁唱》書名頁僅題「雪莊西湖漁唱」六字。（二）除了書名之外，還有刻書者（或藏版者）。如清雍正九年（1731）陸氏水雲漁屋刻本《南宋詩選》書名頁除了書名之外，於左下角題「水雲漁屋刊本」六字；清康熙刻本《西崑酬唱集》書名頁除了書名之外，於左下角題「本衙藏板」四字。（三）除了書名、刻書者（藏版者）之外，還有刻書時間。如清嘉慶四年（1799）席氏掃葉山房刻本《錢塘遺事》書名頁中題大字書名，右上小字題「嘉慶己未年鐫」，左下小字題「掃葉山房藏板」；清道光二十三年（1843）樸存堂刻本《曲目新編》，書名頁中題大字書名，右上小字題「道光二十三年刻」，左下小字題「樸存堂藏板」。（四）除了書名之外，還有廣告式的文字或插圖。如元至正十六年（1356）翠巖精舍刻本《廣韻》書名頁除題大字書名之外，右邊小字題「五音

四聲切韻圖譜詳明」十字，左邊小字題「至正丙申仲夏繡梓印行」十字，橫眉題「翠岩精舍校正無誤」八字。明萬曆間福建書林金拱塘刻本《新調萬曲長春》書名頁分上下兩節，上圖下文。上圖有對聯云：「灑落千般調，清新萬曲音。」下部除了大字書名之外，還有小字「徽池滾唱新白」「書林金拱堂梓」等字樣。清道光十三年（1833）刻本《東西洋考每月統記傳》書名頁除大字書名外，右邊小字題「十月十一兩月因事未出此書，請看官恕之，嗣後必隨月隨出」；左邊小字題「儒者博學而不窮，篤行而不倦」；橫眉小字題「道光癸巳年十二月」。這是一本類似面刊一樣的出版物，自清道光十三年（1833）起，至道光十七年（1837）止，初刊於廣州，後遷新加坡刊行，多載宗教、政治、科學、商業等內容。

以上四種類型，除第一類外，其他三類都揭示了刻書時間、刻書者（或藏版者），為我們鑒定版本提供了線索，具有重要的參考價值。但是須知，翻刻者常將原刻書名頁照樣刻出，這樣的書名頁就不足為據。有的書商甚至偽刻書名頁冠於後出之本卷首，冒充早期刻本，尤足警惕。

### 關於「藏版」問題

書名頁常見「藏版」二字。所謂藏版，即收藏書版。刻版、藏版和刷印是三個不同的概念。古籍書版刻好之後，只要書版完好無缺，就可以一直刷印下去。即使書版個別地方漫漶斷裂，經過修補仍然可以繼續刷印。書版傳世既久，可能為刻版者世代珍藏，也可能數易其主。藏版者可能是刻版者，也可能是二傳、三傳等。因此不能簡單地把藏版者同刻書者劃上等號。藏版者是否刻書者，要參考其他條件才能確定。1912 年 9 月 8 日魯迅在琉璃廠購到一部《校經山房叢書》，此書係「翻《式訓堂叢書》，此書為會稽章氏所刻，而其版今歸吳人朱記榮，此本即朱所重印，且取數種入其《槐廬叢書》，近復移易次第，稱《校經山房叢書》，而章氏之名以沒」[註1]。也就是說，《式訓堂叢書》為會稽章氏原刻，後將版片賣給書商朱記榮，朱氏易名出版。這種版片轉移的例子是很多的。再如《六書正譌》卷端題「元鄱陽周伯奇編注，明海陽胡正言訂篆」，書名頁題「古香閣藏版」。據此，則該書由胡正言十竹齋原刻，後版片售與古香閣。那麼，此書的版本仍應定為明胡正言十竹齋刻本。又如《四書考異》書名頁題「無不宜齋雕本」「武林竹簡齋藏板」，則此書由無不宜齋刻版，後版

---

〔註 1〕《魯迅全集》第十四卷《壬子（1912）9 月 8 日日記》。

片轉歸竹簡齋，此書的版本仍應定為無不宜齋刻本〔註2〕。以上是藏版者並非刻書者的例子。當然，也有不少藏版者即刻書者的例子。例如《唐才子傳》書名頁題「嘉慶乙丑春鐫」「三間草堂藏板」，據考證，該書即清嘉慶十年（1805）蕭山陸芝榮三間草堂刻本。《說文繫傳》除了書名頁題「新安汪氏藏板」外，卷末有跋云：

　　《說文繫傳》在宋時已多殘闕，較韻譜之顯於學官者大不侔矣。淑慕想有年，幸逢聖朝文治光昭，館開四庫，淑得與諸賢士大夫遊，獲見《繫傳》稿本，愛而欲廣其傳，因合舊抄數本校錄付梓，其相沿傳寫既久，無善本可稽者，不敢以臆改也。刻既竣工，爰贅數語於後。時乾隆壬寅話月古歙汪啟淑跋。

　　結合其他條件，則此書可定為乾隆四十七年（壬寅）汪啟淑刻本。汪啟淑，字秀峰，原籍安徽歙縣（一名新安），僑居杭州，著名藏書家。古人購書的方式有兩種：一是拿錢到書肆購買成書，一手交錢，一手交貨。二是自帶紙張到藏版處刷印，稍微給點賃板費就行了。古籍書名頁刻有「XXX藏版」等字樣，帶有廣告宣傳的作用，它等於向讀者揭示藏版地點，以廣招徠。如宋嘉泰二年（1202）紹興府刻《會稽志》牌記稱印刷本書需紙若干、墨錢和裝背錢若干，顯然是為了方便顧客，請其備足紙張和費用。有些方志刻本，標識「本衙藏版」「縣衙藏版」等，有些家譜刻本，標識「本祠藏版」等，就沒有商業廣告的作用，因為這些書若干年必須例行續修一次，不是什麼人都可以隨便刷印的，只是昭示藏版地點，如此而已。另外，書名頁標識「XXX藏版」字樣，也有附庸風雅的意思在內。古時候，官宦之家刊刻幾部書稿是極普通的事情，這些書標識藏版地點，並不是為了好做生意，而是藉此顯示一下門庭之不凡。總而言之，藏版者是否刻書者，不可一概而論，要結合序跋、藏書目錄、版刻文獻、室名別號索引、原書特徵等進行具體分析。〔註3〕

## 二、序跋

　　序跋是古籍內部的組成部分，對於鑒定古籍版本有一定作用。

### 序跋概說

　　序又叫「敘」或「引」，這是由於避諱所造成的，「蘇東坡祖名序，故為人

〔註2〕何遠景：《藏版與古籍著錄》，《內蒙古圖書館工作》1989年第3～4期。
〔註3〕駱偉：《古籍「藏版（板）」考略》，《圖書與情報》2004年第1期。

作序，皆用『敘』字，又以為未安，遂改為『引』」〔註4〕。既然蘇軾撰文不用「序」字，那麼影響所及，不少文人也便仿而傚之。序的起源可以推到屈原的《離騷》，劉知幾《史通・序傳》指出：「（離騷）其首章上陳氏族，下列祖考；先述厥主，次顯名字。自敘發跡，實基於此。」當然，《離騷》畢竟是一篇楚辭，還不能說它是一篇真正的序文。真正的序究竟始於何時？明劉師曾《文體明辨》說：「序之體，始於《詩》之大序，首言天義，次言風雅之變，又次言二南王化之自。其言次第有序，故謂之序也。」《詩序》有大序、小序之分。鄭玄認為大序為子夏所作；宋以後學者或以為大序為東漢衛宏所作。可見序的產生時間不會晚於東漢。

就序的種類很多。就作者而言，有自序和他序：自序是作者本人所寫；他序非作者本人自寫，而由他人寫成，也有自己先擬好，由他人署名者，可能稍加修改，也可能一字不易。他序如能實事求是，對於引薦人才、獎掖後進具有重要作用，但有些他序充當了吹鼓手的角色，魯迅指出：

> 夫序，原是古已有之，有別人做的，也有自己做的，但這未免太迂，不合於「新時代」的「文學家」的胃口。因為自序，難於吹牛，而別人來做，也不見得定規拍馬，那自然只好解放解放，即自己替別人來給自己的東西作序，術語曰「摘錄來信」，真說得好像錦上添花。「好評一束」還須附在後頭。代序卻一開卷就看見一大翻頌揚，彷彿名角一登場，滿場就大喝一聲采，何等有趣。倘是戲子，就得先買許多留聲機，自己將「好」叫進去，待到上臺時候，一面一齊開起來。〔註5〕

就序的內容範圍而言，有總序和篇序（或類序）：總序是針對全書而寫，範圍較大；篇序（或類序）是針對某篇而言，範圍較小。例如《史記》中的《太史公自序》是總序，儒林、酷吏、滑稽、遊俠、佞倖、貨殖等傳之序就是篇序。《四庫全書總目》四部之首各有總序，各類之首亦有類序。就寫序的時間先後而言，有原刻序、重刻序等：原刻序又叫初刻序，就是一書初刻所寫的序；重刻序是指重刻一書時所寫的序。

序的數量多少也不等。一般是一書一序，但一書多序也並不罕見。一書在

---

〔註4〕（宋）陸游：《老學庵筆記》卷六。
〔註5〕《魯迅全集》卷十四《準風月談・序的解放》。司馬朝軍按：某大咖他序極多，多係求者自擬，或稍加點竄，便成捧臭腳之廣告。不當學術警察，卻破壞學術生態，如此假菩薩可以休矣！曹師生前恥於撰序，可謂行己有恥。

流傳過程中幾經傳刻，內容有所增刪，是造成一書多序的主要原因。明刻本的序言往往是很多的，這與當時的社會風氣有關。例如明崇禎刻本潘一桂《中清堂集詩》累計有李維禎、鄒迪光、姚希孟、陳繼儒等 15 序；明十竹齋刻本《蘇米譚史廣》累計有何偉然、吳從先、王山、周本正、徐造等 16 序；明萬曆刻本程大約《程氏墨苑》累計有申時行、王錫爵、翁正春、董其昌、王思任、屠隆、曹學佺等 18 序。顧炎武《日知錄》卷十九指出：

> （明代圖書）有兩序矣，有三、四序而不至者矣。兩序非體也，不當其人非職也，世之君子不學而好多言也。凡書有所發明，序可也；無所發明，但記成書之歲月可也。人之患在好為人序。

序的內容也很複雜，大致有以下四種：

第一，解釋書名，交待卷數。如元代孫作撰《〈南村輟耕錄〉序》云：

> 余友天台陶君九成避兵至吳間，有田一廛，家於松南。作勞之暇，每以筆墨自隨，時時輟耕，休於樹蔭，抱膝而歎，鼓腹而歌，遇事肯綮，摘葉書之，貯一破盎，去則埋於樹根，人莫測焉。如是者十載，遂累盎至十數。一日，盡發其藏，俾門人小子萃而錄之，得凡若干條，合三十卷，題曰《南村輟耕錄》。

此序說明了書名的來歷和卷數。作者在耕作之餘，以樹葉為紙，積十年之功，匯成一書，令人歎為觀止。

第二，介紹作者生平及寫作經過。如宋晁公武《郡齋讀書志》自序：

> 公武家自文元公來，以翰墨為業者七世，故家多書。至於是正之功，世無與讓焉。然自中原無事時，已有火厄，及兵戈之後，尺素不存也。公武仕宦連蹇，久益窮空，雖心志未衰，而無書可讀，每恨之。南陽公天資好書，自知興元府至領四川轉運史，常以俸之半傳錄。時巴蜀獨不被兵，人間多有異本，聞之，未嘗不力求，必得而後已。歷二十年，所有甚富。既罷，載以舟，即廬山之下居焉。宿與公武厚，一日貽書曰：「某老且死，有平生所藏書，甚秘惜之，顧子孫稚弱，不自樹立。若其心愛名，則為貴者所奪；若其心好利，則為富者所售，恐不能保也。今舉以付子。他日其間有好學者歸焉，不然，則子自取之。」公武惕然從其命，書凡五十篋，合吾家舊藏，除其複重，得二萬四千五百卷有奇。今三榮僻左少事，日夕躬以朱黃讎校舛誤，每終篇輒撮其大旨論之，豈敢效二三子之博聞，所期

者不墜家聲而已。書則固自若也，倘遇其子孫之賢者，當如約。

此序說明了作者的家世、得書經過以及著作之旨。

第三，介紹學術源流，評論得失。如清代龔自珍《〈上海李氏藏書志〉序》云：

> 目錄之學，始劉子政氏。嗣是而降有三支：一曰朝廷官簿，荀勖《中經簿》、宋《崇文總目》、《館閣書目》、明《國史經籍志》是也。一曰私家著錄，晁公武《郡齋讀書志》、陳振孫《書錄解題》以下是也。一曰史家著錄，則漢《藝文志》、隋《經籍志》以下皆是也。三者其例不同，頗相資為用，不能以偏廢。三者之中，其例又二：或惟載卷數，或兼條最書旨。近世好事者則又臚注某抄本，某槧本，某家藏本。茲事殊細，抑專門之業必至於是而始可謂備，則亦未易言矣……上海李氏乃藏書至四千七百種，論議臚注至三十九萬言，承平之風烈，與鄞范氏、歙鮑氏、杭州吳氏、汪氏相輝映於八九十年之間。李君猶且恨生晚，不獲遇純皇帝朝，親獻書。顧異日數本朝目錄，必不遺李氏。吾生平話江左俊遊賓人之美，則極不忘李氏。東南顧，翛翛踞天半矣哉！

此序介紹了目錄源流，對李氏藏書給予高度評價。

第四，介紹刊刻情況。如清代張士元《震川文鈔序》云：

> 震川文集有崑山本、常熟本，皆不全，且為後人所塗乙，頗改舊觀。最後其曾孫莊出所藏抄本，商訂於虞山而刻之，雖亦不免移篇改字之誤，然賴有此刻，人始得見其大全。

此序評論了各本之得失。當然，以上四點並不是孤立的，很多序這四個方面兼或有之，只是重點有所不同罷了。

除了序之外，古籍大多有跋。明人徐師曾《文體明辨序說》云：

> 題跋者，簡編之後語也。凡經傳、子史、詩文、圖書之類，前有序引，後有後序，可謂盡矣。其後覽者，或因人之請求，或因感而有得，則復撰詞以綴於末簡，而總謂之「題跋」。

跋約始於南北朝，據唐李綽《尚書故實》：「《清夜遊西園圖》，顧長康畫，有梁朝諸王跋尾處。」顧長康是晉代畫家顧愷之的字，這是可考最早題跋之一。具體地說，跋與序有三點不同〔註6〕：第一，就位置而言，跋在正文之後，即綴

---

〔註 6〕司馬朝軍按：跋與序是兩種不同的文體，寫法不同，功能各異。

於末簡；而序一般是在正文之前（後序除外）。第二，就寫作時間而言，跋為後覽者所寫，一般是在圖書流傳過程中寫的，成書時沒有；而序則是成書時固有的。第三，就詳略而言，跋略而序詳，跋的篇幅一般沒有序長。書跋大約始於唐代，例如韓愈《讀荀子》、李翺《題燕太子丹傳後》等就是後世所謂跋，跋作為一種文體正式出現於宋代。宋代歐陽修有《集古錄》跋尾若干篇，趙明誠有《金石錄》題跋 502 篇，是他們考證碑刻的文字。毛晉刻《津逮秘書》中收入有蘇軾《東坡題跋》、黃庭堅《山谷題跋》、秦觀《淮海題跋》、陸游《放翁題跋》、歐陽修《六一題跋》、曾鞏《元豐題跋》、朱熹《晦庵題跋》等數十家，可見宋人題跋之盛。宋代以後，不少讀書人都有題跋的習慣，一書讀完之後，乘興握管，或敘述著者身世，或詳察學術源流，或考訂版本原委，足資參考。據王士禎《香祖筆記》卷七：

> 遁園居士云：「金陵盛仲交家多藏書，書前後副頁上必有字，或記書所從來，或記他事，往往盈幅，皆有鈐印。常熟趙定宇少宰閱《舊唐書》，每卷畢，必有硃字數行，或評史，或閱之日所遇某人某事〔註7〕，一一書之。馮具區校刻監本諸史，卷後亦然，並以入梓。前輩讀書，游泳賞味處可以想見。」此語良然。

不過，明清題跋和宋跋明顯不同：宋跋則興之所至，信手拈來，如行雲流水，自然天成，每多妙趣。明清題跋（尤其是清跋），重視傳承、校勘和版本，每多深思熟慮，言不虛發，一篇題跋猶如一篇濃縮的考證論文。當然，坊本不在此例，坊本「不問何書，必有跋尾附贅其後，如塗鴉結蚓，漫漶不可了。試一閱之，支離剿剟，千補百綴，天吳紫鳳，顛倒粗褐，窮子為他家數寶，人皆知其無看囊一錢耳」〔註8〕。有些善本書，跋語往往連篇累牘，叫人目不暇接。例如清王士禎抄本宋琬《宋荔裳人蜀詩》累計有王士禎、莫友芝、葉裕仁、戴望、張文虎等 18 跋。

### 序跋與版本鑒定

序跋是鑒定版本的重要依據之一。現存最早的《鹽鐵論》刻本前有都穆序云：

> 其書在宋嘗有版刻，歷世既久，寖以失傳，人亦少有知者。新淦涂君知江陰之明年，令行禁止，百廢俱興，親民之暇，手校是書，

---

〔註7〕司馬朝軍按：「或評史，或閱之日所遇某人某事」，前者類似史評，後者類似日記。
〔註8〕（清）錢謙益：《絳雲樓題跋·渭南文集》。

仍揭俸刻之，使學者獲凡古人文字之全，而其究治亂、抑貨利以裨
國家之政者，則不但可行之當時，而又可施之後世，此固涂君刻書
之意也。涂君名禎，字賓賢，予同年進士。弘治十四年歲在辛酉朔
旦吳郡都穆書。

結合其他條件，可知此本為明弘治十四年（1501）江陰涂禎刻本。《陸士龍文
集》有都穆跋云：

> 士龍六歲能文，性清正有才，與兄士衡齊名，人謂士龍文雖不
> 及，而持論過之。其所著有集十卷，然人間之傳，率皆錄本，仍訛
> 踵誤，不便覽觀，吳士陸元大近刻士衡集訖工，復取斯集以予家本
> 校而刻之，其亦有功於二俊者哉。正德己卯七月之望太僕少卿郡人
> 都穆。

結合其他條件，可知此本為明正德十四年（1519）陸元大刻本。又如《析城鄭
氏家塾重校三禮圖》二十卷，首二卷為毛氏汲古閣抄補，首有竇儼序，末有
「長南陽山」昌元王履《重刊後跋》，張元濟先生分析說：

> 跋文謂久藏是圖，欲刊之梓，家貧未能。丙午講《易》於「蔿
> 廬」，王文舉來過聽講，謂將謀之鄭侯。文舉不幸不起，鄭侯不忘乎
> 舊，能成故交之心，云云。鄭侯未知何人。跋文稱曰國家大將軍，
> 又著文舉籍為潞城，連類而及者尚有遼東唐括、濮陽矗天佐。之數
> 地者，皆非南宋疆域，而大將軍亦非宋代官名，故人王君靜安謂：
> 「履跋不著年號，但稱丙午，當為蒙古定宗二年（據《元史》，當為
> 元），下距中統紀元尚有十三年，時尚未有年號。『長南陽山』，即南
> 陽書院山長；『蔿廬』，即諸蔿草廬。書名冠以『析城鄭氏家塾重校』
> 數字，『析城』當即淅川，亦南陽屬地，疑鄭侯即淅川人。時宋雖未
> 亡，而諸地實轄於北朝。故此當為蒙古刊本而非宋刊本云云。」是
> 本宋諱玄、敬、殷、貞、徵、讓、桓、慎、敦、廓等字均不闕筆，但
> 恒、筐二字所避。語涉宋帝，亦各提行空格。履跋明言襲藏已久，
> 是必以宋本翻刻，故宋諱偶有未盡刪削之跡。毛氏補抄二卷，書名
> 僅稱《新定三禮圖》，而無「析城鄭氏」等字，所據必為別一宋刻，
> 故竇序「恒」字，即注「御名」，而玄、敬、殷字亦均闕末筆。以彼
> 例此，則此之非宋刻本愈益可信。[註9]

---

〔註 9〕張元濟：《涵芬樓燼餘書錄·析城鄭氏家塾重校三禮圖》，商務印書館 2003 年版。

張元濟先生根據序跋，並考證了序跋所涉及的年號、官號、地名、諱名等，確認此本為蒙古刻本而非宋刻本，證據確鑿，無可辯駁。當然，通過序跋鑒定版本是一件相當複雜的工作，為了避免差錯，要注意下列問題：（一）根據序跋確定刻版年代，要把原刻和翻刻加以區別。有些重刻本往往將原刻序跋照樣刻出，這樣，原刻序跋只能向我們提供原刻本的刻印情況，並不能說明重刻本的刻印情況。重刻本的刊刻年代、刊刻地點和刊刻者只能根據重刻序跋和其他特點考查。例如《晦庵先生語錄類要》有宋淳祐四年（1244）王遂序、元大德六年（1302）詹天祥跋和明成化六年（1470）韓儼跋，後兩跋已失，有人據王遂序定為宋淳祐四年（1244）刻本。其實，就版式而言，該書是大黑口，非宋版所常見，應據韓儼跋定為明成化六年（1470）刻本。（二）有的書正文是原刻，序（跋）是若干年後增刻的，這樣的書應仍以原刻時代、原刻地和原刻者為準。清同治十年（1871）天空海闊之居刻本《見聞隨筆》，有同治十一年（1872）補刻跋，仍應定為清同治十年（1871）刻本。（三）根據序跋所確定的刻版年代應與刻書者、抄書者的時代一致。例如《孔子家語》有明正德二年何孟春跋，版心有「汲古閣」「毛氏正本」字樣，有人將二者簡單地組合在一起，定為明正德二年（1507）毛氏汲古閣刻本。然正德二年（1507）毛氏尚未出生，豈能刻書？！（四）根據序跋所確定的刻版年代，應與校注者的時代一致。例如《理學類編》有嘉靖壬寅益藩重刻序，有人據此定為明嘉靖二十一年（1542）益藩刻本，然卷端下題「新安後學畢懋康孟侯參訂」數字，畢懋康為萬曆人，豈能列名於嘉靖本卷端？此書當係明萬曆刻本。又如《穆天子傳》前有元至正十年（1350）王漸序，有人據此定為元至正十年（1350）刻本，然卷端題「四明范欽訂」，然范欽為明代著名藏書家，豈能列名於元本卷端？此書實為明范欽刻本。（五）根據序跋所確定的刻版年代，應與諱字的時代一致。例如《宋元資治通鑒》有萬曆四年（1576）序，有人據此定為明萬曆四年（1576）刻本，然書中避明熹宗朱由校諱，改「校」為「較」，豈有萬曆四年避天啟帝諱之理？此書當係明崇禎十五年（1642）刻本。總而言之，序跋僅僅是鑒定版本的依據之一，而不是惟一依據，要全面考慮其他情況。

## 三、卷端

卷端書名、編纂校刊姓氏等對於我們鑒定版本是不可缺少的。

### 卷端書名冠詞

書名是一書之名。書名冠詞與版本的關係比較密切。書名冠詞比較複雜，歸納起來有以下幾種情況：

第一，反映內容情況的冠詞。這類冠詞或反映內容編排，或反映內容多寡，或反映插圖情況，或反映內容類別，或反映內容朝代等。反映內容編排的冠詞多有「新編」「分類」等字樣，例如《新編曆法大成》、《集千家注分類杜工部詩》等；反映內容多寡的冠詞多有「增訂」「附」「廣」等字樣，有的直接標明卷回數，例如《增訂漢魏叢書》、《附釋音左傳注疏》、《廣文選》、《大廣益會玉篇》、《四十四回本紅樓夢》等；反映插圖情況的冠詞多有「繡像」「繪圖」「全像」等字樣，例如《繪圖千家詩》、《繡像四遊合傳》等；反映內容類別的冠詞往往畫龍點睛似的點出內容類別，例如《古今演義三國志》、《第五才子佳人書水滸傳》等。反映內容朝代的冠詞有兩種情況：一種是直接標明朝代的名稱，如《唐會要》、《宋文選》等，其中「唐」「宋」等字眼一望而知。另一種是不直接標明「唐」「宋」等字眼，而用另外的字眼表示朝代。歸納起來，這種情況又分兩類：（一）用「國朝」「聖朝」「皇朝」「昭代」「熙朝」等字眼表示作者所在朝代，這些字眼都有正大光明的意思，是古代作者對本朝的尊稱，如宋趙汝愚編宋代大臣奏章為一書，叫《國朝諸臣奏議》；宋呂祖謙編宋人文集為一書，叫《皇朝文鑒》；清陳仲原編清人書信為一書，叫《熙朝尺牘》等。這類情況容易識別，「國朝」「聖朝」「皇朝」「昭代」「熙朝」等字眼所代表的朝代和作者朝代是一致的。（二）用「勝國」「勝朝」等字眼表示作者所在朝代的前一朝，也就是說，作者是明朝人，則「勝國」「勝朝」表示元朝；作者是清朝人，則「勝國」「勝朝」表示明朝。如清吳彌光撰《勝朝遺事》，「勝朝」代表明朝；清沈徵君撰《勝國傳略》，「勝國」也代表明朝。

第二，反映著者及著作方式的冠詞。這類冠詞或反映著者，或反映著者時代，或反映著者籍貫，或反映著者官職，或反映著作方式，或反映評注批校者，或反映皇帝參與著述等情況。反映著者的冠詞如《南豐先生元豐類稿》、《揚子法言》、《幽蘭居士東京夢華錄》等；反映著者時代的冠詞如《唐元次山文集》、《唐孫樵集》等；反映著者籍貫的冠詞如《豫章羅先生文集》、《臨川吳文正公集》等；反映著者職官的冠詞如《翰林楊仲弘詩》等；反映著作方式的冠詞如《注解傷寒論》、《箋注陶淵明集》等；反映評注批校者的冠詞如《李卓吾先生批評西廂記》、《六臣注文選》、《須溪先生校本唐王右丞集》、《金人瑞刪定水滸

傳》等；反映皇帝參與著述的冠詞多有「御定」「欽定」「御纂」等字樣，例如《欽定天祿琳琅書目》、《御定康熙字典》、《御定律呂正義》等。

　　第三，反映版本情況的冠詞。這類冠詞或反映刊刻年代，或反映刊刻者，或反映版本類別，或反映版次，或反映底本，或綜合反映版刻情況等。反映刊刻年代的冠詞如《元刊夢溪筆談》等；反映刊刻者的冠詞如《三桂堂王振華刊本警世通言》、《太平路新刊漢書》等；反映版本類別的冠詞如《百衲本二十四史》、《別本說唐後傳》等；反映版次的冠詞如《新刻急就篇》、《重刊拜經樓叢書》等；反映底本的冠詞如《舊時真本紅樓夢》等；綜合反映版刻情況的冠詞集上述版本情況之大成，包括刊刻年代、刊刻者、刊刻地、版本類別、版次、底本等種種情況，例如《古杭新刊的本關大王單刀會》、《宋刊巾箱本八經》等。

　　第四，綜合性冠詞。這類冠詞內容複雜，全書內容、著者、刊刻等情況兼而有之，如《新刻出像京本忠義水滸傳》、《新刻校正古本大字音釋三國志通俗演義》、《新刻按鑒全像批評三國志傳》等。

　　由此可知，古籍書名冠詞的表現形式真是五花八門、不一而足。為什麼古籍書名冠詞這麼複雜呢？因為我國古代雕版印刷發達，一本書往往有多種版本，為了標新立異，避免重複，刻書者往往在書名上搞些花樣，以廣招徠。這樣就造成書名冠詞紛雜多變的局面，也導致了同書異名的大量出現。在歷代刻本中，明本的冠詞是最多的，這正好從一側面反映了明代刻家之多、刻書之盛。在眾多的明刻本中，坊刻本的冠詞又是最多的。在浩如煙海的坊刻本中，小說、戲劇的冠詞又是最多的。孫楷第在《中國通俗小說書目》卷二中指出：「坊肆刻小說，率將原書妄加品題或改易名稱，以炫耀世人。」《三國演義》在明代流傳甚廣，各書冠詞紛雜舉例如下：

　　　　重刻京本通俗演義按鑒三國志傳（書林楊起元刻本）
　　　　新刻按鑒全像批評三國志傳（余氏雙峰堂刻本）新鍥全像大字
　　通俗演義三國志傳（笈郵齋刻本）
　　　　新樓全像大字通俗演義三國志傳（書林劉龍田刻本）
　　　　新刻音釋旁訓評林演義三國志傳（明刻本）
　　　　新刻京本按鑒考訂通俗演義全像三國志傳（明黃正甫刻本）

同是《三國演義》，版本不同，書名冠詞也不同。在明代，「小說演義之書，士大夫農工商賈無不習聞之，以至兒童婦女不識字者，亦皆聞而如見之」〔註10〕。

_____

〔註10〕（清）顧炎武：《日知錄》卷十三。

像《三國演義》一樣，很多小說戲劇著作都有多種版本，各種版本的書名冠詞同樣千奇百怪。

書名冠詞不同，版本也就不同。書名冠詞常常是同書異本互相區別的重要標誌之一。當我們鑒定一書的時候，不妨從書名入手，瞭解一下本書的原名。如果本書在原名之前另有冠詞，那就說明這本書可能是同書異本。再進一步結合其他條件，確定其版本類別。但要注意一個問題，版本不同而書名冠詞相同的情況也是存在的，例如《東周列國志》清代星聚堂本、義合齋本和森寶齋本書名均題《蔡元放評定本東周列國志》。這就要求我們鑒定版本的時候，不要把書名冠詞絕對化，只能把它當作鑒定版本的線索之一。該書是什麼版本要全面考慮所有條件。

### 編纂校刊姓氏

卷端編纂校刊姓氏也可作為鑒定版本的參考，例如《王子安集》卷端題「唐龍門王勃子安著，明閩漳張燮紹和纂」，這裡出現「唐」「明」兩個朝代名稱，可據以初步斷定，此本決非宋元刻本，只能是明清刻本，否則，宋元本不可能由明人編纂。再查書首曹荃序：

> 紹和雅志好修，不僅立言垂世，然其撰述之富，抑亦近代所無。
> 既已搜刻漢魏以來七十有二家，將漸次及於三唐兩宋，令後世尚文
> 作者如入寶林，豈非快事。乃所梓僅及初唐四君子，尚未竣事，而
> 紹和告殂矣。

結合其他條件，可知此書為明張燮刻本。當然，編纂校刊銜名除了題在卷端之外，亦常題於目錄、卷首、卷末等處，這些題名同樣可資鑒定版本參考。明人刻書習於標榜，每刻一書，常將名流姓氏作為校刊題名冠於簡端，連篇累牘，未能免俗。明崇禎刻本《皇明文徵》卷首有 121 人參校姓氏，明本姚允明《史書》卷首有參校姓氏 283 人，明本張自烈《四書大全辨》卷首竟有參訂姓氏486 人之多。題名之多實承兩漢碑刻陋習，據趙明誠《金石錄》卷二十《晉彭祈碑陰》：

> 題名者凡三百十二人，有故孝廉、計掾、計史、良吏、廉吏、
> 計佐、主簿、領校錄事、中部督郵、西部督郵、軍議從事、和戎從
> 事、記室、督軍謀從事、錄事史、戶曹史、賊曹史、金曹史、田曹
> 史、倉曹史、鎧曹史、兵曹史、客曹史、記室史、節史、車曹史、水

部都督、中部都督、功曹典事、武猛從事、舍人、蜀渠都水行事、
中部勸農、西部勸農、東都水、蜀渠平水、門下賊曹、門下議生、
錄事、金曹掾、兵曹掾、作部史、法曹史、參戰騎督、兵督、散督、
門下書佐、弓馬從事、監牧史、戟史、金曹典事、武猛史、門下通
事、門下小史，凡一官多者十人，少者不減數人，其餘稱故吏，無
官號者，百六十餘人。當時州郡官屬，其濫如是。蓋自漢以來，太
守皆自得署置僚佐，彭君為邊郡守，故其所辟尤眾。今盡錄其名號，
以見一時之製焉。

傅增湘《藏園群書題記·明萬曆刊本唐黃先生文集跋》云：

明末士大夫通聲氣、廣交遊，凡刻一書，必羅列勝流，以震耀
當世，甚至多至百餘人。

此風延及清初，清本范良《詩苑天聲》卷首羅列參訂姓氏 509 人。當然，其中
不少人實際並未參與其事。在清代文字獄中，就有不少以假亂真、釀成大禍的
例子。例如乾隆間湖北黃梅人石卓槐著《喬圃詩鈔》，在出版的時候，背著漢
陽知縣蔣業晉和黃梅知縣黃麟開，把他們作為鑒定者署名卷端，還羅列了參
訂、編次、同訂、校字等，總共有 70 人的名字。乾隆四十四年（1779）被人
告發，說該書語多悖逆、不避廟諱，70 個人都倒了大霉，石卓槐以大逆罪凌
遲處死，其年僅 9 歲的兒子、妻妾等淪為功臣家奴，蔣業晉、黃麟開被革職，
貶謫烏魯木齊〔註11〕。卷端胡亂題名的風氣雖然可惡，但對後人鑒定版本不無
好處。例如《周易說旨》卷首題：

吉永豐一峰羅倫著，巡按江西監察御史武林陳禹謨選輯，督學
江西按察司僉事嘉禾朱廷益校閱，南昌府知縣東嘉何懋官校刊，吉
安府知府京口卜維新、永豐縣知縣吳興吳期焰、南昌府儒學教授時
達行、新建縣儒學教諭馮文盛、南昌府儒學訓導王世昌校正，府學
生員朱學海、葉呈祥、黃以義、熊尚賢同校。

一覽卷首題名，即知此為巡按江西監察御史陳禹謨率領部下刻印者，又卷首有
陳禹謨萬曆十九年（1591）序：

江右為禮義之國，諸儒淵萃其間，名公大夫如吉永豐羅一峰先生，
稟淳詣粹，以經術明聖人之道，五經皆有訓釋，而獨注意於《易》。茲

---

〔註11〕顏吉鶴：《石卓槐〈喬圃詩鈔〉案》，張書才等《清代文字獄案》，紫禁城出版
社 1991 年版。

得其《周易說旨》，大較以經屬本義，故惟因義以明經。義所未備者，則修以釋詞；義所不釋者，則補以己意；其或他氏之足以發明者，亦取附之。不佞誦法是經，亦既有年，既入仕，不遑卒業，乃奉而珍錄之。偕朱學使詳加校閱，刊布學宮，以公之多士。

結合其他條件，可知此本為明萬曆十九年（1591）南昌府儒學刻本。又如李時珍《本草綱目》卷首題名：

敕封文林郎四川蓬溪縣知縣蘄州李時珍編輯，雲南永昌府通判男李建中、黃州府儒學生員男李建元校正，應天府儒學生員黃申、高第同閱，太醫院醫士男李建方、蘄州儒學生員男李建木重訂，生員孫李樹宗、李樹聲、李樹勳次卷，荊州府引禮生孫李樹木楷書，金陵後學胡承龍梓行。

卷首還有萬曆十八年（1590）王世貞序，結合其他條件，可知此書為明萬曆初刻本。馮琦《經濟類編》前有「校刻姓氏」三頁，末題「大明萬曆三十二年校刻於浙虎林郡南屏山」。結合其他條件，可知此書為明萬曆三十二年（1604）杭州刻本。利用編纂校刊人銜名鑑定版本要注意兩點：

第一，詳考編纂校刊人生平，並據以確定時代、地點。例如明丘濬《瓊臺類稿》有明弘治五年（1492）何喬新序，或據以定為明弘治五年（1492）刻本。然審其卷端題銜：「少保兼太子太保戶部尚書武英殿大學士贈太傅諡文莊丘濬仲深」，贈官、諡號都是人死之後才有的，丘濬死於明弘治八年（1495），則此書當是明弘治八年（1495）之後刻本。又如明王象晉《二如亭群芳譜》書名頁有「沙村草堂藏板」等字樣，或據以定為「明天啟元年沙村草堂刻本」，然審其卷端題銜，有「濟南孫 XX 曾孫 XX 校閱」等字校。考王象晉孫輩有王士模，曾孫輩有王啟沆、王啟況等。王士禛生於明崇禎七年（1634），王啟訪生於清康熙元年（1662），王啟湃生於清康熙十一年（1672），則此書當為清康熙十一年（1672）之後刻本。〔註12〕

第二，翻刻本可能將原刻本的編纂校刊銜名照樣刻出，將翻刻本和原刻本加以區別。有些遞修本雖然編纂校刊銜名依舊，但也不能定為原刻本。例如有人僅據北宋國子監校勘官銜名三十四行，把《揚子法言》定為宋治平監本。其實，該書刻工分為南宋初期、南宋中期和元代三期，應定為宋刻宋元遞修本。

---

〔註12〕崔建英：《對版本目錄學的探討與展望》，《津圖學刊》1984 年第 4 期。

除了卷端書名、編纂校刊銜名可資鑒定版本之外，古籍卷端也有直接標明刻書者的例子，如《梁昭明太子文集》卷端題有：

　　　太明遼國寶訓堂重梓

　　　梁昭明太子撰

　　　明成都楊慎周滿

　　　東吳周復俊皇甫沂校刊

不過，對於這種情況要認真分析，不可草率行事。《增訂四庫簡明目錄標注》據卷端題名及嘉靖三十四年（1555）周滿序，著錄為「明楊慎等校定遼府寶訓堂刊本，五卷，在嘉靖乙卯」，嘉靖乙卯即嘉靖三十四年（1555）。這樣著錄似不確，因為明嘉靖三十四年的刻書者是周滿，而非遼藩。遼藩是據周滿刻本重刻者。楊慎等校刊者是周滿刻本，而非遼藩刻本。周滿刻本與遼藩刻本是兩種不同的本子。周本九行二十字，遼藩本八行十六字。

　　總而言之，卷端書名、卷端編纂校刊銜名及其他有關文字均可資鑒定版本參考。

## 四、避諱

　　「千載英雄想子陵，釣臺緣此幾人登。誰知避諱更嚴氏，灘與州名總誤稱。」這是宋人俞元德寫的一首詩〔註13〕。詩中子陵是東漢隱士嚴光之字。嚴光本姓莊，避漢明帝劉莊諱，改姓嚴。他本是漢光武帝劉秀的同學，劉秀即位後，隱身不見。後被召至京師洛陽，授諫議大夫，不就，歸隱於富春山，耕釣而終。詩中所稱釣臺即其垂釣之處，後人稱為嚴陵灘。宋宣和間，方臘起義，改睦州為嚴州。作者有感於避諱改名之亂，作了這一首詩。什麼叫避諱？所謂避諱就是封建時代對於君主、聖賢或尊長的名字，避免直接說出和寫出的種種規定。

### 避諱的歷史

　　我國避諱的歷史最早可追溯到先秦，《禮記・曲禮》上說：「禮不諱嫌名，二名不遍諱。」這就是說，發音相近的字不諱；名有兩字，只諱其中之一，例如孔子母名徵在，諱徵不諱在，諱在不諱徵。不過，那時還沒有一套完備的避諱制度。

〔註13〕（明）郎瑛：《七修類稿》卷十九。

　　秦漢時期，避諱制度逐漸形成。秦漢史書上諱字觸目可見。例如避秦始皇嬴政之名，改正月為端月；避秦始皇父親子楚之名，改楚為荊；避漢高祖劉邦之名，改邦為國，等等。但秦漢時期的避諱制度並不嚴密，史籍中犯諱之例時有發現。

　　魏晉南北朝時期，家諱極嚴。有一次，晉安帝與桓玄一起飲酒，安帝因嫌酒冷，就說：「溫酒來！」犯了桓玄的家諱（其父名桓溫），桓玄便流涕嗚咽。魯迅在《而已集‧魏晉風度及文章與藥及酒之關係》中曾指出：

> 　　本來魏晉時，對於父母之禮是很繁多的。比方想去訪一個人，那麼，在未訪之前，必先打聽他父母及其祖父母的名字，以便避諱。否則，嘴上一說出這個字音，假如他的父母是死了的，主人便會大哭起來——他記得父母了——給你一個大大的沒趣。

避諱至唐宋而極盛。唐代規定，當代君主上數七世，均需避諱。為了避唐太宗李世民之諱，往往採用以「代」代「世」、以「人」代「民」等方法。唐代家諱也很厲害，李賀父名「晉肅」，終生不能考進士。韓愈很為此事打抱不平，專門寫過一篇題為《諱辯》的文章，他詰問道：「父名晉肅，子不得舉進士，若父名仁，子不得為人乎！」

　　宋代規定更嚴，七世以上的君主先人名字也要避諱。據洪邁《容齋三筆》卷十一：

> 　　本朝尚文之習大盛，故禮官討論，每欲其多，廟諱遂有五十字者。舉場試卷，小涉疑似，士人輒不敢用，一或犯之，往往暗行黜落。

宋代一些地方官吏甚至可以在自己管轄的地區硬性推行避諱制度，據《老學庵筆記》卷五：

> 　　田登作郡，自諱其名，觸者必怒，吏卒多被榜笞，於是舉州皆謂「燈」為「火」，上元放燈，許人入州治遊觀，吏人遂書榜揭於市曰：「本州依例放火三日。」

為了避田登之諱，改「燈」為「火」，成語「只許州官放火，不許百姓點燈」即源於此。〔註14〕

　　遼金元是少數民族建立的政權，也有避諱之例。遼太宗名耶律德光，據《遼史‧百官志三》：「崇祿寺本名光祿寺，避太宗諱改。」「范延光」易名「范

---

〔註14〕司馬朝軍按：這就是臭名昭著的「田氏規則」，此後也成了「不成文法」，大體為後代統治者所遵循。

延廣」，「宋光業」易名「宋暉業」。金國避諱尤多，據《金史‧章宗本紀三》，泰和三年（1203）三月，「敕官司，私文字避始祖以下廟諱、小字，犯者論如律」。從金始祖到金太祖凡十代十五帝，遠遠超過了歷代帝王只避七代的舊規。睿宗諱宗堯，《金史‧宗端修傳》云：「章宗進睿宗諱上一字，凡太宗諸子皆加『山』為『崇』，改『宗』氏為『姬』氏。」但章宗又認為「崇」字下半部是個「宗」字，仍舊不能完全迴避「宗」字，因主張依照《蘭亭帖》的寫法把其中的「示」字改為「未」。

元代始祖原不避諱，後受中原文化的影響，漸知避諱，並用法律形式將避諱制度固定下來，據《元史‧刑法志一》：「諸內外百司，凡進賀表箋，繕寫譽籍印識各以式，其輒犯廟諱御名者，禁之。」如《元史‧程鉅夫傳》：「程鉅夫名文海，避武宗廟諱，以字行。」儘管如此，元代並未嚴格執行避諱規定，對於犯罰者的處罰也比較輕，這正是元刻本避諱較少的原因。

明代早期避諱較寬，萬曆以後漸嚴，如避明熹宗朱由校之諱，「校書」之「校」常寫作「較」。清代皇帝康熙（玄燁）、雍正（胤禛）、乾隆（弘曆）、嘉慶（顒琰）、道光（旻寧）、咸豐（奕詝）、同治（載淳）等都有避諱的規定。如「玄」缺末筆，或以「元」代之；「燁」缺末筆，或以「煜」代之。「胤」以「允」代之，「禛」以「禎」「正」代之。「弘」缺末筆，或以「宏」代之。清代避諱始於康熙，雍正、乾隆兩朝避諱最嚴，因犯諱而形成的文字獄時有發生，如乾隆四十二年（1777）江西舉人王錫侯《字貫》案例是一例。《字貫》一書將聖祖、世宗、高宗名字照樣開列，不加迴避，終成大獄。道光、咸豐以後，國勢日下，避諱亦漸趨衰落。

避諱的種類很多，大而言之，約有忌諱、憎諱和敬諱三種：忌諱即迴避不吉利的字眼或音節。如吳人諱言「離散」二字，稱「梨」為「圓果」，稱「傘」為「豎笠」。據《元典章》卷二十八，至元三年（1266）四月，中書禮部規定的《表章迴避字樣》中，如亡、哀、死、滅、凶、壞、亂、夭等不少屬於兇險字。憎諱由於憎惡其人其物而避之，如唐肅宗時，厭惡安祿山其人，凡郡名有「安」者，多加更改，如安康改為漢陰，崇安改為崇平等。敬諱即迴避君長、聖賢或尊長的名字，上文講的多是敬諱。就敬諱的對象來說，又有兩種類型：一是國諱（一名公諱），是所有人都必須迴避的，如漢明帝劉莊的「莊」字就屬於國諱；一是家諱（一名私諱），是指本家族的人必須迴避的，如南宋陸游之子陸子遹迴避「游」字，就屬於家諱。

## 避諱的方法

避諱有改字、空字、缺筆三種主要方法。

第一，改字法，即用同音字或同義字代替諱字。這是一種最常用的避諱方法。司馬遷父名談，《史記》中改「談」為「同」；范曄父名泰，《後漢書》中改「泰」為「太」；劉禹錫父名緒，其詩文改「緒」為「引」。以上是避父名改字之例。漢文帝名劉恒，因改「恒山」為「常山」；唐高祖李淵之祖名李虎，因改「虎林」為「武林」；宋太祖趙匡胤始祖名玄朗，因改「朗山」為「碻山」。以上是避君主名改地名例。孔子名丘，因改「丘」為「邱」；西楚霸王項羽名籍，因改「籍」為「席」；漢宣帝名劉詢，因改「荀卿」為「孫卿」。以上是避諱更改姓名之例。隋煬帝名楊廣，因改《廣雅》為《博雅》；唐太宗名李世民，因改《齊民要術》為《齊人要術》；宋太祖名趙匡胤，因改《廖匡圖詩》為《廖正圖詩》；清聖祖名玄燁，因改《極玄集》為《極元集》；清高宗名弘曆，因改《弘明集》為《宏明集》。以上是避諱更改書名之例。「至聖先師」孔子名丘，《算經》著者張丘建易名張邱建；清世宗名胤禛，《池北偶談》著者王士禛易名王士禎；清仁宗名顒琰，《周易集注》著者王琰易名王琬。以上是避諱更改著者人名之例。還有因犯諱而改官名者，如唐太宗名李世民，因改「民部」為「戶部」等。古人姓名犯諱，以字行的也不少。隋煬帝名楊廣，《史記音義》著者徐廣易名徐野民（以字行），到了唐代，「民」字又犯了諱，「徐野民」又變作「徐野人」；唐玄宗名李隆基，史學家劉知幾因稱「劉子玄」，子玄是其字；清聖祖名玄燁，《後漢書》著者范曄因稱「范蔚宗」，蔚宗是其字。

第二，空字法，即碰到諱字，用「某」或上諱等字代替，或用符號□表示。例如《史記・孝文本紀》云：「子某最長，純厚慈仁，請建以為太子。」「某」即指漢景帝劉啟的「啟」字。《說文解字》中，漢光武帝劉秀的「秀」字，寫作「上諱」。清人段玉裁在《說文解字敘》中說過一段話：「《史記》、《漢書》、《法言》、《大園》敘，皆殿於末。」查遍所有古籍書目，不見《大園》其名，經過認真分析，才知道這是避諱所致：《大園》即漢代揚雄撰《太玄》，古時「太」「大」二字通用，「玄」字犯清聖祖玄燁之諱，改「玄」為「元」，並在「元」字四周圍上方框，便呈「園」形。

第三，缺筆法，即省去諱字的最後一筆不寫。這種方法始於唐初，世、民二字就有採用缺筆避諱的。宋版書中，採用缺筆避諱的字最多。例如南宋紹興八年（1138）刻《世說新語》中，玄、朗、弘、殷、敬、匡、胤、桓、恒等字

均缺末筆。清康熙以後刻本，玄、燁等字用缺筆避諱者也常常看到。

### 避諱的功過

　　避諱是一種歷史現象。由於避諱隨意改易文字，給古籍整理工作帶來一些困難。《宋史·藝文志》別集類著錄有商璠《丹陽集》一卷，總集類又有殷璠《丹陽集》一卷。其實，二書實為一書，前書著者因避趙匡胤父弘殷之諱，改「殷」為「商」。《宋史·藝文志》農家類有《時鏡新書》和《時鑒新書》兩種。其實，二書實為一書，後書因避趙匡胤祖趙敬之諱，改「鏡」為「鑒」。在古籍書目中，一書重出，多半是由避諱易名造成的。

　　避諱也有功，它又可以為古籍整理工作提供一些條件，茲舉數例：《北齊書·神武紀》稱高歡父名高樹，而《北史》和《魏書》稱高歡父名高樹生。到底哪個對？《北齊書·杜弼傳》云：

>　　相府法曹辛子炎諮事，云須取署，子炎讀「著」為「樹」。高祖大怒曰：「小人都不知避人家諱！」杖之於前，弼進曰：「禮，二名不遍諱，孔子言『徵』不言『在』，言『在』不言『徵』，子炎之罪，理或可恕。」

據此，高歡父名當作樹生，否則，遍諱就無所指。這說明《北齊書·神武紀》脫一「生」字。這是根據諱字校勘訛脫之例。《新唐書·藝文志》著錄有隋王通《中說》一書，隋文帝父名楊忠，兼避嫌名「中」字，《中說》之「中」正好犯諱，著者王通既為隋人，豈敢如此！陳垣先生據此斷定，《中說》非隋王通所著，而是偽書[註15]。這是根據諱字辨偽之例。《寶刻類編》撰人無考，其內容始於周秦，終於五代。由此可知，著者不可能是宋代以前的人。宋寶慶間避理宗趙昀之諱，改江南筠州為瑞州。此書正有瑞州碑刻，據此，作者當為宋末人。這是由諱字推知著者時代之例。《漢書·藝文志》諸子略有《莊助》、《莊安》二書，而《漢書》卷六十四又有嚴助、嚴安二傳。按照避諱規定，自然稱「嚴助」「嚴安」為對。為什麼《漢書·藝文志》竟犯諱而稱「莊助」「莊安」呢？這反映了《七略》和《漢書·藝文志》的源流關係。《七略》是源，《漢書·藝文志》是流。《漢書·藝文志》不僅在類目安排方面因襲《七略》，而且它所著錄的圖書除少數新增者外，絕大多數是從《七略》直接抄來的。莊助、莊安都是西漢武帝時人，《七略》又成書於西漢哀帝時，它是不可能迴避

〔註15〕司馬朝軍按：陳垣先生的這一推斷是難以成立的。

東漢明帝之諱的。既然《七略》把書名著錄為《莊助》、《莊安》，那麼，《漢書・藝文志》也就照錄不誤。這是由避諱研究書目源流的例子。

通過諱字，還可以幫助我們鑒定版本。因為諱字有時代性，什麼朝代諱什麼字，是規定好了的。我們通過諱字可推知其版本時代。清盧文弨校《太玄經》，得一舊本，以為是北宋刻本，錢大昕據書末所署「幹辦公事張宴校勘」數字，認為是南宋刻本，理由是「幹辦公事」原作「勾辦公事」，南宋避宋高宗趙構之諱改「勾」為「幹」。錢大昕的分析是正確的。《後漢書》中玄、眩、絃、縣、懸、朗、朓、敬、儆、驚、竟、鏡、境、殷、弘、匡、筐、恇、洭、胤、亂、恒、禎、偵、湞、貞、徵、懲、讓、襄、穰、署、曙、樹、澍、豎、頊、勖、畜、戍、煦、桓、垣、完、丸、紈、浣、莞、筦、構、媾、購、遘、垢、瑗、瑋、慎、軒、轅等字皆缺末筆，其中玄、玹、縣、懸、朗等字避宋太祖趙匡胤始祖玄朗之諱；朓字避趙匡胤高祖趙朓諱；敬、儆、驚、竟、鏡、境等字避趙匡胤祖名趙敬諱；殷、弘等字避趙匡胤父名弘殷諱；匡、筐、恇、洭、胤、亂等字避宋太祖趙匡胤諱；恒字避宋真宗趙恒諱；禎、偵、貞、湞、徵、懲等字避宋仁宗趙禎諱；讓、襄、穰等字避英宗父趙允讓諱；署、曙、樹、澍、豎等字避英宗趙曙諱；頊、勖、畜、戍、煦等字避哲宗趙煦（初名傭）諱；桓、垣、完、丸、紈、浣、莞、筦等字避宋欽宗趙桓諱；構、媾、購、遘、垢等字避宋高宗趙構諱；瑗、瑋、慎等字避宋孝宗趙眘（又名趙環、趙瑋）諱。據此，張元濟先生認為此書「蓋刊於高宗南渡以還，而成於孝宗受禪之後」〔註16〕。

利用諱字鑒定版本要注意兩點：第一，熟悉歷代有關諱字的規定。一般地說，皇帝及其先人之名均需迴避。第二，後出之本往往將祖本的諱字照樣刻出或寫出，這就要求我們不要把諱字當作鑒定版本的惟一根據，還要結合其他特點綜合考察。只有這樣，才能把祖本同後出之本區別開來。查找諱字的工具書有陳垣《史諱舉例》（中華書局 2006 年版）、王彥坤《歷代避諱字彙典》（中州古籍出版社 1997 年版）等。

## 五、牌記

牌記又叫墨圍、木記、碑牌、書牌等，它是古籍版面內容的組成部分之一。它最早出現於宋代，在宋代以後的歷代印本中也都屢見不鮮。牌記的位置並不固定，序後、目錄後、各卷之後，到處可見。清本牌記多在書名頁。各書牌記

〔註16〕《涉園序跋集錄・後漢書》。

的數量不等，有一書一個牌記的，也有一書兩個或多個牌記的。牌記的表現形式五花八門：就字體而言，篆、隸、草、楷、行等各體均有，但以楷書為多；就字數而言，有詳有略，詳者長達數百字，略者短至數字；就形狀而言，有長方形、正方形、亞字形、鼎形、鍾形、爵形、碑形、幡形等，但以長方形為多。牌記四周大多圍有邊框或圖案，但是，有些文字四周雖然沒有邊框或圖案，然而，具有牌記的功能，我們不妨也把它們看作牌記。

## 牌記的內容

牌記的內容有兩個方面：一是反映刻書情況；二是反映圖書內容情況。

反映刻書情況的牌記說明了刻印圖書的種種情況。元延祐五年（1318）刻本《書蔡氏傳輯錄纂注》有「延祐戊午」鍾形牌記，說明了刻書時間。宋建陽蔡琪刻本《漢書集注》有「建安蔡純父刻梓於家塾」長方形牌記，說明了刻書者。宋刻元明遞修本《臨川先生文集》卷末有「嘉靖丁亥秋仲國子監補刊完」牌記，說明了補刊情況。宋嘉泰二年（1202）刻本《會稽志》有牌記云：

> 紹興府今刊《會稽志》一部三十卷，用印書紙八百幅，古經紙一十幅，副頁紙二十幅，背古經紙平表——一幅，工墨錢八百文，每冊裝背□□文，右俱如前。嘉泰二年手分俞澄、王思忠具。

這個牌記說明了刻書原料及成本。日本翻元本《碧巖錄》卷五後有牌記云：

> 隅中書隱鼎刊圜悟《碧巖錄》，幸巳訖事，四方禪友或收得《祖庭事苑》、《萬善同歸錄》及禪宗文字世竿刊本者，幸乞見示，當為繡梓，以廣禪學，此亦方便接引之一端也，告毋金玉幸甚，稟白。

這個牌記像是徵刻啟事。明刻本《宋史全文續資治通鑒》目錄前有牌記云：

> 《宋史通鑒》一書，見刊本者節略太甚，讀者不無遺恨焉，本堂今得善本，乃名公所編者，前宋已盛行於世，今再繡諸梓，與天下士大夫共之，誠為有用之書，回視它本，大有徑庭，具眼者必蒙賞音，幸鑒。

這個牌記說明了刻書緣起。宋刻本《東都事略》目錄後有牌記云：

> 眉山程舍人宅刊行，已申上司，不許覆椒。

這個牌記說明了版權。明刻本《陶靖節集》有「嘉靖丙午毗陵蔣孝校刊」牌記，則綜合說明了刻書時間、刻書地點和刻書者。凡此種種，都說明了與刻書有關的某些情況。

　　反映圖書內容情況的牌記說明了校勘、底本、體例等情況，宋王叔邊刻本《後漢書注》有牌記云：

> 本家今將前後《漢書》精加校證，並寫作大字，鋟板刊行，的
> 無差錯。收書英傑，伏望炳察。錢塘王叔邊謹諮。

這個牌記說明了校勘情況。清康熙間翼聖堂刻本《閒情偶寄》牌記云：

> 先生之書充塞宇宙，人謂奇矣絕矣莫能加矣，先生自蔑視如也，
> 謂平生奇絕處盡有，但不在從前削方中。倘出枕中所秘者公世，或
> 能真見笠翁乎？因授是編，梓為後勁。翼聖堂主人識。

這個牌記說明了底本情況。明刻本《銅人針灸經》中有牌記云：

> 夫療病簡易之法，必須針灸。欲明針灸之方者，必須注意於是
> 經。是經也得之秘傳，治病則有受病之源，指穴則有定穴之法，敢
> 驗神速，繡梓與眾共之，衛生君子請鑒諸。

這個牌記像是內容提要。明萬曆十九年（1591）金陵周曰校刻本《新刻校正古本大字音釋三國志通俗演義》牌記云：

> 是書也，刻已數種，悉皆訛舛，輒購求古本，敦請名士，按鑒
> 參考，再三讎校，俾句讀有圈點、難字有音注、地里有釋義、典故
> 有考證、缺略有增補、節目有全像。

這個牌記說明了全書的體例。凡此種種，都與內容有關。

### 牌記的作用

　　牌記有兩個作用：一是申明版權，二是廣告宣傳。

　　反映刻書情況的牌記旨在申明版權[註17]。我國古代雕版印刷繁榮，刻家眾多，刻本良莠不齊，牌記就有各負其責的意思在內。有些善本是暢銷書，為了防止別人翻刻，除了向上級主管部門申報版權之外，也往往在牌記中予以強調。上文所舉《東都事略》牌記便是一例。又如明萬曆刻本《月露音》牌記云：

> 杭城豐東橋三官巷口李衙刊發，每部紋銀捌錢。如有翻刻，千
> 里究治。

明刻本《大明萬曆七年歲己卯大統曆》牌記云：

> 欽天監奏准印大統曆日頒行天下，偽造者依律處斬。有能告捕
> 者，官給賞銀五十兩。如無本監曆日印信，即同私曆。

---

〔註17〕廖延唐：《古書牌記》，《圖書情報知識》1980年第2期。

清代李漁發明制箋售書法，即在其所刻書中附一短箋出售。短箋上有跋云：

　　是集中所載新式，時人效而行之，惟箋帖之體裁，則令奚奴自

　　製自售，以代筆耕，不許他人翻梓，已經傳札布告，誡之於初矣。

　　倘仍有壟斷之豪，或照式刊行，或增減一二，或稍變其形，即以他

　　人之功，冒為己有，食其利而抹煞其名者，此即中山狼之流亞也。

　　當隨所在之官司，而控告焉，伏望主持公道。至於倚富恃強，翻刻

　　湖上笠翁之書者，大海以內，不知凡幾。我耕彼食，情何以堪，誓

　　當決一死戰。布告當事，即以是集為先聲。總之，天地生人，各賦

　　以心，即宜各生其智，我未嘗塞彼心胸，使之勿生智巧，彼焉能奪

　　吾生計，使不得自食其力哉！〔註18〕

這則跋語，相當於牌記，是一則強硬的版權聲明：如有翻刻，「誓當決一死
戰」。也說明當時侵權行為屢有發生，「大海以內，不知凡幾」。侵權方式多種
多樣，「或照式刊行，或增減一二，或稍變其形」，維權勢在必行。

　　刻書緣起和反映刻書內容的牌記大都帶有廣告宣傳的性質。這類牌記的
文字，或說明校勘之精，或說明底本質量之高，或說明內容之好，或說明體例
之佳。總而言之，都是些溢美之詞。坊刻本中這類牌記尤多。

### 牌記的價值

　　對於今天來說，牌記有什麼作用呢？

　　首先，牌記可以作為鑒定版本的重要依據，因為牌記文字大多反映了刻書
時間、刻書地點、刻書者和版本類別，這就為鑒定版本提供了條件〔註19〕。
但是，利用牌記鑒定版本要注意以下幾個問題：第一，一部書有兩個或兩個以
上牌記，要進行綜合分析。例如明嘉靖十三年至二十八年吳郡袁裘嘉趣堂刻本
《六家文選》有五個牌記，第一個在序後：

　　此集精加校正，絕無舛誤，見在廣都縣北門裴宅印賣。

第二個在卷三十後：

　　皇明嘉靖壬寅四月立夏日吳郡袁氏兩庚草堂善本雕。

第三個在卷四十後：

　　此蜀郡廣都裴氏善本，今重雕於汝郡袁氏之嘉趣堂。嘉靖丙午

　　春日。

---

〔註18〕（清）黃濬：《花隨人聖庵摭憶》第 270 頁，上海古籍書店 1983 年版。

〔註19〕黃強祺：《古書牌記簡述》，《圖書館雜誌》1985 年第 4 期。

第四個在卷六十後：

> 吳郡袁氏善本新雕。

第五個在書後：

> 余家藏書百年，見購鬻宋刻本《昭明文選》有五臣、六臣、李善本、巾箱、白文、大字、小字殆數十種，家有此本，甚稱精善，而注釋本以六家為優，因命工翻雕，匡郭字體未少改易，刻始於嘉靖甲午歲，成於己酉，計十六載而完。

第一個牌記是明人將宋本牌記照樣翻刻而成；第二個牌記說明了刻書時間、刻書地點和刻書者；第三個牌記說明了所據底本、刻書地點、刻書者和刻書時間；第四個牌記說明了刻書地點和刻書者；第五個牌記說明了所據底本和刻書時間。經過分析可知，刻書地點是吳郡，刻書者是袁裒嘉趣堂。刻書時間呢？第二個牌記稱嘉靖壬寅，即嘉靖二十一年（1542）；第三個牌記稱嘉靖丙午，即嘉靖二十五年（1546）；第五個牌記稱「始於嘉靖甲午歲成於己酉」，即始於嘉靖十三年（1534），成於嘉靖二十八年（1549）。牌記所記時間各異，到底以哪個為準呢？當然應該以第五個牌記為準。也就是說，這本書的刻書時間長達十六年之久。至於第二和第三個牌記所指時間應分別指刻第三十卷、第四十卷時的具體時間，不是刻完全書的時間。這說明古書在雕版過程中隨時都可能刻上牌記，牌記並不一定是刻完全書後補刻上去的。因此，我們在鑒定版本時，對於牌記文字所指時間要進行認真分析。第二，翻刻本常將原刻本的牌記照樣刻出，這類牌記只能說明原刻本的刻書情況，並不說明翻刻本的刻書情況。例如《六家文選》中宋代廣都裴氏牌記便是一例。第三，補刻之書，應據牌記所稱時間定為遞修本或補配本，不應單以牌記所稱原刻時間或補刻時間作為出版時間。如《臨川先生文集》不應以「嘉靖丁亥秋仲國子監刊補完」牌記定為明嘉靖六年刻本。《論衡》不應以「正德辛巳四月吉日南京國子監補刊完」定為明正德十六年刻本，以上兩書均為宋刻元明遞修本。第四，古籍版本的情況是複雜的，牌記僅僅是鑒定版本的一個條件，要想準確無誤地鑒定版本，還必須全面考察其他條件。在反映刻書情況的牌記當中，或有刻書時間而沒有刻書者，或有刻書地點而沒有刻書時間或刻書者，或有刻書者而沒有刻書時間和刻書地點，總是很難找到完美無缺的答案。況且，有些翻刻、補刻、作偽的書，情況更加複雜，還有些書根本沒有牌記。以上種種情況說明：牌記僅僅是鑒定版本的一個條件，完全依賴牌記鑒定版本是不行的。

　　另外，牌記還有一定的史料價值。這些史料可與正史稗乘相互印證，甚或可補正史稗乘之不足。在牌記所提供的史料當中，出版史方面的資料是最多的。例如明嘉靖四年至六年震澤王延喆刻本《史記集解索隱正義》是一種著名的善本。清王士禛在《池北偶談・談異三》中講過一個故事：

　　　　一日有持宋槧《史記》求鬻者，索價三百金，延喆紿其人曰：「姑留此，一月後可來取直。」乃鳩集善工，就宋版本摹刻，甫一月而畢工。其人如期至索直，故紿之曰：「以原本還汝。」其人不辨真贋，持去。即而復來曰：「此亦宋槧，而紙差，不如吾書，豈誤耶？」延喆大笑，告以故，因取新雕本數十部散置堂上，示之曰：「君意在獲三百金耳，今如數予君，且為君書幻千萬億化身矣。」其人大喜過望。

根據這個故事可知，王延喆刻《史記》所用底本來自書估，所用時間僅有一個月。事實如何呢？該書索隱之後有牌記云：

　　　　延喆不敏，嘗聞於先文恪公曰：「《國語》、《左傳》，經之翼也；遷史、班書，史之良也。」今吳中刻《左傳》，郢中刻《國語》，閩中刻《漢書》，而《史記》尚未版行。延喆因取舊藏宋刊《史記》，重加校讎，翻刻於家塾，與三書並行於世。工始嘉靖乙酉臘月，迄於丁亥之三月，林屋山人王延喆識於七十二峰深處。

據此可知，王延喆本《史記》始刻於明嘉靖四年十二月，至嘉靖六年三月刻完，共歷一年零四個月。而且所用底本並非來自書估，而是自家舊藏。這說明了《池北偶談》的記載是不足憑信的傳聞而已。南宋紹興二十二年（1152）臨安榮六郎刻《抱朴子》有牌記云：

　　　　舊日東京大相國寺東榮六郎家，見寄居臨安府中瓦南街東開印輸經史書籍鋪，今將京師舊本《抱朴子》內篇校正刊行，的無一字差訛，請四方收書好事君子幸賜藻鑒。紹興壬申歲六月旦日。

此牌記史料價值有二：一是可證北宋東京大相國寺東大街確為書坊雲集之地；二是可證宋南渡後，不少書坊隨之南遷，榮六郎即其一也。日本刻本《新刻五百家注音辯唐柳先生集》卷末牌記稱：

　　　　祖在唐山福州境界福建行省興化路莆田縣仁德里臺諫坊住人俞良甫，久住日本京城阜近，幾年勞碌，至今喜成矣。歲次丁卯仲秋印題。

俞良甫，何許人也？據有關資料記載，俞是福建莆田縣仁德里臺諫坊人，是一個頗有才學的刻工。元末避亂到日本，自稱「中華大唐俞良甫學士」或「大明國俞良甫」。他在日本刻有《月江和尚錄》、《李善注文選》、《碧山堂集》、《白雲詩集》等十多種書，人稱之為「俞良甫板」。他對中日文化交流作出了自己的貢獻。上述牌記內容正好和有關資料相印證，成為反映中日關係史的一個重要史料。

## 六、行款

行款有廣狹二義，廣義的行款指文字的書寫順序和排列形式。世界各國文字書寫的行款不盡相同，有自左往右寫的，有自右往左寫的，還有一種「牛耕式」的行款，即第一行由左往右，第二行又由右往左。我國漢字的行款在甲骨文、金文時期相當自由，有時簡直難以分辨其書寫的先後順序。直到後來才漸漸產生了直行書寫的格式，字序自上而下，行序自右而左。我國古籍一般都採用這個格式。現在改用橫排的書寫方法，字序自左而右，行序自上而下。狹義的行款是指古籍書面版面的行數和字數，或叫行格、行字。本節所談的就是狹義的行款。

### 行款的源流

古籍講究行款始於何時？明王世貞《弇州山人四部稿‧答李駒書》云：「梓法依《獻吉集》行款大小，得二十四卷，刻手頗精，新歲二三月可辦也。」這大約是行款二字見諸典籍的最早記載之一。然而，古籍講究行款則遠在明王世貞之前。出土文物告訴我們，早在竹書盛行的時代，人們就講究行款了。每根竹簡上的字數大體相當，可以說，這是古籍行款之濫觴。紙書出現以後，人們對行款就更講究了。1924 年，新疆鄯善出土的東晉寫本《三國志》殘卷，每行一般為 14 字，看起來比竹書更加整齊了，行款逐漸規範化。雕版印刷發明以後，刻本的行款日臻嚴整。每頁幾行，每行多少字，從頭到尾都不改變，確實做到了整齊劃一，執一而終。為什麼人們這樣講究行款呢？大約有三個方面的原因：一是為了美觀。一本書如果講究行款，行字疏密得當，能給人以節奏美。如果不講究行款，忽密忽疏，滿紙塗鴉，就會面目可憎。二是為了計數。現代圖書的版權頁有字數一項內容：對於讀者而言，由此可推知書的厚薄；對於出版社而言，由此可算出稿費的多少。古籍也要計算字數，如宋本《周易》卷末注「經三千二百五十五字，注五千九百四十四字」；宋本《漢紀》卷末注

「《漢紀》本凡七萬二千四百三十二字，王莽一萬字」；宋撫州公使庫本《禮記鄭氏注》卷末記「凡二十萬一千九百九十二字」，等等。古人這樣做，是否在為讀者著想，不得而知，但由此去計算刻工的報酬則是確定無疑的。刻工報酬多以百字為計算單位，如明末毛晉刻《十三經》、《十七史》，每百字給銀三分。三是為了便於閱讀。一本書講究行款，閱讀起來就方便多了，可大大提高閱讀速度。如果行款不清，讀了這一行還不知道那一行在什麼地方，東找西找，把時間都浪費了。更有甚者，由於行款不清，不可卒讀，只好撫卷長歎，束之高閣。

　　既然古人講究圖書的行款，那麼，正式記載行款始於何時？孔融與竇章（字伯向）書云：「孟陵奴來賜書，見手亦歡喜何量，次於面也。書雖兩紙，八行、行七字，七八五十六字，百一十二言耳。」〔註20〕這是漢代文獻關於行款的最早記載之一。宋趙彥衛《雲麓漫鈔》卷三云：「釋氏寫經，一行以十七字為準。國朝試童行誦經，計其紙數，以十七字為行，二十五行為一紙。」可見宋代寫經已有固定行款，即每頁 25 行、行 17 字。那麼，書目記載行款始於何時？清劉肇隅《宋元本行格表序》云：「書之記行字也，自何小山校宋本《漢書》始也。洎孫氏《平津記》（即孫星衍《平津館鑒藏書籍記》）、黃氏士禮居（即黃丕烈《士禮居藏書題跋記》）諸目而益備焉。」

　　在清代乾嘉之前，記載行款的著作非常罕見，就是乾隆年間編纂的《天祿琳琅書目》和《四庫全書總目》也都沒有記載行款。黃丕烈是最早記載行款的版本學家之一，例如其《重雕嘉靖本校宋〈周禮〉札記序》云：「鄭氏之學惟三禮為最精，三禮之注惟鄭氏為最善。向來三禮鄭注本合刻者以十六行十七字本為佳，相傳為嘉靖本是也。」清代後期，隨著版本學研究的盛行，記載行款的書目才越來越多。光緒二十三年（1897）江標撰《宋元本行格表》是我國最早的記載宋元本行款的專著。江標，字建霞，江蘇元和（今吳縣）人，光緒進士，曾入同文館學習，研究時務。光緒二十年（1894），任湖南學政，整頓校經書院，增設輿地、算學等學科。光緒二十三年（1897）與湖北巡撫使陳寶箴、按察使黃遵憲及譚嗣同等辦時務學堂，刊《湘學報》等。戊戌變法失敗後，被革職。光緒二十五年（1899）因病去世，終年不到 40 歲。江標一生銳意改革，熱心刻書，先後編刊有《靈鶼閣叢書》、《唐賢小集五十家》等，世稱元和江氏湖南使院本。《宋元本行格表》係江標原著，由其門徒劉肇隅編校，有光緒二

〔註20〕（明）張溥：《漢魏六朝百三名家集·孔融集》，四庫全書本。

－279－

十三年（1897）江氏自刻本和 1914 年上海文瑞樓影印本。全書共著錄宋元刻本 1156 種（內含影宋本 65 種、影元本 15 種和金本 6 種），分上下兩卷，其著錄體例是以行數為經，以字數為緯。全書分四行、五行、六行、七行、八行、九行、十行、十一行、十二行、十三行、十四行、十五行、十六行、十七行、十八行、十九行、二十行等十七個大類，每類之下，先後以經史子集和字數多寡為序排列。各書著錄內容用大小兩種字體，大字以「版本＋書名＋字數」的順序著錄，小字注明卷數、校刊人、刻工、諱字、牌記、出處等。如梁沈約撰《宋書》排在九行類下，先用大字著錄為「宋槧明修本宋書行十七字」，然後用小字著錄：「一百卷，版心有字數及刻工姓名，紹興眉山刻七史之一，有弘治四年、嘉靖八年、九年、十年修版，《儀顧堂續跋》。」又如《三蘇先生文粹》排在「十行」類下，先用大字著錄「宋蜀大字本三蘇先生文粹行十八字」，然後用小字著錄：「七十卷，版心有刻工姓名，語涉宋帝皆空格，宋諱避至桓構止，《儀顧堂續跋》。」《宋元本行格表》雖然名為行格專著，但它著錄的內容已經包括了古書版本的許多問題。當然，由於著者多據書目題跋輯錄，視野不廣，明清刻本摒而不錄，其局限性也是很明顯的。除了《宋元本行格表》之外，葉德輝在《書林清話》卷六「宋刻書行字之疏密」一節中也談到宋本的行款問題。近年出版的版本目錄，如北京圖書館《中國版刻圖錄》、傅增湘《藏園群書經眼錄》、王重民《中國善本書提要》等對於行款著錄都比較詳細，可資參看。

### 行款與版本鑒定

我們今天研究行款有什麼意義呢？

研究行款有助於我們鑒定古籍，行款是版本鑒定的依據之一。一種書的同一版本，不管其印數如何多，其行款都是絕對一致的；而同種書的不同版本，除影刻等情況外，其行款多數是不相同的。例如宋紹興十八年（1148）建康郡齋刻《花間集》行款為八行、行十七字，假如當時印 500 部，那麼這 500 部《花間集》的行款肯定都是八行、行十七字；而《花間集》的另外一種版本為宋公文紙本，它的行款就不是八行、行十七字，而是十行、行十七（或十八）字了。又如傳世《資治通鑒》，宋元刻本有兩種：一種是宋紹興三年（1133）兩浙東路茶鹽司公使庫刻本，行款為八行、行十七字；一種是元至元二十六年（1289）福州魏天佑刻本，行款是十一行、行十九字。根據上述特點，我們可以據行款大體推知古籍的版本系統。如傳世宋蜀本唐人集有兩個系統：一為十一行本，約刻於南北宋之際；一為十二行本，約刻於南宋中葉。國家圖書館藏

《駱賓王文集》、《李太白文集》、《王摩詰文集》均十一行、行二十字，屬於十
一行本系統，當是南北宋交替之際四川刻本；國家圖書館藏《孟浩然詩集》、
《孟東野文集》、《李長吉文集》、《鄭守愚文集》等均十二行、行二十一字，屬
於十二行本系統，當是南宋中葉四川刻本。又如國家圖書館藏《書集傳音釋》
六卷，原京師圖書館舊目定為元刻，而《北京圖書館善本書目》定為明刻，到
底哪個對呢？清望三益齋有翻明本《書集傳音釋》，在翻刻之前，曾據元刻本
及抄本校其訛誤。國家圖書館所藏正與元本相同，沒有明本之訛誤。王重民先
生在比較元明兩刻的內容正誤之後，又據行款斷定國家圖書館藏本為元至正
十三行本系統。其《中國善本書提要・書集傳音釋》云：

> 考元刻有數本，《天祿琳琅書目續編》卷八有至正乙酉虞氏明復
> 齋刻本；《愛日精廬藏書志》卷二有至正辛卯德星書堂刻本，又邵氏
> 《標注》稱：「蔣寅昉新得元刻本，半頁十三行，每行二十三字。」
> 按望三益齋本有祝鳳喈跋，稱「海昌蔣君光蜻寄以元至正間《音釋》
> 刻本。」因知所據校之元至正本，即邵氏所稱十三行本也。此本行
> 款正同，宜其文字無異，然則此本又當為元至正間所刻者矣。

另外，版本學所謂大字本、小字本也與行款有關，一般古書版框高 20 釐
米左右，半頁寬 13～14 釐米，行款為半頁十行、行二十字左右。大字本，字
大如錢，其行款小於此數；小字本行緊字密，其行款大於此數。如宋蜀大字本
《春秋經傳集解》的行款是八行、行十六字；元延祐大字本《論語集注》的
行款是七行、行十五字；元大字本《毛詩注疏》的行款是八行、行十八字；宋
小字本《晉書》的行款是十四行、行二十六或二十七字；宋小字本《漢書》
的行款是十二行、行二十二字。古代有些刻書家所刻各書的行款很有特點。
有時候，在沒有序跋、牌記等版本記載的情況下，亦可根據行款大體推知其為
某家刻本。如宋臨安陳起陳宅書籍鋪刻唐詩別集的行款都是十行、行十八字，
國家圖書館藏有唐代《唐求詩集》，雖然該書沒有任何版本記載，但專家們鑒
於該書的行款也是十行、行十八字，再結合字體、刀法、版式等情況一併考慮，
認為該本很可能也是宋臨安陳起陳宅書籍鋪刻本。通過行款鑒定版本要注意
兩個問題：第一，不應盲從前人舊說。由於版本情況多變，加上見聞所限，前
人的說法不一定全對。清王端履《重論文齋筆錄》卷五云：

> 或謂余曰：「宋人刻書每行字數如其行數。如每頁二十行，則每
> 行各二十字；每頁二十二行，則每行各二十二字。」此亦不盡然，

> 如錢竹汀日記所載宋版《儀禮注》，每頁二十八行、行二十四字；宋
> 刻《漢書》每頁二十八行、行二十四字；宋刻《司馬溫公集》每頁
> 二十四行、行二十二字；宋刻《史記》每頁二十六行、行二十五字，
> 又一本每頁十八行、每行十六或十七字；宋刻《列子》每頁二十四
> 行、行二十五字。則其說不足據矣。近日書賈無不作偽以欺世，新
> 進後生皆當慎之。

第二，要把翻刻本同原刻本加以區別。有些翻刻本同原刻本的版式、字體、刀法、行款、牌記、諱字等完全一致，惟妙惟肖，幾可亂真，就不可簡單地根據行款等特點定為原刻本。如宋代黃善夫本《史記》的行款是半頁十行、行十八字，而明代四種著名翻刻本（即王延喆本、秦藩本、廖中豈本和汪諒本）的行款均為十行、行十八字。這樣，就不能簡單地依據行款把它們都定為宋黃善夫本。這就要求我們在審查行款的同時，還要對其他版本特徵（如內容、卷數、序跋、牌記、諱字、版式、刀法、墨色、紙張、藏書印等）進行全面考察，不能把行款作為鑒定版本的惟一依據。

# 七、字體

　　古人非常重視書法。古書的字跡常常是我國書法藝術寶庫中的珍品，它從一個側面反映了中華民族燦爛的古代文化。古書的字體非常複雜，歸納起來，大致有如下幾種類型：（一）依漢字演變的先後次序分類，有甲骨文、金文、大篆、小篆、隸書、草書、楷書、行書等；（二）依書法流派分類，有歐體、顏體、柳體、趙體等；（三）依字體大小分類，有大字、小字等；（四）依筆劃繁簡分類，有繁體、簡體等。

## 依漢字演變的先後次序分類

　　我國最早的文字是甲骨文，甲骨文是刻在龜甲或獸骨上的文字，因為它是用刀刻成的，所以筆劃直而細，圓筆少。甲骨文盛行於商代後期，直到清代光緒二十五年（1899）才被人們發現。現在所見到的甲骨文總數有 4600 字左右，可識者只有 1700 餘字。周代盛行金文，金文是刻鑄在鐘鼎彝器上的文字，因此又叫鐘鼎文。這種文字的筆劃開始有了粗細之分，也有一些圓筆。現在所見到的金文有 3000 多字，可識者有 2000 字左右。大篆是戰國時期的文字。由於當時群雄爭霸，各自為政，文字極不統一，一個字往往有多種寫法，有些字甚至還加了一些與字義無關的圖案。公元前 221 年，秦始皇統一中國後，把全國

文字統一為小篆，小篆的象形性大大減少，字形稍長，筆劃符號化、規律化，這是我國歷史上第一次文字規範化實踐。隸書是由篆字簡化演變而成的一種字體，它把篆書圓轉的筆劃變為方折，象形符號減少，字形扁闊，筆劃平直，橫畫蠶頭燕尾，這種字始於秦代，盛於漢魏。西漢末年出現草書。草書筆劃太簡，強調牽絲連繫，字形易混，辨認費力，所以始終沒有取代隸書。東漢末年出現楷書。楷書是以隸書為基礎發展而來，楷書初叫「正書」，稍後又叫「真書」。「楷書」之名始於唐朝。「楷」是模範、法式之意。顧名思義，楷書就是供人們學習模仿的標準字體，其特點是：形體方正，筆劃平直、一絲不苟。楷書之後又出現行書。楷書易認，但書寫較慢；草書寫得快，但苦於認讀。行書取二體之長，補二體之短，可以說是楷書之草化、草書之楷化。整個漢字演變過程，主要就是上述幾種字體。

　　古籍字體，不管是抄本還是刻本，多為楷書。這是因為：（一）楷書容易認讀，而草書筆劃龍飛鳳舞，篆書筆劃繁複曲折，都不易認讀；（二）楷書易寫易刻，而草書筆劃交錯如網，篆字部首疊床架屋，難寫難刻。歷代刻書亦多延請楷書名手繕寫。如前所言，五代監本由書法家李鶚、郭嶸繕寫；宋監本由書法家趙安仁、張致用、陳元吉、韋宿等繕寫；明代經廠本的寫工都進行過專門訓練；清代的寫刻本更是出自名家之手。楷書是古書使用最多的一種字體。當然，除了楷書之外，其他字體也間或使用，草書多用於書畫題辭，行書多用於序跋，序跋也有用草書的，篆字多見於藏書家印章。到了清末，隨著甲骨文的發現，也有用甲骨文入印的。明代許宗魯刻書喜歡用篆字。清乾隆五十八年（1793）近市居刻《尚書集注音疏》（江聲編）也全用篆文刻印，此書現藏武漢大學圖書館。由此看來，我們閱讀古籍，要懂得漢字演變史，要有點文字學常識。

### 依書法流派分類

　　古籍字體多為楷書，楷書在長期使用和書寫實踐中形成各種流派。各種流派都有其代表人物。比如東漢的張芝，三國的鍾繇，東晉的王羲之、王獻之，隋代的智永，唐代的歐陽詢、虞世南、褚遂良、顏真卿、柳公權等，宋代的蘇軾、黃庭堅、米芾、蔡襄，元代的趙孟頫，明代的文徵明、董其昌等，清代的林佶、許翰屏、鄧石如、梁同書、翁方綱、包世臣、何紹基等都是各自有體，自成一家。這裡我們重點介紹一下對古籍字體有重大影響的王羲之和歐、顏、柳、趙諸人。

王羲之（321～379），字逸少，琅瑯臨沂（今屬山東）人，東晉書法家。因做過右軍將軍，人稱王右軍。其書法博採眾長，精研體勢，結構嚴謹。其傳世墨蹟有行書《蘭亭集序》、楷書《黃庭經》、《樂毅論》等。王羲之的書法藝術對歷代書法產生了深遠的影響。

歐陽詢（557～641），字信本，潭州臨湘（今屬湖南長沙）人，唐代書法家。其書法特點是結體長方，於平正中見險絕。筆劃以方為主。善於運用誇張的藝術手法：筆劃多的字，寫得特別大；筆劃少的字，卻寫得特別小；有些字形本來就扁，卻寫得特別扁。有些筆劃往往是奇峰突起，出人意料。儘管如此，歐體字仍然給人以端莊穩重之感，並不因長短大小不一而顯得凌亂散漫。其傳世墨蹟有《九成宮醴泉銘》、《化度寺碑》等。

顏真卿（709～785），字清臣，京兆萬年（今陝西西安）人，唐代書法家。他在平定安史之亂中立過大功，唐代宗時，封為魯郡公，人稱顏魯公。他的學術成就也很高，除了文集之外，還有《韻海鏡源》三百六十卷，可惜今已失傳。其書法特點是氣勢雄偉，筆劃豐肥，用筆以圓筆為多。捺筆斜度大、分量重、出腳長。橫畫比豎畫細，口字上寬下窄，豎畫起筆重、頓挫有力。其傳世墨蹟有《多寶塔碑》、《顏家廟碑》等。

柳公權（778～865），字誠懸，京兆華原（今陝西耀縣）人，唐代書法家。其書法特點是字形比顏字稍長，筆劃也稍細。筋骨外露，筆劃富有彈性，無論橫、豎、撇、捺，筆勢都向四方伸展。用筆方圓兼施，橫畫短者愈短、長者愈長，豎鉤向左平出，撇細而輕，包圍結構的字上寬下窄。其傳世墨蹟有《玄秘塔碑》、《金剛經》、《神策軍碑》等。

趙孟頫（1254～1322），字子昂，號松雪道人（又號水晶宮道人），湖州人，元代書法家。其書法特點是點畫圓潤，結體秀美，運筆純正，不故弄玄虛，筆路交待得十分清楚，點畫呼應十分緊密。外似柔潤而內實堅剛，形體端秀而骨架勁挺。他對小楷、大楷、行書、篆書等無不擅長，對明清兩代影響甚大。其傳世墨蹟有《洛神賦》、《道德經》、《四體千字文》等。

除了歐、顏、柳、趙諸體之外，還有匠體、館閣體等。匠體（一名宋體）是指那種非歐非顏非柳非趙的字體，其筆劃特點是豎粗橫細，字形長方。它是專業刻工發明的。清人指出：

> 宋體字者，流俗通用刻書之字體也。蓋北宋時刊本，俱能書之士各隨字體書之。元人刊書，盛仿趙松雪字體。明隆萬時始有書工

專為寫膚廓字樣，謂之宋體。刻書者皆能寫之。〔註21〕

因為匠體字生硬板滯，毫無生氣，又稱「硬體字」。館閣體是流行於館閣及科舉試場的一種字體，因館閣及翰林院官僚擅寫此體而得名。館閣體始於明永樂間，當時叫「臺閣體」。明成祖朱棣召善書之士為宮廷服務，稱為「中書舍人」。沈度、沈粲是較早的代表人物。到了清代，「臺閣體」易名「館閣體」，許多書工擅長此體。其書法特點正如清人的一首打油詩所說：

軟而圓，勻而細。松煙墨，筆毫紫。個個簪化妝，行行紅格子。

上下兼四旁，而無不方矣。其名伊何歟？則曰館閣體。〔註22〕

館閣體是一種僵化的御用書體。館閣體因時而變，是文人仕進的敲門磚。康熙帝喜董其昌書，館閣體尚董；雍正帝和乾隆帝喜顏真卿書，館閣體尚顏；嘉慶帝喜歐陽詢書，館閣體尚歐；道光帝喜柳公權體，館閣體尚柳；到咸豐帝，則不歐不柳不顏矣。總體來說，館閣體有烏、光、方三項要求：烏即烏黑；光即光潔；方即方整。千篇一律，沒有個性。清代文學家龔自珍因不習館閣體，翰林摒而不錄，據清易宗夔《新世說‧忿狷》：

（龔自珍）生平不善書，以是不能入翰林，既成貢士，改官部曹，則大忿恨，乃作《干祿新書》，以刺執政。凡其女其媳其妾其寵婢悉令學館閣書。客有言及某翰林者，必絕然作色曰：「今日之翰林猶足道邪！我家婦女無一不可入翰林者，以其工書法也。」

以上各家書體在古籍中都可以找到。其中歐、顏、柳、趙四家對古籍字體影響尤大。當然，各個時代各個地區又有自己的特徵。宋本字體，歐、顏、柳三家都有。就時間而言，北宋早期多歐體字，後期多顏體字，南宋柳體字多。就地區而言，汴梁本、浙本多歐體；蜀本多顏體；建本多柳體。元本字體多趙體，清徐康《前塵夢影錄》卷下云：

元代不但士大夫競學趙書，如鮮于困學、康里子山，即方外如伯雨輩亦刻意力追，且各存自己面目。其時如官本刻經史，私家刊詩文集，亦皆摹吳興體。

吳興體即趙體，因趙孟頫家居吳興而得名。

明本字體可分三個時期：洪武至弘治間為第一時期，這個時期的刻本承襲元風，多趙體字。正德和嘉靖間為第二時期，是由趙體轉向匠體的過渡階段。

〔註21〕徐珂：《清稗類鈔選‧藝術》。
〔註22〕《清朝野史大觀‧詠館閣體書》。

在這個時期中，字形逐漸趨向長方，筆劃亦向橫平豎直發展，這是專業刻工機械模仿宋本字體的結果。那麼，正嘉間為什麼會發生這一變化呢？這有其深刻的社會背景，正德間李夢陽、何景明等「前七子」發動復古運動，反對虛浮的臺閣體，反對當時以八股文為主要內容的科舉考試制度。嘉靖至萬曆間，李攀龍、王世貞等「後七子」再一次發動復古運動。復古運動雖有其進步的一面，但由於強調「文必秦漢，詩必盛唐」，專從字句形式上模仿古人，也帶來了消極影響，一些刻書的人由此而興起了翻刻宋本的熱潮，專從形式上模仿宋本字體。結果是邯鄲學步，適得其反，與真正的宋本字體相去甚遠。萬曆以後為第三時期，這個時期，匠體字已經完全形成。明匠體已經作為一種獨特的字體問世。這種字體雖然是從宋本字體學習而來，但早已失去宋本字體的風味，它是機械模仿宋本字體走向反面的產物。

清本字體可分兩個時期：康熙以前為第一時期，這個時期字形長方，橫細直粗，尚存明末硬體風味；康熙以後為第二時期，這個時期是硬體、軟體並存。明末清初匠體盛行，遭到人們的反對。康熙以後，軟體字日漸增多。這與統治者的好尚密切相關。康熙皇帝自幼酷愛書法，他說：

> 朕自幼好臨池，每日寫千餘字，從無間斷。凡古名人之墨蹟石刻，無不細心臨摹，積今三十餘年，實亦性之所好。即朕清字亦素敏速、從無錯誤，凡批答督撫摺子及硃筆上諭，皆朕親書，並不起稿。〔註23〕

清代殿試多以書法為重，著名學者龔自珍、陳澧、俞樾等皆因書法不佳而屢試不第。龔自珍一生仕途坎坷，參加四次鄉試，才考上舉人，參加六次會試，才勉強考中進士，後因書法糟糕，殿試通不過，不能列為優等，最後只弄了個七品知縣。晚年，羞慚交加，他說：

> 余不好學書，不得志於今之宦海，蹉跎一生。回憶幼時晴窗弄墨一種光景，何不乞之塾師，早早學此？一生困厄下僚之歎矣，可勝負負！〔註24〕

陳澧參加了六次會試，均未考中。俞樾因為曾國藩的賞識才破格予以錄用。重視書法，蔚然成風。刻書者多請名人手寫上版，著名者如林佶書寫的汪琬《堯峰文鈔》、陳廷敬《午亭文編》、王士禎《古夫于亭稿》和《漁洋山人精華錄》，

---

〔註23〕《清實錄》卷216，中華書局1983年版。
〔註24〕《龔自珍全集》第四輯《書某帖後》。

這就是所謂「林氏四寫」。揚州詩局刻書多用軟字，密行端楷，酷肖宋鐫。

歷代書法流派和書法風氣大致如上所述。

### 依字體大小及筆劃繁簡分類

古籍字體依大小分類，又有大字、小字之別。宋代眉山刻書多用大字，每行至多不過十七八字。小字本節省紙張，成本較低，便民購買。一般來說，宋元小字本不甚多見，藏書家尤珍視之。

古籍字體依筆劃繁簡分類，有繁體字和簡體字（或叫俗字）。許多書坊為了簡易速成，刻書多用簡體，如「個」作「個」，「勞」作「劳」，「單」作「单」，「儀」作「仪」，「劉」作「刘」，「婁」作「娄」，等等。簡體字其來有自，據顏之推《顏氏家訓‧雜藝》：

> 晉宋以來，多能書者。故其時俗，遞相染尚，所有部帙，楷正可觀，不無俗字，非為大損。至梁天監之間，斯風未變；大同之末，訛替滋生。蕭子雲改易字體，邵陵王頗行偽字。朝野翕然，以為楷式，畫虎不成，多所傷敗。至為一字，惟見數點，或妄斟酌，逐便轉移。爾後玫籍，略不可看。北朝喪亂之餘，書跡鄙陋，加以專輒造字，猥拙甚於江南。乃以「百念」為「受」，「言反」為「變」，「不用」為「罷」，「追來」為「歸」、「更生」為「甦」，「先人」為「老」，如此非一，遍滿經傳。

可見早在南北朝時期，簡體字早已盛行。宋孫奕《示兒編》卷十七稱，宋代「俗書海亂，失其本真，後學沿訛襲舛，不可勝記」。面對這種混亂局面，宋祁曾上書皇帝：「伏見朝廷每有冊書詔令布下四方，而便俗作字，不據經古，用題署宮殿，率多訛略，萬民所察，百官所瞻，誠非其宜，類不悉舉。」〔註25〕元人刻本最喜歡用簡體字。劉半農等曾抄錄宋元明清各代12種不同版本的簡體字編為《宋元以來俗字譜》一書，現將該書所列宋元明版本簡體字數比較如下表：

| 版本朝代 | 書　　名 | 簡體字數 | 平均每書簡體字數 |
|---|---|---|---|
| 宋 | 古列女傳 | 348 | 263 |
| | 大唐三藏取經詩話 | 179 | |

| | | | |
|---|---|---|---|
| 元 | 京本通俗小說 | 547 | 629 |
| | 古今雜劇三十種 | 959 | |
| | 三國志評話 | 382 | |
| | 朝野新聲太平樂府 | 628 | |
| 明 | 嬌紅記 | 393 | 351 |
| | 白袍記 | 292 | |
| | 岳飛破虜東窗記 | 370 | |

據此可知，元本簡體字數量遠遠大於宋明刻本。就內容而言，小說戲劇圖書的簡體字是最多的。小說戲劇圖書的讀者是廣大民眾，字體筆劃由繁到簡，反映了廣大民眾的要求。今天使用的許多簡體字在宋元時期已觸目可見。

## 八、刻工姓名

古籍刻本的成書過程大致有定稿、校勘、書寫、刻版、印刷、裝訂等六個環節，其中最後四個環節均由刻書工人完成。刻書工人對於雕版印刷技術的發明和發展，對於古代文化的流傳作出了重要貢獻。

### 刻工簡介

刻書工人名不見經傳，因而，研究刻書工人並非易事。值得慶幸的是，許多古籍版面中都留下了刻書工人的姓名，為我們進行研究提供了第一手資料。刻書工人的姓名絕大多數刻在書口下方，也有刻在序後、目錄後、凡例後、書後的。如明萬曆刻本《新編篇韻貫珠集》，「王朝刊刻」四字在序後；明隆慶陸治校刻本《孔子家語》，「長洲顧楫寫、章掖刻」數字在凡例後。書口刻工姓名多陽文，也有個別為陰文，如宋本《劉夢得文集》中書中下方「任顯」其名就是陰文。為了簡易速成，刻工姓名常常採用簡稱，或單書姓，或單書名。如宋本《劉夢得文集》中，「楊中」作「中」；「任達」作「達」。亦有把刻工籍貫也刻上去的，如宋刻大字本《荀子》書口下有「金華徐通」「雙溪李忠」等字樣，這裡「金華」「雙溪」顯然是地名。就具體分工而言，刻書工人又可分為寫工、刊工、印工和裱褙工。寫工又叫書工；刊工又叫手民、製艦氏、刻字匠等；印工又叫刷印匠，是負責印刷的；裱褙工又叫裝潢匠。為了謀生，大多數刻書工人既能寫版，又能刻版，甚至有的人能把寫、刻、印、裝四項工作全部兼起來。更有不少書是由書工、寫工等多人通力合作完成的。每種古籍刻工人數的多少與內容多寡有關，如明天順刻本《順成文集》四卷，刻工只有沈誠、沈詮二人；

宋慶元成都刻本《太平御覽》一千卷，刻工則多至 150 人左右。有時為了加快出書速度，卷數不多的書也可以動員許多刻工來完成，如宋本《揚子法言》十三卷，全書只有 72 頁，竟組織了 40 個刻工，大多數刻工只刻了 1 頁，出力最多的李倍也才刻了 6 頁。

### 歷代刻工

根據古籍刻本中關於刻工的記載以及有關資料，現將歷代刻工情況介紹於下。

宋代刻工可考者有 3000 餘人〔註26〕。杭州、成都、眉山、建陽、南京、蘇州、撫州、吉州、池州等地刻本之中，刻工姓名記載較詳。南宋初期，杭州名工有牛實、徐升、顧忠、陳政、陳明仲、陳詢、陳忠、陳暉、施宏、洪新等。南宋中期，杭州名工有丁松年、金榮、金嵩、陳壽、陳彬、陳晃、劉昭、吳椿、金滋、馬良等。宋末元初杭州名工有李德瑛、鄭野、胡勝、范堅、徐泳、李寶、何慶、趙遇春、俞聲等。宋代成都名工有茲仲、杜俊、任純、田龍、宋圭、李頂、王福、張元等。眉山名工有王朝、張福孫、文望之、史丙等。建陽名工有蔡慶、鄧生、吳清、劉生、吳文、阮生等。南京名工有陳震、陳伸、毛仙、周清、孫彥等。蘇州名工有蔣宗、賈裕、蔣榮祖等。撫州名工有高智廣、高安道、高文顯、周昂、余安等。吉州名工有胡元、蔡申、蔡章等。池州名工有劉用、王明、劉彥中、唐彬、劉邁、劉彥龍等。宋代刻工對古代文化作出了開創性的貢獻，流傳至今的許多古籍刻本都是以宋本作為祖本，一代一代傳下來的疸宋本在歷代刻本中享有較高的聲譽，也與宋代刻工的辛勤工作密切相關。

元代刻工可考者有平陽名工姜一、何川、鄭思、楊三等，杭州名工王正卿、胡進之、張君用、袁雲卿等，寧波名工王元吉、章宇、章子成、王子仁、張公等。元刻本中刻工姓名省文的現象比較嚴重，元大德本《南史》，刻工「朱敬之」或作「朱苟」，或單署「敬」字；「徐進卿」或單署「徐」字，「徐」或省作「余」；「何甫」或署「何」，或署「甫」，「何」或省作「可」；又單書「張」「楊」「董」「鄭」等姓，「張」又作「長弓」，「楊」又作「木勿」。元代刻工的精湛技藝在文人筆下多所反映，例如程鉅夫《雪樓集・刻字熊生》詩云：

> 精藝令人注意深，斯文百世得追尋。伏經口授終非古，周鼓體
> 訛猶至今。子已萬言歸一默，誰知隻字抵千金。鉛刀可是傳心具，
> 有畫無心畫是心。

---

〔註26〕張秀民：《宋元的印工和裝褙工》，載《文獻》1981 年第 10 輯。

方回《桐江續集・贈刊工程禮》詩云：

> 鏤金鐫石切瑤琨，深入詩家不二門。刻畫工夫初亦苦，終然苦
> 角了無痕。

謝應芳《龜巢集・贈刊字張生序》云：

> 金沙張敬之，善鏤書者也，家本業儒，故能矯二者之弊（抄誤、
> 刻誤），且以篆、隸究字書原委，偏旁點畫，毫髮無舛，士大夫咸以
> 是稱之。

以上歌頌刻工的詩文在古代文獻中頗為難得，故不惜篇幅逢錄至此。明代是我國雕版印刷的極盛時期。活字印刷的普及，套印的廣泛應用，覆版、拱花的發明，都是刻書工人智慧的結晶。明代後期，盛行豎粗橫細的匠體字。匠體字是專業刻工模仿宋刻本而發明的一種字體。過去，論者對匠體字多所非議，其實大可不必。作為圖書，主要是供人「讀」的，只要內容正確，字跡清晰，沒有錯別字，就算達到要求了。如果在這個基礎上，書法價值高一點，自然更好。如果沒有書法價值，也不必苛求，因為圖書畢竟不是書法作品，不是字帖。實際上匠體字的影響是很深遠的，今天出版物的字體就是從匠體字學來的。應該說，匠體字是刻字工人對於印刷字體的一大貢獻。明代刻工總數有多少？李國慶《明代刊工姓名索引》著錄明版書 1100 餘種，刻工 5700 餘人。當然，這並非明代刻工的總數。明代刻書數萬種，刻工總數當有數萬人。這些刻工大都集中在蘇州、新安、北京、南京、杭州、建陽等刻書中心地區。蘇州、新安更是刻工薈萃之地。據統計，明代蘇州地區可考的刻工有 650 餘人。其中刻書 5種以上者有王成、王伯才、李安、李清、李潮、李澤等 44 人，張敖刻書多達12 種。蘇州地區寫工可考者有吳曜、顧欖、錢世傑、徐普、吳應龍、何倫、章仕、徐冕、吳時用、江南雋、朱恒、沈恒、李倫、周朝、周慈、金三枝、金應奎、高洪、侯臣、侯祖、章抨、章苦、陸廷相、陳怡、陳知占、談詔、繆淵、顧植、龔士廉等 29 人。其中，以吳曜、顧楫、錢世傑三人寫版最多，吳曜寫了 12 種，顧模寫了 9 種，錢世傑寫了 5 種。新安刻工大多出身於刻書世家。除了新安黃氏之外，明代以刻圖著稱的刻工還有劉素明、劉君裕、劉希賢、魏少峰等。劉素明刻有《西廂記》、《幽閨記》、《紅拂記》、《丹桂記》、《麒麟記》、《三國志》、《古今小說》、《警世通言》、《禪真逸史》等。劉君裕刻有《二刻拍案驚奇》、《李卓吾先生批評西廂記》、《李卓吾先生批評忠義水滸傳》等書。劉希賢刻有《征番奏捷傳》、《金陵梵剎志》等。

　　清人承襲明風，刻書亦盛。刻工無處不有，正如錢泳《履園叢話·藝能》云：「雕工隨處有之，寧國、徽州、蘇州最盛，亦最巧。」湖南、廣東等地的農民甚至把刻書當作家庭手工業，一邊種田，一邊刻書。全家男女老少一齊出動，出現不少女刻工，據《清稗類鈔·工藝》：

　　　　湖南永州人民，類以剞劂為業，婦孺且有從事者。牧牛郊野，
　　輒手握鉛槧，倚樹根鐫之。廣東順德縣之手民，率係十餘歲稚女，
　　價廉工速，而魯魚亥豕之訛誤，則尤甚於湖南。

清代後期，湖北地區的刻工影響較大，據《清稗類鈔·工藝》記載：

　　　　同、光以來，刻書者爭挾稿以寄鄂，謂其槧精而值廉也。然鄂
　　之手民，初亦甚劣，宜都楊惺吾大令守敬多方指教刊本，久之，且
　　能影摹宋元版矣。

清初刻工著名者有劉榮、湯尚、湯義、朱圭、鮑天錫、鮑承勳、鮑文野等。鮑天錫、鮑承勳刻有《秦樓月》等，鮑文野刻有《午亭文編》等。乾嘉名工有劉文奎、劉文楷、劉文模兄弟等，他們曾合刻《文選注》等書。總之，清代刻工可考者不如宋元多，這與康雍乾諸朝大興文字獄有關。一旦有事，往往數十人、甚至數百人受到株連，連刻書工人也一併構陷在內，據陸莘行《秋思草堂遺集》記載：

　　　　（莊廷鑨案）凡刻書送板釘書者，一應俱斬。一刻字匠哭曰：
　　「上有八十之母，下有十八之妻，我死妻必嫁，母其誰養！」言訖
　　就刑。

　　在《齊召南跋齊周華天台山遊記案》中，甚至連「不通文理」的刻工也未能幸免於難，據《清代文字獄檔》：

　　　　刻字匠周景文雖據供不通文理，不知悖逆情事，究屬違犯，請
　　照違制律杖一百，折責四十板，再加枷號一個月，示儆余。

　　駭人聽聞的案例，使許多刻書工人不敢在書上刻上自己的名字，以防不測。廣大刻書工人生活在社會的底層，為了謀生，他們歷盡千辛萬苦，稍有不慎，就有被解雇的危險。

　　清末民國時期，刻工陶子麟、陶堯欽、陶舫溪等頗負盛名。陶子麟，湖北黃岡人。江陰繆氏、宜都楊氏、常州盛氏、南陵徐氏、貴池劉氏、潛江甘氏等所刻諸籍多出其手。陶氏精於影刻，他所影刻的宋元善本，幾可亂真。所刻諸書多刻「湖北黃岡陶子麟刊」「鄂省南陵街陶子麟後刊」「黃岡陶子麟刊」等字

樣。陶堯欽、陶舫溪是其族人。

以上是歷代刻工的簡單情況。

### 研究刻工的意義

研究刻工有什麼意義呢？

第一，刻工具有時代性和地區性，我們可據以瞭解一時一地的刻書情況。例如明代蘇州、新安兩地刻工眾多，說明蘇州、新安兩地是明代刻書的中心地區。

第二，可以通過刻本關於刻工姓名的記載鑒定版本。例如宋紹興本《廣韻》刻工有王珍、徐杲、徐升、徐政、徐顏、陳詢、姚臻、余永、余亞、陳錫、陳明仲等人；宋紹興十六年浙東茶鹽司刻本《事類賦注》刻工有王珍、徐杲、徐政、徐升、余茲、陳錫、陳明仲等人；宋紹興九年臨安府刻本《唐文粹》刻工有朱祥、朱禮、沈紹等人；宋紹興十六年刻本《高誘注戰國策》刻工有王珍、徐杲、朱明等人；宋紹興刻本《管子》刻工有李恂、李懋等人。據此可知，王珍、徐杲、徐升、徐顏、徐政、陳恂、陳明仲、姚臻、余永、余還、朱祥、朱禮、朱明、沈紹、李恂、李懋等均為紹興間刻工。有一本書叫《樂府詩集》，刻工有王珍、李恂、李懋、徐杲、徐升、徐顏、徐政、沈紹、余永、余茲、姚臻、朱祥、朱禮、陳恂、陳明仲等人，此本雖然沒有序跋、牌記等，但刻工均宋紹興間人，據此，該本亦可定為宋紹興刻本。利用刻工鑒定版本要注意以下幾點：（一）對於跨時代刻工所刻的書要進行具體分析，不能一概定為前代或後代，如六晏、六付、羅六、虞亮是元末明初人，元末刻《金史》和《宋史》，明初刻《慈谿黃氏日鈔》、《北史》等，不能把以上四書統鑒定為元本或明本，是在元代刻的就定為元本，是在明代刻的就定為明本。（二）有些翻刻本將原刻本的刻工姓名照樣刻出，這樣的刻工姓名就不足為據了。如清嘉慶二十四年（1819）秦恩復重刻宋本《揚子法言》，雖把宋本 40 餘名刻工姓名照樣刻出，仍應定為清刻本。（三）不同時代的刻工姓名出現在同一書上，應定為遞修本。如《國語解》刻工分為三期：南宋初期杭州刻工張昇、桌宥、張明、方通、駱升、王介、嚴忠等為第一期；南宋中期杭州刻工馬松、何澤、陳彬、陳壽等為第二期；元代杭州刻工何建、繆珍、熊道瓊等為第三期。經過分析可知，第一期刻工為原刻本刻工，第二、三期刻工是補版刻工。因此，全書應定為宋刻宋元遞修本。

查找刻工姓名的工具書有日本人長澤規矩也編、鄧衍林譯《宋元刊本刻工表初稿》（載《圖書館學季刊》第 8 卷第 3 期，1934 年 9 月出版）、王肇文

編《古籍宋元刊工姓名索引》（上海古籍出版社 1990 年版）、李國慶編《明代
刊工姓名索引》（上海古籍出版社 1998 年版）等。此外，周蕪《徽派版畫史論
集》附《黃氏刻工考證表》、魏隱儒《古籍版本鑒定叢談》附《宋至清各代部
分刻本所見刻工及寫畫人姓名簡表》、王重民《中國善本書提要》附《刻工人
名索引》等亦可參看。

## 九、裝訂形式

明周嘉胄《裝潢志》云：

> 聖人立言教化，後人抄卷雕版，廣布海宇，家戶誦習，以至萬
> 世不泯。上士才人，竭精靈於書畫，僅賴楮素以傳。而楮質素絲之
> 力有限，其經傳接非人，以至兵火喪亂，霉爛蠹蝕，豪奪計賺，種
> 種惡劫，百不傳一。於百一之中，裝潢非人，隨手捐棄，良可痛惋。
> 故裝潢優劣，實名蹟存亡繫焉。

這說明裝潢作用之大，它直接關係到名蹟存亡，不可等閒視之。當然，裝潢
涵義較廣，它包括封面、版面、插圖的設計以及裝訂形式等。這裡專談古籍
的裝訂形式。自從圖書產生以後，裝訂形式幾經變化，經歷了卷軸裝、旋風
裝、經摺裝、蝴蝶裝、包背裝、線裝等多種演變形式。現將各種形式的特點
敘述如下。

### 卷軸裝

卷軸裝又叫卷子裝。這種形式早在簡帛流行的時代就產生了，這是一種最
早的裝訂形式。在紙書出現以後，這種裝訂形式更加完善了。它盛行於漢魏六
朝和隋唐五代時期，卷軸裝由卷、軸、標、帶、籤五個部分組成。卷是整個卷
軸的主要部分，它由若干張紙黏連而成。卷的長短不一，長的可達二三丈，短
的只有數尺，這主要依據文字的多少而定。軸是一根短棒，卷子就纏繞在上
面。軸可用檀木、象牙、琉璃、玳瑁、珊瑚等多種材料製成，到底選用什麼材
料作軸，主要依據藏書者的地位和卷子的價值而定。例如隋煬帝以紅琉璃軸、
紺琉璃軸和漆軸把圖書分為三個等級。唐文宗時，王涯藏書「數萬卷，侔於秘
府」，死之日，人破垣而入，剔取其圖書玉軸而棄之〔註27〕，可見王涯藏書就
是以玉為飾的卷軸裝，書軸之玉終於被人剔去賣錢。標也叫包頭，是卷端另加

〔註27〕《舊唐書》卷 169《王涯傳》。

黏接的厚紙或絲織品，有保護全卷的作用。帶是指標頭的絲帶，用以捆紮卷子。籤是指軸頭所繫標明書名、卷次等內容的牌子。籤和軸一樣，也用牙、骨、玉等不同材料表示不同的內容和價值。如前所述，唐代官方藏書就是以不同的軸、帶、籤表示不同的內容。卷軸裝雖然有容量大等優點，但卷面過長，翻閱極不方便。

### 旋風裝

唐代中期出現旋風裝，旋風裝是由卷軸裝向冊頁裝轉化的過渡形式。這種裝訂形式在古典文獻中有不少記載：

> 唐人藏書，皆作卷軸，其後有頁子，其制似今策子。凡文字有備檢用者，卷軸難數卷舒，故以頁子寫之，如吳彩鸞《唐韻》、李邰《彩選》之類是也。

———（宋）歐陽修《歸田錄》卷二

> 古書皆卷，至唐始為頁子。

———（宋）程大昌《演繁露》卷十五

> 成都古仙人吳彩鸞善書名字。今蜀中導江迎祥院經藏，世稱藏中《佛本行經》十六卷，乃彩鸞所書，亦異物也。今世間所傳《唐韻》猶有，皆旋風頁，字畫清勁，人家往往有之。

———（宋）張邦基《墨莊漫錄》卷三

> 吳彩鸞龍鱗楷《韻》（指《唐韻》）……鱗次相積，皆留紙縫。

———（元）王惲《玉堂嘉話》卷二

> 相傳彩鸞所書《韻》，散落人間者甚多，余從延陵季氏曾睹其真蹟……逐頁翻看，展轉至末，仍合為一卷。張邦基《墨莊漫錄》云旋風頁者即此，真曠代奇寶。

———（清）錢曾《讀書敏求記》卷三

以上所謂「頁子」「旋風頁」「龍鱗」云者，指的就是旋風裝。值得慶幸的是，吳彩鸞的《唐韻》至今完好地保存在北京故宮博物院。其具體裝訂方法是：以一長卷子作為底紙，首頁單面書寫，全幅裱於底紙右端。從第二頁起，雙面書寫，將每頁右側底部無字的邊緣部分鱗次相錯地黏裱於前頁下面右側的底紙上。收藏時從右至左捲起，從外形看，仍然像卷軸裝。閱讀時，除首頁不能翻動外，其餘各頁均與現代書籍一樣，可以自由翻轉。李致忠先生指出：

> 唐朝是個富有創新精神的時代，站在書史研究的角度，鳥瞰敦煌遺書中所存唐五代時期的書籍裝式，我們可以清楚地領略到唐末五代是我國書籍裝幀形制演化的大變革時期，是書籍從卷軸裝向冊頁裝的過渡期，或者叫作轉型期。〔註28〕

在這個過渡時期中，人們解放思想，進行了種種探索，旋風裝的表現形式不一而足，李致忠、杜偉生二先生見過不少例子。李致忠先生在國外見過唐寫本《切韻》的一張照片，末葉單面書字，其餘各葉雙面書字，然後將每幅書葉都等距離用針打眼，逐眼穿繩，繩尾繫在一根細圓木杆上。最後以木杆為軸心，從右向左捲起，再以繩係梱。眾多不同形式的旋風裝有許多共同之處，「最重要的一點，這種裝幀的書籍展閱時書葉有序排列，可逐葉閱覽。卷收時以書葉集齊的一側為軸心，捲起收藏」〔註29〕，旋風裝雖然沒有從根本上擺脫卷軸裝的舊制，但它克服了卷軸裝不便翻閱的缺點，實開了後世冊頁裝的先河。

## 經摺裝

經摺裝（一名摺子裝）是唐代後期產生的一種新的裝訂形式。其製作方法是將寫好的長條卷子，按照特定的行數，就像摺扇那樣均勻地折疊成長方形摺子，再在前後分別加上兩塊硬紙片，保護封面和封底。它和旋風裝的區別在於：旋風裝是雙面書寫，仍保留卷子形式，而經摺裝是單面書寫，已變為摺子形式了。經摺裝的折疊處容易斷裂，斷裂的經摺裝成為一張張散頁，和後來的冊頁裝非常相似。過去，人們常將經摺裝和梵夾裝混為一談，其實，二者是風馬牛不相及的。就時間而言，梵夾裝源自古代印度，早在漢明帝時，傳入中土的佛經就是梵夾裝，而經摺裝則是中國的土產，它產生於唐代後期。就載體而

---

〔註28〕《敦煌遺書的裝幀形式與書史研究中的裝幀形式》，《文獻》2004年第2期。
〔註29〕偉生：《從敦煌遺書的裝幀談旋風裝》，《文獻》1997年第3期。

言，梵夾裝的書是寫在貝多羅樹葉上的，而經摺裝的書大多是寫在紙上的。就裝訂方法而言，梵夾裝是將寫好的貝葉經依次疊放，用木板夾緊，最後穿孔以繩結紮，顯然與經摺裝不同。

蝴蝶裝簡稱蝶裝，因書頁展開似蝶形而得名。這是古代圖書冊頁裝的最初形式，盛行於宋代。其裝訂方法是將每一印頁有字的一面向內對折，然後把書口的背部黏連在裏背紙上，再裝上硬紙作為封面就成了，正如《明史·藝文志》所說：

> 秘閣書籍皆宋元所遺，無不精美，裝用倒折，四周外向，蟲鼠
> 不能損。

蝴蝶裝所用漿糊是特製的，據明張懋修《談乘》：

> 王古心問僧永光：「前代藏經，接縫如一線，日久不脫，何也？」
> 永光曰：「古法用楮樹葉、飛面、白芨末三物調和如糊，黏接紙縫，
> 如膠漆之堅。」此法文房可用。

蝴蝶裝的書可以在書架上直立，書口向下，書背向上，書根向外，與現代圖書的排架形式差不多。由於這種裝訂形式是版心向內、單口向外，因此，書背保護完好。其餘三邊若有污損，可以裁去，而不影響文字內容，這是它的優點。其缺點是每讀一頁，必須連翻兩頁，不勝其煩。

## 包背裝

包背裝始於南宋，流行於元代和明代前期，因用一張厚紙對折包裹書背而得名。早期的包背裝是將書頁有字的一面正折，然後黏在包背紙上。後期的包背裝是在書頁邊欄外的餘紙上打孔，用紙撚穿訂，然後加上封面用紙撚穿訂比用漿糊黏連要牢靠得多，但在裝訂時，書腦要留寬一點，打孔處要遠離邊欄，正如元孔齊《至正直記》卷三云：

> 抄書當多留邊欄，則免蟲齧之患。書冊必穿訂，不可用腦折也。
> 若《通鑒》大本數多至百者，則腦之以下皆穿訂可也。腦者久而糊
> 紙無力，必致損脫而零落矣。書帙必厚至一二寸，或三寸亦無妨，
> 但訂近邊緣多空餘處，不可迫近邊欄間，且易觀，又免零落也。抄
> 書外邊欄留一寸以上，如內穿訂處緣邊欄亦留一寸以上方可。

包背裝和蝴蝶裝的區別在於：包背裝書口在外，用紙撚穿訂；而蝴蝶裝書口在裏，用漿糊黏連。包背裝克服了蝴蝶裝每讀一頁必須連翻兩頁的麻煩。

### 線裝

線裝始於南宋初，通行於明代中葉，至清初而大盛。其裝訂方法是：（一）折頁，即把書頁對折為兩個半頁；（二）分書，即依卷頁順序分為若干冊；（三）齊欄，即每頁以書口為準對齊；（四）添副頁，即加入書衣內的空白頁；（五）草訂，即先用紙撚穿訂；（六）外加書衣；（七）截書，即用刀把書口之外的三邊截齊；（八）打磨，即用砂紙磨去毛邊；（九）包角，即珍貴書籍用綾絹包其訂線一側的上下兩角；（十）訂眼，即打引線之孔；（十一）穿線；（十二）貼簽，即貼上書簽。線裝和包背裝的區別在於：線裝不用整張書衣包背，而是在書的前後各加書衣，然後訂眼穿線。一般的線裝書多打四孔，開本大的也有打六孔的。線裝的優點有兩個：一是比包背裝結實，不易脫落；二是書本舊了可以重裝，可以整舊如新。其缺點是重裝次數越多，針孔也就越多，有損原書。清孫慶增在《藏書紀要·裝訂》中也曾談過線裝的具體方法：

> 裝訂書籍，不在華美飾觀，而要護帙有道，款式古雅，厚薄得宜，精緻端正，方為第一……折書頁要折得直，壓得久，捉得齊，乃為高手。訂書，眼要細，打得正而小，草訂眼亦然。又須少，多則傷書腦，日後再訂即眼多易破，接腦煩難。天地頭要空得上下相趁。副頁用太史連，前後一樣兩張。截要快刀截，方平而光。再用細砂石打磨，用力須輕而勻，則書根光而平，否則不妥。訂線，用清水白絹線，雙根訂結，要訂得牢，嵌得深，方能不脫而緊。知此訂書乃為善也。

可見線裝大有學問。從折疊、打眼，到截紙、穿線，都很講究。

以上是古籍的幾種主要裝訂形式。我們可以根據這些形式特徵大體確定版本時代。當然，由於宋元刻本歷時既久，其原裝形式多為後人所改易，早期的裝訂形式今已很難看到。今天所能看到的大多屬於線裝。只要我們認真對比研究，就會發現各種線裝本的差別也是存在的。

## 十、紙張

造紙術是我國古代四大發明之一，其工藝流程大致可以分為原料分離、解古代紙張的使用情況，對於鑒定古籍版本是不可缺少的。

打漿、抄造、烘乾等步驟。傳世古籍基本上是以紙作為載體的。

## 古籍用紙的種類

古籍用紙種類繁多，以時代而言，有宋紙、元紙、明紙、清紙等；以原料而言，有麻紙、樹皮紙、竹紙、草紙等；以產地而言，有宣紙、開化紙、麻沙紙等；以形態分，有硬黃、羅紋、玉版宣等。下面專論以不同原料製成的紙張。

麻紙是以苧麻、大麻等為原料製成的，其特點是紙面潔白，沒有光澤，紙背粗糙，偶見未開麻團或草棍，質地堅韌，吸墨性能較強。簾紋寬約兩指。所謂簾紋，是指撈紙留下的痕跡。撈紙是指在造紙過程中用竹簾撈取紙漿的一道工序。竹簾由簾子、簾床和簾尺三部分組成。簾子由許多圓而細的竹條編連而成；簾床是一個木製的長方框架，是承受簾子的支架；簾尺在簾床兩端，用以繃緊簾子，使之保持平直。撈紙時將竹簾斜插紙槽中，讓紙漿均勻地附在簾子上，然後提起竹簾，讓多餘的水從竹條縫隙中濾出，簾面上就形成一層濕紙，最後，把這種濕紙刷在烘牆上烘乾，一張紙就製成了。撈紙是造紙過程中必不可少的工序，因此，許多紙上都留下簾紋。簾紋寬窄就成為鑒定版本的一個依據。麻紙有白黃兩種，白麻紙比較多，是沒有經過加工的麻紙。黃麻紙是由白麻紙染色而成。所謂染色，就是以黃柏為染料，將白麻紙浸泡加工的一種方法。黃麻紙不僅顏色好看，而且可以防蟲，一舉兩得。

樹皮紙是以楮樹皮、藤樹皮、桑樹皮、青檀皮等為原料製成的。因為樹皮纖維堅實，所以樹皮紙韌性較好，舉凡綿紙、開化紙、開化榜紙等均屬此類。綿紙（南方通稱皮紙）也有白黃兩種，白綿紙紙色潔白，質細而柔韌，紙破絲連，如同綿絲。宣紙是白綿紙中的精品。宣紙產於安徽涇縣一帶，因向皇帝進貢而著稱。該紙主要以檀樹皮為原料，加工精細，手藝高超。其紙顏色純白，質地柔軟堅韌，吸水性能很好，與湖筆、徽墨、端硯並稱「文房四寶」。黃綿紙由白綿紙染色而成，顏色稍帶黑黃，韌性不如白綿紙。開化紙（亦名桃花紙）因產於浙江開化而得名，這種紙顏色潔白如玉，簾紋不大明顯，紙雖薄而韌性強。開化榜紙比開化紙稍厚，顏色稍暗，簾紋也不明顯。

竹紙是以毛竹、苦竹等為原料製成的，顏色稍黃，紙性稍脆，舉凡毛邊紙、毛太紙、連四紙（亦名連史紙）、太史連紙、萬年紅等均屬此類。毛邊紙顏色呈米黃色，正面光滑，背面粗糙，厚薄適中，韌性稍差。毛太紙比毛邊紙薄，紙幅稍小，質量不如毛邊紙。連四紙以嫩竹製成，紙色潔白，紙面平滑，紙背稍粗糙，沒有草棍等雜物。太史連紙顏色稍黃，質細而平滑，抖之有聲。

草紙是以麥稈、稻草等為原料製成，質量較差，只能作為衛生紙和包裝紙用，個別書商間或有用草紙印書的。

古籍用紙有較強的時代性。大而言之，約分三個階段：唐代以前為第一階段，這個階段以麻紙為主；從宋到明代中期為第二階段，這個階段以樹皮紙和竹紙為主；從晚明到清代為第三階段，這個階段以竹紙為主。

### 從晉到唐的圖書用紙

晉代以使用麻紙為主。晉人已經掌握了一些加工紙張的簡單技術。除了染色之外，塗布也是一種加工方法，即把白色礦物細粉用黏合劑或澱粉刷糊到紙面上，再予以研光。這樣做，既可使紙變白，又可增加紙的平滑度和吸墨性。1924 年新疆鄯善出土的東晉寫本《三國志》殘卷，用的就是這種塗布紙。

南北朝圖書仍然以麻紙為主。經專家檢驗，北魏延昌二年（513）寫本《大方廣佛華嚴經》等就是用的麻紙。南北朝人對紙的加工技術有了更進一步的研究，賈思勰《齊民要術》中專門敘述了染潢的全過程。

隋代在使用麻紙的同時，已經開始使用樹皮紙。新疆出土的隋代寫本《典言》是用的麻紙；國家圖書館藏隋開皇二十年（600）寫本《波羅蜜經》是用的楮皮紙。

唐代抄書多用麻紙。造紙專家對新疆出土的 19 種唐代紙張進行檢驗，發現其中 12 種都是麻紙〔註30〕。故宮博物院藏唐代詩人杜牧太和三年（829）書寫的《張好好詩》也是用的麻紙。除了麻紙之外，唐代也使用少量的樹皮紙，據記載，僧人修德「種楮樹凡歷三年，兼之花藥，灌以香水，潔淨造紙」，然後召善書人為之抄寫《華嚴經》〔註31〕。《敦煌遺書》中的唐寫本《無上秘要》就是用的樹皮紙。另外，唐代使用的藤紙也是樹皮紙。唐紙的加工技術也有很大提高，唐代加工紙可分為三個類別：第一類是薛濤箋等染色紙。第二類是硬黃紙、金花紙等名貴紙。硬黃紙是把紙染色之後，塗上黃蠟，並用熨斗把紙熨平，晾乾之後即成。這種紙質地硬密，呈深黃色，防水防蛀，唐人多用來抄寫佛經，國家圖書館藏有硬黃紙經文實物。金花紙是把真金碾成薄片，撒在塗有膠料和顏色的紙面上晾乾而成。這種紙裝飾效果較好，色彩對比鮮麗，豪華而又精細，秀美而又嚴謹。第三類是帶有各色花卉圖案的印花紙。

〔註30〕潘吉星：《中國造紙技術史稿·新疆出土古紙研究》。
〔註31〕（唐釋）法藏：《華嚴經傳記》第五。

## 宋元圖書用紙

宋元時期麻紙漸少，樹皮紙和竹紙漸多，這可從以下三個方面得到證實：

第一，從宋元的造紙情況看，我國南方各省有豐富的竹材資源，各種竹材多達50餘種。如果從漢代發明造紙技術算起，到宋代已有800多年的歷史。經過人們的長期實踐，宋代造紙技術已經達到爐火純青的境地。樹皮紙早在漢代已經出現，竹紙在唐代也已出現。到了宋代，樹皮紙和竹紙的生產，無論數量或質量都是空前的，茲引文獻記載為證：

> 吳人取越竹，以梅天水淋，眼令稍乾，反覆捶之，使浮茸去盡，筋骨瑩澈，是謂「春膏」，其色如蠟，若以佳墨作字，其光可鑒。故吳箋近出，而遂與蜀產抗衡。

——（宋）陳槱《負暄野錄·論紙品》

> 江浙間多以嫩竹為紙，北土以桑皮為紙。

——（宋）蘇易簡《文房四譜·紙譜》

> 餘杭由拳村出藤紙，富陽有小井紙，赤亭山有赤亭紙。

——（宋）吳自牧《夢粱錄·物產》

> 黟歙間多良紙，有凝霜、澄心之號，復有長者可五十尺為一幅。蓋歙民數日理其楮，然後長船中浸之，數十夫舉抄以抄之，傍一夫以鼓節之，續於大薰籠上周而焙之，不上於牆壁也。於是自首至尾，勻薄如一。山居者嘗以紙為衣，蓋遵釋氏云：「不衣蠶口衣也。」

——（宋）羅願《新安志》卷十

以上講的就是竹紙和樹皮紙。「楮」即穀樹，是一種落葉喬木，樹皮可造紙。從引文可知宋代楮木造紙規模之大，質量之高。

《宋史·地理志》中亦有臨安、湖州、衢州盛產藤紙的記載。因為藤紙質地堅韌，宋人經常用來製作衣服、蚊帳等。四川廣都紙也是用楮樹皮為原料製成的，有假山南、假榮、冉村等品種。宣紙作為一種名貴的樹皮紙，在宋代亦有大量生產。

第二；從文獻記載看，宋代樹皮紙、竹紙的使用相當普遍，明屠隆《紙墨筆硯箋・紙箋》云：

> 宋紙有澄心堂紙，極佳。宋諸名公寫字及李伯時（李公麟）畫，多用此紙……有歙紙，今徽州歙縣地名龍鬚者，紙出其間，光滑瑩白可愛。有黃白經箋，可揭開用之。有碧雲春樹箋、龍鳳箋、團花箋、金花箋。有匹紙，長三丈至五丈，陶穀家藏數幅，長如匹練，名「波陽白」。有藤白紙、觀音簾紙、鶴白紙、蠶繭紙、竹紙、大箋紙。有彩色粉箋，其色光滑，東坡、山谷多用之作畫寫字。

上舉諸紙多是樹皮紙和竹紙。宋代詩人梅堯臣《送杜君懿屯田通判宣州》云：「日書藤紙爭持去，長鉤細畫似珊瑚。」可見寫詩也多用藤紙。

第三，從現存實物看，造紙專家通過物理實驗，發現傳世宋元圖書多為樹皮紙和竹紙：南宋廖瑩中刻《昌黎先生集》是用的桑皮紙；南宋吉州刻《文苑英華》、宋淳熙內府寫本《洪範政鑒》、元茶陵刻本《夢溪筆談》等都是用的楮皮紙；宋乾道七年（1171）福建刻《史記集解索隱》、宋紹興十八年（1148）福建刻《毗盧大藏》、元天曆三年（1330）福建刻《王氏脈經》、元至元六年（1269）建陽鄭氏積誠堂刻《事林廣記》、元至順三年（1332）福建刻《唐律疏議》、元大德三年（1299）江西信州刻《稼軒長短句》、元大德間廣州刻《南海志》等都是用的竹紙。以上各本均藏國家圖書館。當然，宋元圖書也有少數使用麻紙的例子。

由於宋元雕版印刷發展較快，紙張供不應求，於是人們想了種種辦法來緩解這種緊張局面：（一）以紙換書。買書人除了交付少量刻書費之外，還要自備紙張。例如元人謝應芳購買《十七史》就是託人買紙，在集慶路儒學印製的。（二）以紙背印書。宋紙極厚，背面光澤如一，故可兩用〔註32〕。版本學所謂公文紙背本（亦名牘背本）就是用戶口錢糧冊子等紙背印成的。宋代著名詞人晏殊就常用紙背抄書，據宋葉夢得《避暑錄話》記載：

> 晏元獻（晏殊之謚）平居書簡及公家文牒，未嘗棄一紙，皆積以傳書。

明張萱《疑耀》卷三云：

> 余幸獲校秘閣書籍。每見宋版書多以官府文牒翻其背以印行者，如《治平類編》一部四十卷，皆元符二年及崇寧五年公私文牒、

---

〔註32〕（清）俞樾：《茶香室續鈔》卷22。

笺啟之故紙也。其紙極堅厚，背面光澤如一，故可兩用，若今之紙，
不能爾也。

清黃丕烈《士禮居藏書題跋記續編・蘆川詞跋》云：

> 宋本每頁紙背大半有字跡，蓋宋時廢紙多值錢也，此詞用廢紙
> 刷印，審是冊籍，偶閱之，知是宋時收糧檔案，故有更幾石，需幾
> 石，下注秀才進士官戶等字，又有縣丞、提舉鄉司等字，戶籍官衙
> 略可考見。

今藏國家圖書館的宋鎮江府學刻本《新定三禮圖集注》、宋姑孰郡齋刻《洪氏
集驗方》和宋湖北刻本《花間集》等均屬公文紙背本。今藏南京圖書館的宋金
華刻本《歐陽先生文粹》也是公文紙背本。

## 明清圖書用紙

明代是我國雕版印刷的極盛時期，紙張需求量大幅度增加，刺激了造紙
業。明代紙的品種大量增加，明王宗沐在《江西大志》中列舉了白榜紙、中夾
紙、小開化紙、呈文紙、玉版紙、藤皮紙、大綿紙、小綿紙、小戶油紙等 28 個
品種。明紙的加工技術也有很大提高，明高濂在《遵生八箋・燕閒清賞箋》中
詳細介紹了造葵箋法、染宋箋色法、造捶白色法、造金銀印花箋法、造松花箋
法等。明代還生產一種防蠹紙，該紙呈橘紅色，俗稱「萬年紅」，只要將其裝
在圖書扉頁、封底等處，就能防蟲。中國歷史博物館藏明崇禎四年（1631）刻
《夢溪筆談》，就是因為襯有這種防蠹紙，至今完好無損。明紙就顏色而言，
可分白黃兩個大類，據苦竹齋主《書林談屑》記載：

> 白紙復分白綿與白皮。白綿紙色純白，質堅而厚，表面不如開
> 化之光滑；白皮紙白中微帶灰黃，頗似米色，不如白綿之細密，亮
> 處腮之，嘗見較粗之纖維盤結於簾紋間。黃紙復分黃綿與竹紙，黃
> 綿與白綿略同，而色帶灰黃；竹紙則類多脆薄，易碎，故藏書家購
> 求明版，必以白紙為貴。〔註33〕

這裡所謂白綿、白皮、黃綿等都屬於樹皮紙。這就是說，明代前期用紙仍
以樹皮紙和竹紙為主。例如明寫本《永樂大典》用的上等宣紙就屬於樹皮紙。
明代後期，樹皮紙漸少，竹紙漸多。毛邊紙和毛太紙就是兩種著名的竹紙。明
代經廠本《道藏》所用的白連四紙、黃連四紙，藍毛邊紙、黃毛邊紙、白戶油

---

〔註33〕張靜廬：《中國現代出版史料》丁編。

紙等都屬於竹紙。趙萬里指出：「明朝才出現綿紙，綿紙價高。嘉靖以後，綿紙逐漸減少，竹紙增多。萬曆年，浙江開化縣造出一種潔白細軟紙，稱為開化紙。」〔註34〕明代紙品繁多，價格差別很大，清官海瑞為了節約開支，在其管轄的地區專門頒布了一個用紙的規定，據海瑞《備忘集》卷五：

> 各官參見手本，用價廉草紙，前後不著殼，後不留餘紙，別事具手本亦然。凡冊，用稍堅可耐久而價廉紙，不許如前用高價厚紙。

　　清代圖書以竹紙為主。具體來說，道光以前，民間印書多用連四紙和毛邊紙；道光以後，民間多用毛太紙印書。康雍乾時期，官方經常使用的太史連紙也是一種竹紙，如雍正間銅活字本《古今圖書集成》就有一部分是用太史連紙印的。康熙五十二年（1713）揚州詩局刻印的《佩文韻府》用的是連四紙和將樂紙，據康熙五十二年九月十日《蘇州織造李煦奏進〈佩文韻府〉樣書並請示刷印部數摺》云：

> 竊臣煦與曹寅、孫文成奉旨在揚州刊刻《佩文韻府》一書，今已工竣，謹將連四紙刷訂十部、將樂紙刷訂十部，共裝二十箱恭進呈樣。

這裡連四紙和將樂紙都屬於竹紙。就整體而言，清武英殿刻本以開化紙為多，開化紙以桑皮為原料製成，屬於樹皮紙。嘉慶、道光年間，武英殿刻本也有用開化榜紙的。清代末年，隨著石印等現代印刷技術的傳入，大量使用機器連四紙印刷圖書，這種紙也是以竹為原料製成的，顏色比太史連紙稍黃，厚薄均勻，沒有簾紋，中華書局排印本《四部備要》用的就是這種紙。

　　以上是歷代圖書用紙的大致情況。由此可知，古籍用紙具有時代特徵，我們可以根據紙張的時代特徵鑒定版本。但是，由於古籍用紙比較複雜，也不能絕對化，不能把紙張當作惟一依據，還應結合其他特徵一併考慮。例如公文紙背本的鑒定就不是那麼簡單，宋鄂州刻本《花間集》用南宋淳熙十一、十二年的公文紙背刷印，公文中有「進義副尉本州指使監公使庫範」等字樣，就不能簡單地定為宋淳熙十四年（1187）鄂州公使庫刻本。《一氓題跋·花間集校後記》云：

> 從用淳熙冊子紙來說，可以是淳熙以前的（假定北宋的）刊板，以後才用淳熙冊子紙來印的；印的時候必須等到這種冊子已經失去時效，變成了作廢檔案以後才行。這就是說北宋刊板，南宋印刷。但更可以是淳熙以後的刊板，把過了時的淳熙冊子紙翻過來印的。

〔註34〕《趙萬里談古籍版本》，《中國典籍與文化》1994 年第 1 期。

假如是北宋刊板，為什麼不用比淳熙更早的作廢了的檔案紙？因此不能判定其必為北宋刊板。其次就只好看刊板的風格了。股原書刊板的行格（每行十七、十八字不等）與字體看來，都已經比校草率了，應該認為是南宋的。但楊紹和於《楹書偶錄》中著錄此書時，徑稱為「宋淳熙十四年丁未鄂州使庫所刊板」，則完全是臆定的。王鵬運寫四印齋覆刻本的跋時，也僅說：「此本其刻於鄂州乎？」連刊刻地方都出以謹慎懷疑的態度，怎麼可以因為用了淳熙十一、十二年的冊子紙，就把刊刻時間定在「十四年」、刊者定為「鄂州使庫」？這個本子是南宋淳熙十二年以後在鄂州刷印的，但時間不能臆定為「十四年」，刊者不能臆定為「使庫」。

可見利用紙張鑒定版本並非易事，只有全面考慮，方可萬無一失。

## 十一、藏書印

當代文學家唐弢在《晦庵書話・藏書印》中說：

> 有時買了一本心愛的書，晴窗展讀，覺得紙白如玉，墨潤如脂，不由你不摸出印章，在第一頁右下角鈐上一方朱紅的印記，替這本書增些色澤，也替自己的心頭添些喜悅。

這種喜歡在圖書上鈐印的習慣古已有之，我們現在常常看到一些古籍上朱印累累，確實叫人賞心悅目。

### 藏書印的歷史

藏書印起於何時？根據史書記載，官方藏書印始於唐代，「前代御府自晉宋至周隋，收聚圖書皆未行印記，但備列當時鑒識藝人押署」〔註35〕。

這就是說，唐代以前，官方藏書只不過有許多鑒賞者的簽名而已。從唐代開始，官方藏書鈐印逐漸相習成風。唐王建《宮詞百首》中有這樣的句子：「集賢殿裏圖書滿，點勘頭邊御印同。」「御印」即帝王之印。可見，集賢殿官書都有印章。唐代官方藏書印可考者有貞觀、開元、集賢、秘閣、翰林、元和等。南唐李後主有內殿圖書、建業文房之寶、內司文印等。宋代有內府圖書印38方，其中如內府圖書之印、龜龍上珍、雲漢之章、大觀中祕、政和、宣和御覽、常樂未央等〔註36〕。元代官書有「翰林國史院官書」長方木印，宋紹興四年溫州

---

〔註35〕（唐）張彥遠：《歷代名畫記・敘古今公私印記》。
〔註36〕《金史・禮四》。

刻本《大唐六典注》裏也有一方元代官書印，印文是：「國子監崇文閣官書，借讀者必須愛護，損壞圈失，典掌者不許收受。」明代官書有「廣運之寶」「禮部官書」等印，明代藩府藏書印知見者有「晉府書畫之印」「潞國永傳」「衡王圖書」「楚府圖書」「周府御書樓寶」「養德書院之印」等。清代官書所鈐印章最多，單是乾隆皇帝就有「乾隆御覽之寶」、「五福五代堂古稀天子寶」、「八徵耄念之寶」等印。乾隆四十七年（1782）諭文淵閣新藏《四庫全書》，自四月四日始，每冊用御寶二：前曰「文淵閣寶」，後曰「乾隆御覽之寶」〔註37〕。清代王府藏書印知見者有果親王府圖書記、怡府世寶、果親王點定、安樂堂藏書記等。

　　私人藏書印早於官方。據《歷代名畫記》記載，早在東晉就出現了收藏家的印章，可惜時代久遠，已無實物流傳。唐宋以後，私人藏書印逐漸增多。唐代藏書家劉禹錫、白居易、皮日休等均有藏書之印。皮日休《魯望戲題書印囊奉和次韻》詩云：「金篆方圓一寸餘，可憐銀艾未思渠。不知夫子將心印，印破人間萬卷書。」宋代藏書家趙彥若、富弼、劉羲仲、樓鑰、賈似道、俞貞木等都有一方或數方印章。例如樓鑰有「四明樓鑰」印，俞貞木有「俞貞木」「立庵圖書」等印。元代藏書家倪瓚、陸友、張雯、趙孟頫等都有藏書印，其中以趙孟頫的藏書印為最多，計有「水晶宮道人」「大雅」「天水趙氏」「趙文敏書」等。藏書印至明清而極盛，多數藏書家都有自己的專用印章。虞山毛氏藏明翻刻宋本《春秋經傳集解》一書，就鈐有「汲古閣」「稽古閣書印」「隱湖漁夫」等50多方不同的印章。明清藏書印不僅數量多，而且具有較高的藝術價值。明代藏書家文彭同時又是篆刻家，其印得六朝蒼勁古樸之氣，雖然結構略嫌鬆散，而饒有金石趣味。清代藏書印同一般印章一樣有浙派、徽派、齊魯派、莆田派等不同風格，猶如百花爭豔、大放異彩。藏書家丁敬是浙派的代表人物，和黃易、奚岡、蔣仁、陳豫鍾、陳鴻壽、錢松、趙之琛等，被稱為「西泠八家」，其印鐵筆古健，韻味翻新，給人以清新明快之感。藏書家趙之謙刻的印章和鄧石如、吳熙載齊名，在印林別樹一幟。

　　為什麼明清藏書印會有這麼大的發展呢？主要有兩個原因：第一，元末畫家王冕用青田花乳石自刻印章為治印開創了一條新路。王冕以前，印章的材料多是硬度極高的金屬（如金、銀、銅、鐵等）和價格昂貴的玉石、象牙等。製作方法大多是由文人與刻工共同完成，即文人寫字，專業刻工刻鑄。當時社會認為治印下人一等，雕蟲小技，壯夫不為。因此，文人不屑為之，這就大大影

---

〔註37〕（清）陳康祺：《郎潛紀聞》卷八一。

響了篆刻藝術的發展。王冕治印的成功，給人們以極大啟發。花乳石易得易刻，不少文人開始自己動手刻製印章。刻印材料與製作工藝的改革，使篆刻藝術有了突飛猛進的發展。第二，金石學的發展，對清代篆刻也有較大影響。清代以前，雖然已經有人研究金石，並出現一些專著，如南朝梁謝莊《碑集》、宋歐陽修《集古錄》、趙明誠《金石錄》等，但尚未形成金石學。清代隨著碑銘、印章、瓦當、甲骨等的大量出土及其研究的不斷深入，金石遂成專門之學。金石學的形成大大促進了清代篆刻的發展。

### 藏書印的種類

藏書印千奇百怪，種類繁雜。

就藏書印的形狀而言，有方印、套印、亞字印、六面印、獅印、瓦印、鐘印、鼻印、錢印、葫蘆印、琵琶印、鼎印、瓶印等，但以方印為多。就藏書印的文字而言，有大篆、小篆、隸書、楷書等多種字體，但以小篆為多。還有用疊文入印的。所謂疊文，就是指那種把筆劃折疊成像彈簧一樣的字體。疊文印既失掉了多年來傳統文字之美，又破壞了秦漢印文樸茂的雄厚氣概，給後世帶來了不良影響。印文字數多少不等，有一印一字者，有一印數字者，清藏書家楊繼振有一方印，多至 190 多字。就印文的顏色而言，有朱、墨、藍、青綠等，但以朱色為多。朱印以質料區分，又可分為水印、蜜印和油印。水印色淡，不能持久；蜜印色豔，經久不變；油印厚亮細膩，色彩鮮明。油印又有紫朱、黃朱、紅朱之別。唐集賢院圖書和明清居喪間所鈐圖書印多墨印。清代前期朱印多紫，清代晚期朱印多黃。一書印章的數量多少不等，有一書一印的，也有一書數十印的，上文提到的毛氏藏《春秋經傳集解》便是一書多印之例，另如國家圖書館藏宋臨安府陳宅書籍鋪刻《唐女郎魚玄機詩》鈐有印章 40 多方。一書印章的多少與版本價值、流傳時間有關。一般地說，流傳時間較長的善本書，藏書印就可能多一些。

就藏書印文字的內容而言，大致可以分為如下類別：

第一，反映藏書家的有關情況的名號印。這類印章數量最多，內容也最複雜。如果再進一步分析，又可分為姓名印、堂號印、仕履印、門第印、里居印、行第印、肖形印、紀年印等。清徐康《前塵夢影錄》卷下曾經談過這類印章的演變情況：「古印只有姓名與字，唐宋稍著齋室名，元時尚未闌入成語，至明代則某科進士某官職、無不孱入。」姓名印即以名字號入印，如明唐寅的「六如居士」印、清錢曾的「遵王」印、徐乾學的「乾學之印」印等。堂號印即以

齋堂室名入印，如元趙孟頫的「松雪齋」印、明文徵明的「翠竹齋」印、清楊
以增的「宋存室」印、瞿鏞的「鐵琴銅劍樓」印等。仕履印以功名、官職名稱
入印，如宋江正的「越州觀察使者」印、明唐寅的「南京解元」印、清翁方綱
的「秘閣校理」印等。門第印即以高貴的門第名稱入印，如明葉國華的「文莊
七世孫」印（文莊指明正統進士葉盛，任禮部左侍郎等職）、清顧廣圻的「陳
黃門侍郎三十五代孫」印（黃門侍郎指顧野王，初為梁宣城王賓客，梁亡入陳，
任黃門侍郎，著有字書《玉篇》）。里居印即以籍貫里居名稱入印，如明項篤壽
的「浙西世家」印、明邵寶「錫山邵氏家藏」印。行第印即以排行順序之數入
印，如清楊紹和的「東郡楊二」印、汪洋度的「汪十」印。肖形印即以藏書家
肖像入印，或附以詩文，如清陳簡有一方印，上刻陳頰肖像，下刻十二字：「購
此書，費辛苦。後之人，其鑒我。」紀年印多以生年或年齡入印，如文徵明的
「惟庚寅吾以降」印，其語出自屈原《離騷》，說明他生於明憲宗成化六年
（1470），干支紀年正當庚寅；毛晉的「戊戌毛晉」印，是說順治十五年（戊
戌）刻製此印，那年他正好六十歲。

　　第二，反映鑒賞校讀情況的鑒賞印。如明安國的「桂坡安國鑒賞」、清惠
棟的「惠定宇手定本」、汪士鍾的「郎園真賞」、繆荃孫的「藝風審定」等。毛
晉常在善本書上鈐上「宋本」「元本」等印記，則直接表明了鑒定的結果。

　　第三，反映藏書家的志趣的志趣印。這類印文多用箴言或詩文典故。如明
王鏊有一方印，引杜甫《春日贈李白》詩：

　　　　渭北春天樹，江東日暮雲。何時一樽酒，重與細論文。

表示與朋友歡聚痛飲、切磋詩文之樂。清方功惠有印云：

　　　　十年作吏仍糊口，百金購書收散亡。老矣不能窮雨簡，一塵幽
　　僻得深藏。

清蕭夢松有印云：

　　　　名山草堂，蕭然獨居。門無車馬，坐有圖書。沉酣枕籍，不知
　　其餘。俯仰今昔，樂且宴如。蕭蓼亭銘。

以上二印反映了藏書家嗜書如命、樂在其中的書呆子心情。

　　第四，告誡後人的永寶印。古代藏書家多把圖書視為私有財產，秘不示
人，藏書印文字中，「子孫永寶」之類的字眼最多。明呂坤有印云：「呂氏典
籍，傳家讀書，子孫共守，不許損失借賣，違者芟祠除名。萬曆七年坤記。」
清顧錫麒有印云：

　　　　昔司馬溫公藏書甚富，所讀之書終身如新。今人讀書，恒隨手
　　　拋置，甚非古人遺意也。夫佳者難得易失。稍一殘缺，修補甚難。
　　　每見一書，或有損壞，輒憤惋浩歎不已。數年以來，搜羅略備，卷
　　　帙頗精，伏望觀是書者，倍宜珍護。即後之藏是書者，亦當諒愚意
　　　之拳拳也。訒闇齋主人記。

古代也有心胸豁達的藏書家，他們認為聚久必散，不必子孫永寶，但不管散入
誰手，均應加以愛護。明趙元方的「曾在趙元方家」印，似有意告訴後來收藏
者：此書原為趙元方舊藏。清盧文弨的「精校善本，得者寶之」印，似在告誡
後人：這是一種精校善本，不管誰人收藏，都要備加愛惜。

### 藏書印的價值

　　對於今天來說，藏書印到底有什麼價值？第一，藏書印同其他印章一樣，
具有一定的藝術價值，它們反映了不同歷史時期的篆刻水準，是研究篆刻史的
重要資料。第二，藏書印也有一定的史料價值，甚或可以補充史書的不足。米
芾是宋代著名書畫家。由「辛卯米芾」印可知，米芾生於皇祐三年（辛卯），
即公元1051年，至大觀元年（1107）卒，終年57歲。據此可知《宋史·米芾
傳》所謂「卒年四十九」的記載是錯誤的。藏書家高承埏有一方印，「醉李高
承埏字八遁藏書記」，朱彝尊為高所撰《墓表》、朱辰應為高所撰《傳》，並稱
承挺字寅公，一字澤外，不舉「八遁」，此印之「八遁」可補史闕。又如清代
學者朱彝尊，《清史》有傳，生卒年不詳。錢儀吉《碑傳集》說他「康熙四十
八年十月卒，年八十一」，生年亦不詳。其實，朱彝尊有一方印已經說明其生
年：「我生之年歲在屠維大荒落月在桔壯十四日癸酉時。」這裡用的是歲星紀
年，「屠維」即「己」，「大荒落」即「巳」，「壯」即「八月」。由此可知，朱彝
尊生於明崇禎二年（己巳）八月十四日申時〔註38〕，正可以彌補史書之不足。
第三，藏書印是鑒定版本的依據之一。古籍版本學所謂「XX藏本」大多是根
據題跋和藏書印確定的。另外，由藏書印還可以推知一本書的流傳源流，如清
呂無黨手寫本《後村居士集》有「寒中」「古鹽官州馬思贊之印」「張敦仁讀過」
「古鹽張氏」「黃錫蕃印」等30餘方印章，由此可知，此書原藏馬思贊，繼歸

〔註38〕 司馬朝軍按：即公元1629年9月11日17～19點，屬於處女座，一生中經常
　　　　會被迫面臨一些重大且戲劇性的選擇。對自己勇於冒險的精神感到相當自豪，
　　　　而且能在事後敘述自己的豐功偉業中得到莫大的成就感。一方面很擁護自由
　　　　的愛情，另一方面又很重視對於伴侶的絕對忠實。

張古餘、海鹽張氏、黃錫蕃等，終歸黃丕烈（據跋）。一本書的流傳源流既定，其版本時限範圍也就相對確定。這就為我們鑒定版本提供了重要線索。例如一本書確有明代藏書印，那麼，此本至遲應是明本，或者是明代以前的本子。如果定為清本，時間的先後次序就矛盾了，清本怎麼會有明人的印章呢？

## 十二、室名

古時候，文人墨客、書坊主人或社會地位較高的人，為了顯示高雅，常常給自己的居室或書房取一個寓意深刻的名字，這個名字就叫室名。

### 室名概說

《晉書·劉毅傳》記載：「初，桓玄於南州起齋，悉畫盤龍於其上，號為盤龍齋。」這是我國古代可考的最早齋名之一。唐代室名漸多。例如李林甫「偃月堂」、楊國忠「四香閣」、顏真卿「三癸亭」、司空圖「休休亭」、劉禹錫「陋室」、白居易「池北書庫」，等等。宋代許多藏書家都有自己的室名，例如尤袤「遂初堂」、陳振孫「直齋」、陸游「書巢」等。室名至明清而大盛，一般文人都有自己的室名，如明胡應麟「少室山房」、清朱彝尊「曝書亭」等。甚至一些商人（包括書商）為了附庸風雅，也常常給自己的店堂取個雅號。

室名常用室、庵、亭、軒、堂、館、齋、園、閣、樓、廬、山房、書屋、草堂、書舍、精舍、山莊等字眼命名。室名的數量不一，一般是一個人只有一個室名，但是一個人擁有多個室名之例也屢見不鮮。例如宋范成大有天鏡閣、北山堂等；清黃丕烈有百宋一廛、士禮居、陶陶室、學耕堂、蝸廬、養恬軒、求古居、小千頃堂、石泉古舍、讀未見書齋、太白樓、學山海居、紅椒山館、求古精舍等；清繆荃孫有藝風堂、對雨樓、聯珠樓、雲自在龕等。

按照室名的內容分類，大致有以下幾種類型：

（一）以所居之室命名。其中又可分為以居室、環境、形狀、建築時間、建築地點、建築材料等命名者。以居室環境命名者如明代安國於居室後崗植叢桂二里余，因名其室曰「桂坡館」；明胡正言因於齋前植竹十餘竿，因名其室曰「十竹齋」；清曹寅因庭院植棟樹數株，因名其室曰「棟亭」。它如一石庵、一草亭、一角山樓、一畝園、芥子園、九梅堂、二十七松堂等都反映了居室的環境特點。以居室形狀命名者如唐李林甫有室似偃月之形，因名其室曰「偃月堂」，據說李林甫常在這裡密謀策劃陷害忠良之計，後人因此比喻嫉害忠良之地；清俞樾因蘇州故居佔地不多，呈曲尺形，因名其室曰「曲園」。以建築時間命名者如唐顏真

卿任湖州刺史時，在浙江烏程西南抒山造亭，其建築時間是癸丑年（大曆八年）癸卯月（十月）癸亥日（二十一日），因名之曰「三癸亭」。以建築地點命名者如宋王安石舊居在金陵報寧寺，自城中上鍾山，到這裡正好走了一半，因名之曰「半山亭」；清林則徐因居福建文藻山，福建方言「文藻」音同「雲左」，因名其室曰「雲左山房」。以建築材料命名者如唐楊國忠窮奢極欲，以沉香造閣，以檀香造欄，以麝香、乳香篩土和而為泥，塗飾閣壁，因名之曰「四香閣」。

　　（二）以所寓之志命名。宋遺民鄭思肖入元不仕，隱居平江，把「大宋」二字析為「本穴」二字（即把「宋」中之「十」置於「大」下），名其室曰「本穴世界」，寄託懷念故國之情。宋范仲淹《岳陽樓記》云：「先天下之憂而憂，後天下之樂而樂。」宋衛涇因取此句之意，名其室曰「後樂堂」，寄託憂國憂民之心。元遺民丁鶴年入明不仕，屢召不應，名其室曰「貞素齋」，寄託潔身自好之志。明戴金以力行、責己、克終為三件難事，因名其室曰「三難軒」，寄託征服三難之心。明吳鍾巒對子孫提出十大願望，「其一曰，吾願子孫世為儒，不願其登科第；其二曰，吾願其讀聖賢書，不願其乞靈於西竺之三車……其終曰，吾願其見危授命，不願其偷生事仇」，因名其室曰「十願齋」，寄託遺願〔註39〕。明末江陰官兵抗拒清軍，可歌可泣，終因寡不敵眾，城陷人亡，僧人印可收拾忠烈遺骨 2700 餘具，買地瘞之，名曰「萬骨塋」，並築庵其旁，名曰「澤枯庵」，寄託懷念壯士之思。清錢大昕以駑馬自比，取《荀子‧勸學》語：「騏驥一躍，不能十步；駑馬十駕，功在不捨。」因以「十駕」名齋，寓勤學不倦之志。清梁章鉅的座右銘是：「無益之念勿起，無益之事勿為，無益之言勿說，無益之食勿食也。」因名其齋曰「四勿齋」，寓意志在高潔。清黃遵憲喜陶淵明《飲酒》詩：「結廬在人境，而無車馬喧。問君何能爾？心遠地自偏。」因名其室曰「人境廬」，寓意志在高遠。古代以詩詞典故命名的室名大多寓志其中。

　　（三）以所藏之書命名。其中又可分為以藏書規模、藏書目的、藏書方法、藏書內容命名者。以藏書規模命名者，多以「萬卷」名齋，以示藏書之多。又如宋陸游酷愛讀書，藏書甚多，他說：「吾室之內，或棲於棲，或陳於前，或枕藉於床，俯仰四顧，無非書者。吾飲食起居，疾痛呻吟，悲憂憤歎，未嘗不與書俱。賓客不至，妻子不覿，而風雨雷雹之變有不知也。間有意欲起，而亂書圍之，如積槁枝，或至不得行，則輒自笑曰：此非吾所謂巢者邪！」〔註40〕

〔註39〕謝國楨：《增訂晚明史籍考‧十願齋全集》。
〔註40〕（宋）陸游：《渭南文集‧書巢記》。

因名其齋曰「書巢」。以藏書目的命名者如清章鈺「四當齋」表示嗜書如命，為讀而藏。「四當」兼取宋尤袤和明胡應麟之語，尤袤云：

> 吾所抄書，今若干卷，將匯而目之，饑讀之以當肉，寒讀之以當裘，孤寂而讀之以當友朋，幽憂而讀之以當金石琴瑟也。〔註41〕

胡應麟云：

> 所嗜獨書，饑以當食，渴以當飲，誦之可以當韶哉，覽之可以當夷施。〔註42〕

清周永年有感於釋道有《藏》而儒家獨無，聚書五萬卷，廣招來學，名其室曰借書園，表示為弘揚儒家著作而藏。清徐乾學築樓藏書，一曰「與其子登斯樓而詔之曰：『吾何以傳汝曹哉？』因指書而欣然笑曰：『所傳者惟是矣！』遂名其樓為『傳是』」〔註43〕。可見，「傳是樓」之名，表示徐氏為遺傳後代而藏書。〔註44〕以藏書方法命名者如明祁彪佳「八求樓」和清潘祖蔭「八求精舍」，「八求」即宋代藏書家鄭樵所總結的求書八法：

> 一即類以求；二旁類以求；三因地以求；四因家以求；五曰求之公；六曰求之私；七因人以求；八因代以求。〔註45〕

---

〔註41〕《藏書紀事詩》卷一。

〔註42〕《藏書紀事詩》卷三。

〔註43〕《藏書紀事詩》卷四。汪琬《傳是樓記》亦云：「於是先生召諸子登斯樓而詔之曰，吾何以傳汝曹哉？吾徐先世故以清白起家，吾耳目濡染舊矣，蓋嘗慨夫為人之父祖者，每欲傳其土田貨財，而子孫未必能世富也；欲傳其金玉珍玩鼎彝尊罍之物，而又未必能世寶也；欲傳其園池臺榭、舞歌輿馬之具，而又未必能世享其娛樂也。吾方以為鑒，然則吾何以傳汝曹哉？故指書而欣然笑曰：『所傳惟是矣』，遂名其樓為『傳是』」。

〔註44〕汪琬《傳是樓記》：「崑山徐健庵先生築樓於所居之後，凡七楹，間命工斫木為廚，貯書若干萬卷。部居類匯，各以其次。素標緗帙，啟鑰爛然。」彭士望《傳是樓藏書記》則稱：「數十楹，跨地畝許，特遠人境，無附麗，啟後牖，几席與玉峰相接。中置度閣七十有二，高廣徑丈有五尺，以藏古今之書，裝潢精好，次第臚序。首經史，以宋版者正位南面；次有明實錄、奏議，多抄本；又次諸子、百家、二氏、方術、稗官、野乘、齊諧，靡不具備。曲折縱橫，部勒充四阿，各有標目。」傳是樓舊藏有不少是來自錢謙益的絳雲樓、毛晉的汲古閣以及季振宜等大藏書家的舊藏。陳登原在《古今典籍聚散考》中稱：「毛晉汲古、錢遵王述古之書，康熙中，半歸徐乾學、季滄葦家。徐、季兩家之書，後由何義門介紹，歸於清宗室怡府之樂善堂。樂善堂大樓九楹，度藏滿溢，四庫開館之日，彼且秘而不獻。至端華以狂悖見誅，於是毛、錢、徐、季之珍好又流落人間。而致堂之子紹和，時官北京，得之頗多，於是傳是、述古之舊，又隨百宋一廛而趨入海源閣矣。」

〔註45〕《藏書紀事詩》卷一。

以藏書內容命名者最多：金元好問多藏野史，「往來四方，採摭遺逸，有所得，輒以寸紙細字親為紀錄，至百餘萬言，捆束委積，塞屋數楹，名之曰野史亭〔註46〕。清石揚玉對於淫詞小說及一切違犯儒家道德規範的著作深惡痛絕，家置一庫，名曰「孽海」，聚而燒之。歷代帝王為了籠絡人心，多賜書臣民，臣民感恩不盡，遂以「賜書」名室。清代以「賜書堂」名室者有鮑廷博、李象元、聶鎬敏、汪聖清等；以「賜書樓」名室者有李文田、蔣杲、胡亦常等。

（四）以所敬之人命名。宋代文學家虞傅欽佩唐代著名詩人白居易，因名其室曰「尊白堂」；明代文學家袁宗道極為推崇唐代白居易和宋代蘇軾，因名其室曰「白蘇齋」；明代詩人黃淳耀羨慕晉代陶淵明，因名其室曰「陶庵」；清代許友喜歡書畫，師法宋代著名書畫家米芾，因名其室曰「米友堂」；清劉體仁尊崇成連、陸賈、司馬徽、桓伊、沈隣士、王績、韋應物等七個歷史人物，一一為之作頌，遂以「七頌堂」名室；宋代楊時與游酢、呂大臨、謝良佐並稱程門四大弟子，一日拜謁程頤，正好程頤在瞑坐，楊時與游酢一直侍立門外。程頤既覺，但見門外雪深一尺。〔註47〕，程門立雪的故事即源於此。清人程大年一意尊師，並與程頤同姓，遂名其室曰「立雪齋」。

（五）以所寶之物命名。潘仕成喜歡收藏金石書畫等歷史文物，以歷史文物為寶，遂以「周敦商彝秦鏡漢劍唐琴宋元明書畫墨蹟長物之樓」作為室名。清聖祖南巡，吳廷禎以舉人的身份應召面試，深受聖祖青睞，御書《古劍篇》以賜，吳氏受寵若驚，遂以「古劍書屋」名室。顧沅先人曾得清世宗所賜古硯，因名其室曰「賜硯堂」。周亮工收藏古代名人字畫、器物甚多，因名其室曰「賴古堂」。阮元收藏鍾鼎彝器數百件，因名其室曰「積古齋」。葉昌熾收藏古代佛經經幢拓片 500 件，因名其室曰「五百經幢館」。李元鼎家有古硯一臺，狀如五瓣梅花，質如黃玉，相傳為漢將灌嬰廟瓦製成，寶藏之至，遂以「灌硯齋」名室。瞿鏞在藏書的同時，兼藏金石器物，有古代鐵琴銅劍各一，遂以「鐵琴銅劍樓」名室。清金石學家吳大澂的「八虎符齋」「十圭山房」「十銅鼓齋」「十二金符齋」「十六金符齋」「二十八將軍印齋」「五十八璧六十四琮七十二圭精舍」等也是以所寶之物命名的例子。

（六）以難忘之事命名。宋趙明誠、李清照夫婦受到趙挺之罷相的株連，從汴京遣返青州故里，歸隱田園，因取陶淵明《歸去來兮辭》之意，名其室曰

〔註46〕《藏書紀事詩》卷二。
〔註47〕《宋史·楊時傳》。

「歸來堂」。清陸隴其之曾祖陸溥督運錢糧，乘船路過采石磯時，船艙突然裂縫，漏水如注，後有三條魚偶然游入裂縫，夾在其中，竟將裂縫堵住，陸溥從而幸免於難。陸隴其不忘大恩，因名其室曰「三魚堂」。又如清代鄭燮的「康熙秀才雍正舉人乾隆進士之齋」、勝保的「十五入泮宮二十八詞林三十為大將之齋」亦屬此類情況。

還有以學習方法命名者，例如明張溥「七錄齋」，「七錄」就是張溥的學習方法。張溥讀書有一個習慣：邊讀邊抄，抄完一遍，讀後燒掉，然後再抄再讀再燒，一連七次。以上就是幾種名室的主要方法。

## 室名與版本鑒定

室名對於我們今天鑒定版本很有幫助。這主要表現在以下幾個方面：第一，根據室名可以考證同書異名，而同書異名正是不同版本的重要標誌。古籍以室名命名是造成同書異名的重要原因之一。例如明余繼登室名「淡然軒」，其別集因稱《淡然軒集》，與《余文恪公集》是同書異名；清屈大均室名「九歌草堂」，其別集因稱《九歌草堂集》，與《翁山詩略》是同書異名。熟悉著者室名，為我們辨別同書異名提供了方便。第二，根據室名可以考證著者姓名。而著者姓名與考證版本作偽關係極大。封建時代輕視戲劇小說，著者不敢直書其名，往往題寫別號或室名，我們可據室名查出其真實姓名。例如《皇明大儒王陽明先生出身靖難錄》卷端題「墨憨齋新編」，經查證，「墨憨齋」是明末馮夢龍室名，著者應是馮夢龍。《九尾龜》卷端題「漱六山房著」，經查證，「漱六山房」為清張春帆室名，著者應是張春帆。《西遊補》卷端題「靜嘯齋主人著」，經查證，「靜嘯齋」為明代董說室名，著者應是董說。第三，可據室名查出刻書者。不少古籍刻本的書名頁、版心等處都有刻書者的室名，可據室名查出刻書者。例如《說文解字注》書名頁有「經韻樓藏版」五字，經查證，「經韻樓」為清代段玉裁室名，結合其他條件，此本可定為清金壇段玉裁自刻本。又如《西崑酬唱集》版心有「玩珠堂」三字，經查證，「玩珠堂」為明代張綖室名，結合其他條件，此本可定為明嘉靖十六年（1537）高郵張綖玩珠堂刻本。室名重複的現象特別嚴重，例如歷代用「一草亭」作為室名的至少有 7 人，用「一經堂」作為室名的至少有 8 人。我們在利用室名整理古籍的時候，要結合其他條件將它們加以區別。

# 第十一章　寫本與活字本的鑒定

寫本是由人工抄寫而成，活字本是由一個個活字擺印而成。由於製作工藝不一，其鑒別方法也與刻本不同，需要進行專門的研究。

## 一、寫本的鑒定

寫本的時間跨度很長，從先秦到明清都有大量寫本，但就傳世情況而言，簡策、帛書以至宋元寫本已是鳳毛麟角、屈指可數，明清寫本數量較多。因此，寫本的鑒定主要是指明清寫本的鑒定。趙萬里先生指出：

> 明代抄本書尚易見，有幾種特點：一、沒格子；二、黑格子（烏絲欄）；三、紅格子（朱格）；四、藍格子。一般說黑格子早，嘉靖以後，黑格子少了，藍格子次之，紅格子與藍格同時略晚而流行至明末。沒有格子的綿紙寫本，是正德嘉靖時所抄。用竹紙妙的書，一般說時代較晚，但也有早至嘉靖年的，正德以前沒有竹紙寫本。明朝人喜抄大部頭書，把《資治通鑒》改名，將《北堂書鈔》改名《大唐類要》。清朝人也喜歡抄書，用太史連或竹紙，自己印格子抄，一邊抄一邊校，這是蘇州讀書人的傳統風氣。〔註1〕

那麼，具體來說應當怎樣鑒定寫本呢？鑒定寫本可分兩步：第一步，首先把寫本同刻本區別開來，由於製作工藝的不同，刻本一般具有下列特徵：（一）字體比較規整（匠體字尤如此）；（二）筆劃的鋒芒棱角比較明顯，這與刀刻有關；（三）版面常有模糊殘缺之處，間有斷裂痕跡，這與木版多次刷印受潮腐

---

〔註1〕《趙萬里談古籍版本》，《中國典籍與文化》1994 年第 1 期。

爛有關；（四）卷末空白部分常常有大塊墨蹟，這是刻工為了省事，沒有把空白部分刮去所造成的。寫本是人工抄寫的，其最大特點是字跡流利生動，不像刻本字體那樣生硬板滯（寫刻本例外）。根據上述特點，一冊古籍在手，打開一看，是刻本還是寫本，一望而知。但要注意一點：寫本據刻本抄錄者，往往將刻本序跋一併抄寫，而刻本序跋中往往有「鏤版」「刊行」之類詞語。不能一看到這些詞語，就不加思索地定為刻本。

初步定為寫本之後，接著就應進行第二步工作，即弄清是誰家寫本。這主要通過以下三個方面加以考察：

（一）書法。一般來說，明代寫本字體飄灑，書寫自然，毫無約束；清初寫本亦有明末遺意，落落大方，不拘一格；康雍乾寫本則受館閣體影響較大，工整秀麗，千篇一律，缺乏個性。當然，具體到各家抄本而言，書法特點也有差別，這就要求我們多多觀察比較，找出各家書體的規律。

（二）紙張。就整體而言，寫本用紙同刻本一樣，具有時代特點。但就各家寫本而言，用紙有三點區別：一是有格無格之別，即有的寫本用有格紙，有的寫本用無格紙；二是欄線顏色之別，或紅或藍或綠，不盡一致；三是題名不同。寫本書口或欄外多題室名，室名因人而異。掌握了各家寫本的用紙特點，鑒定起來就容易多了。現將明清兩代各家用紙擇要列表如下：

| 時　代 | 姓　名 | 字 | 號 | 室　名 | 籍　貫 | 用紙特點 |
|---|---|---|---|---|---|---|
| 明 | 吳寬 | 原博 | 匏庵 | 叢書堂 | 長洲 | 紅格、版心有「叢書堂」三字 |
| 明 | 葉盛 | 與中 | 蛻庵 | 賜書樓、祭竹堂 | 崑山 | 用綠墨二色格紙，版心有「賜書樓」，卷端多鈐官印 |
| 明 | 文徵明 | 徵仲 | 衡山 | 停雲館、玉蘭堂 | 長洲 | 藍格，欄外有「玉蘭堂錄」「停雲館」 |
| 明 | 沈與文 | 辨之 | | 野竹齋 | 吳縣 | 欄外有「吳縣野竹齋沈辨之製」，或版心有「吳郡沈氏野竹齋校錄」 |
| 明 | 楊儀 | 夢羽 | | 七檜山房、萬卷樓 | 海虞 | 版心有「嘉靖乙未七檜山房」或「萬卷樓雜錄」 |
| 明 | 姚咨 | 舜諮 | | 茶夢齋 | 無錫 | 版心有「茶夢齋鈔」，藍格 |
| 明 | 秦四麟 | 季公 | | 致爽閣又玄齋 | 常熟 | 版心有「致爽閣」「玄覽中區」「又玄齋」 |
| 明 | 祁承㸁 | 爾光 | | 澹生堂 | 山陰 | 版心有「澹生堂鈔本」，藍格 |

| 明 | 毛晉 | 子晉 | 潛在 | 汲古閣、綠君亭、目耕樓等 | 常熟 | 版心有「汲古閣」，欄外有「毛氏正本汲古閣藏」，墨格（或不印格） |
|---|---|---|---|---|---|---|
| 明 | 謝肇淛 | 在杭 | | 小草齋 | 長樂 | 版心有「小草齋鈔本」，墨格，半頁十行 |
| 明 | 葉樹廉 | 石君 | | 歸來草堂、樸學齋 | 吳縣 | 欄外有「樸學齋」 |
| 明 | 范欽 | 堯卿 | 東明 | 天一閣 | 鄞縣 | 多用紅、藍、墨三色格紙 |
| 明 | 趙琦美 | 元度 | | 脈望館 | 常熟 | 墨格 |
| 明 | 趙宧光 | 凡夫 | | 寒山堂、小宛堂 | 吳縣 | 版心刻「寒山堂篆書」 |
| 明 | 呂坤 | | 北野 | 了醒亭 | 杭州 | 版心有「了醒亭」 |
| 明 | 曹學佺 | 能始 | | 石倉 | 侯官 | 版心有「曹氏書倉」、墨格 |
| 明 | 唐順之 | 應德 | | 純白齋 | 武進 | 白綿紙、藍格、十行、行二十字 |
| 清 | 錢曾 | 遵王 | 也是翁 | 述古堂 | 常熟 | 欄外有「錢遵王述古堂藏書」或「虞山錢遵王述古堂藏書」 |
| 清 | 曹溶 | 潔躬 | 倦圃 | 倦圃 | 秀水 | 版心有「檇李曹氏倦圃藏書」 |
| 清 | 徐乾學 | 原一 | 健庵 | 傳是樓 | 崑山 | 版心有「傳是樓」 |
| 清 | 朱彝尊 | 錫鬯 | 竹垞 | 潛采堂、曝書亭 | 秀水 | 無格毛太紙 |
| 清 | 惠棟 | 定宇 | 松崖 | 紅豆齋 | 吳縣 | 欄外有「紅豆齋藏書鈔本」 |
| 清 | 趙昱 | 功千 | 谷林 | 小山堂 | 仁和 | 欄外有「小山堂鈔本」，版心有「小山堂」 |
| 清 | 吳騫 | 槎客 | 兔床 | 拜經樓 | 海昌 | 無格毛太紙 |
| 清 | 吳壽暘 | 虞臣 | 蘇閣 | 拜經樓 | 海寧 | 無格毛太紙 |
| 清 | 鮑廷博 | 以文 | 淥飲 | 知不足齋 | 歙縣 | 無格毛太紙、十行、版心有「知不足齋正本」 |
| 清 | 汪遠孫 | 久也 | 小米 | 振綺堂 | 錢塘 | 無格毛太紙 |
| 清 | 金檀 | 星帽 | | 文瑞樓 | 桐鄉 | 墨格、版心有「文瑞樓」 |
| 清 | 錢熙祚 | 錫之 | | 守山閣 | 金山 | 十二行綠格，欄外有「守山閣鈔系」 |
| 清 | 姚覲元 | 彥侍 | | 咫進閣 | 歸安 | 十三行綠格，版心有「咫進閣」 |
| 清 | 厲鶚 | 太鴻 | 樊榭 | 樊榭山房 | 錢塘 | 八行、墨格 |

| 清 | 錢謙益 | 受之 | | 絳雲樓 | 常熟 | 墨格或綠格，版心刻「絳雲樓」 |
|---|---|---|---|---|---|---|
| 清 | 錢謙貞 | 履之 | | 竹深堂 | 常熟 | 版心有「竹深堂」 |
| 清 | 馮班 | 定遠 | 鈍吟 | 空居閣 | 常熟 | 藍格，版心有「空居閣藏」 |
| 清 | 馮舒 | 己蒼 | 默庵 | 空居閣 | 常熟 | 欄外有「馮氏家藏」四字 |
| 清 | 葉奕苞 | 九來 | 二泉 | 小有堂 | 崑山 | 墨格，版心有「崑山葉氏小有堂鈔」 |
| 清 | 吳城 | 敦復 | 甌亭 | 瓶花齋 | 錢塘 | 墨格，版心有「瓶花齋」 |
| 清 | 汪憲 | 千陂 | 魚亭 | 振綺堂 | 錢塘 | 版心下有「振綺堂」 |
| 清 | 汪森 | 晉賢 | | 裘杼樓 | 桐鄉 | 版心下有「裘杼樓」 |
| 清 | 彭元瑞 | 掌仍 | 芸楣 | 知聖道齋 | 南昌 | 半頁十行，版心下有「知聖道齋鈔校書籍」 |
| 清 | 陸芝榮 | 香圃 | | 三間草堂 | 蕭山 | 藍格，半頁十行，欄外下有「陸香圃三間草堂藏書」 |
| 清 | 黃丕烈 | 紹武 | 蕘圃 | 士禮居、百宋一廛等 | 吳縣 | 墨格、多題跋 |
| 清 | 袁延椿 | 又愷 | | 貞節堂 | 吳縣 | 綠格，版心下有「貞節堂鈔本」 |
| 清 | 倪模 | 迂村 | 韭瓶 | 經鉏堂 | 望江 | 綠江，左欄外有「經鉏堂重錄」 |
| 清 | 劉喜海 | 燕庭 | | 嘉蔭簃、味經書屋 | 諸城 | 綠格，十一行，版心下有「東武劉氏味經書屋」八字，左欄外或有「燕庭校書」，或有「嘉蔭簃藏書」 |
| 清 | 全祖望 | 紹衣 | 謝山 | 雙韭山房 | 鄞縣 | 墨格，版心右下方有「雙韭山房」 |
| 清 | 徐時棟 | 定宇 | | 城西草堂 | 鄞縣 | 墨格，版心有「城西草堂」 |
| 清 | 莫友芝 | 子偲 | 郘亭 | 影山草堂 | 獨山 | 無格或綠格，欄外有「影山草堂」 |
| 清 | 繆荃孫 | 筱珊 | 藝風 | 藝風堂等 | 江陰 | 墨格，版心有「藝風堂」 |

（三）題跋。不少寫本卷末都有跋，這些題跋或抄書人自題，或藏書家題寫。內容多記抄寫情況或版本源流，對於鑒定版本十分有用。例如毛氏影宋寫本《石林奏議》欄外有毛晉自跋云：「從李中麓先生宋本、影宋本影寫，希世之寶也。惜有糜爛處。」毛氏精寫本《瑟譜》有黃丕烈跋云：「此毛妙本鄭世子《瑟譜》，餘數年前得諸書友，云是宋商丘家故物，既檢《汲古閣珍藏秘本書目》，有之，知非通行本矣。」明隆慶元年（1567）姚諮寫本《春秋五論》有姚氏自跋云：

舊籍故編修王堯衢懋中家藏本手錄，堯衢則自其內兄荊川宮諫處
得之者也。隆慶改元夏六月五日皇山樗老姚諮重錄，時年七十有三。
明初孫道明抄書題跋必記抄寫時間、抄寫地點和抄寫時的年齡，這是孫氏寫本
的一大特色，如《北夢瑣言》題云：

武林忻悅學家藏，至正二十四年甲辰五月七日寫起，至二十七
日報卷。華亭在家道人孫道明識於泗北村居，時年六十有八也。
《腳氣集》題云：

錄於城南寓舍，時吳元年，歲在丁未臘月二十八日庚午，華亭
孫道明叔父，年七十有一。
明柳僉抄書題跋中常有即興小詩，例如柳氏抄《樂府古題要解》跋云：

正德乙亥七月二十二日錄訖，以詩寄興云：「偶病不粒食，抄書
二十番。娛生無此癖，守死亦為冤。把筆頭敲帽，衣薄酒罷樽。時
名付流水，此外復何言。」布衣柳僉。
不過，根據跋語鑒定寫本要注意分析，要把題跋原作同模仿之作加以區別。例
如《汗簡》後有馮舒題跋，陸心源因定為馮氏寫本。其實，察其字跡，庸俗之
極，絕非馮氏手跡，書估作偽無疑。

除了上述各點之外，鑒定寫本還要注意諱字、藏書印等。例如清呂留良後
人寫本，「留」字缺末筆，以避家諱。

## 二、活字本的鑒定

古籍版本就製版工藝而言，可以分為寫本和印本兩大類別。印本以活字本
和刻本的數量為最多。一般地說，區別寫本和印本並不困難，詳審字跡，便可
知其大略。而活字本和刻本的區別倒是值得認真研究一番。就製版工藝而言，
活字版和雕版有相同之處，也有不同之處。相同之處，為我們鑒定版本增加了
困難；不同之處為我們鑒定版本提供了方便。歸納起來，其不同之處在於：

（一）欄線連接：由於活字版的欄線是臨時用木（竹或金屬）條拼成的，
所以活字本的欄線連接不甚嚴密，欄線間都有寬窄不等的空際；而雕版的欄線
是在一塊整板上刻出的，其印本欄線連接十分嚴密，渾然一體。

（二）界行：如上所言，活字版的行線由木（竹或金屬）條製成，木（竹
或金屬）條本身常常彎曲變形，平放到字行間則高低不平。刷印時，高處受力
大，著墨多；低處受力小，著墨少。因此，活字本的界行常常著墨不勻，時有

時無；而雕版界行是在版上直接刻出，其印本一般不存在上述情況。

（三）版面長短：活字版刷印完畢，即行拆掉，基本上不存在熱脹冷縮的問題，因此，活字本的版面長短一致，上下欄線整齊劃一；而雕版由於熱脹冷縮等原因，天長日久，版面可能長短不齊，上下欄線或高或低，不盡一致。裝訂時一般是齊下不齊上，即不管上欄，只要下欄整齊就行了。然進呈之本要求甚嚴，常常採用烘煮之法使上下欄線並齊。烘煮的結果，大大縮短了版片的壽命。為此，清人方苞曾給皇帝建議說：

> 刻字之板，材有老稚，幹久之後，邊框長短不能劃一，故自來古籍止齊下線。惟殿中進呈之書，並齊上線，臨時或烘板使短，或煮板使長，終有參差，仍用描界取齊。數烘數煮，板易朽裂。凡字經剜補，木皆突出，散落再加修補，則字畫大小粗細不一，而舛誤彌多。經史之刊，以垂久遠，若致剝落，則虛糜國帑，伏乞特降諭旨：即進呈之本，亦止齊下線，不用烘煮，庶可久而不敝。為此請旨，欽定程序，以便遵行。〔註2〕

（四）版面斷裂：活字版是由單字排成，印罷即行拆去，下次再排再印再拆，循環往復，版面完整無缺，無斷版、裂版現象；而雕版由於木質不堅，加上風吹日曬、寒暑乾濕的影響，版面常常斷裂，其印本常常留下斷裂痕跡。

（五）字行：活字版是由一個個單活字匯聚而成，其印本字行常常左右彎曲，不是那麼筆直，甚或有臥字、倒字的現象，例如武漢大學圖書館藏明福建詹佛美木活字本《招搖池館集》卷六第10頁下半頁第八行「首」字倒置就是一證；而雕版是在一塊整板上連續刻出的，其印本字行比較整齊，沒有左右傾斜的現象。

（六）字的大小和筆劃粗細：活字版是一字一刻、多人匯刻，字的大小和筆劃粗細不免因字而異、因人而異，其印本常常字體大小不一，筆劃粗細不一；而雕版的字是在一塊整板上由一人一氣刻成，能夠前後照應，其印本字體大小、筆劃粗細比較勻稱。

（七）字與字的關係：活字版由多字匯聚而成，排版之前，字與字各自獨立，排版之後，字與字界限分明，其甲本字與字絕不交叉；而雕版因是在一整塊板上雕刻而成，字與字的界京不太明顯，有時為了版面的整體美，對於那些筆劃懸殊太大的兩個字，常常故意採用搶擋讓步、互相穿插筆劃的辦法，使其

---

〔註 2〕《方苞集‧集外文‧奏重刊十三經二十一史事宜箚子》。

協調一致，所以刻本的字間筆劃時有交叉。

（八）墨色：活字版是由多字匯聚而成，每字高低不會絕對一致，擺在一起則高下不平，像高低不平的行線一樣，刷印時，各處受力不勻，故其墨色常常濃淡不一；而雕版版面平整，刷印受力均勻，故其墨色比較一致。

以上講的是活字本與刻本的基本區別。當然，就活字本來說，木活字本和金屬活字本也有區別：木活字吸墨性強，印本墨色較濃；金屬活字本吸墨性較弱，印本墨色較淡。另外，木活字的硬度不如金屬活字，印刷時所形成的紙痕不大明顯；而金屬活字質地堅硬，印刷所形成的紙痕就比較明顯。還有一種影刻活字本，也需同原活字本加以區別：影刻活字本雖然依照活字本影摹，惟妙惟肖，但與活字本並不完全相同，影刻活字本四角欄線連接嚴密，不像活字本那樣疏鬆；有的影刻活字本存在斷版裂版現象。實際上傳世影刻活字本屈指可數，僅有如下四種：

（一）明徽藩崇古書院影刻錫山華氏會通館銅活字本《錦繡萬花谷》；（二）明影刻錫山華氏會通館銅活字本《文苑英華辯證》；（三）明影刻錫山華氏蘭雪堂銅活字本《蔡中郎集》；（四）清廣雅書局影刻《武英殿聚珍版叢書》。《錦繡萬花谷》原活字版書口上端的「會通館」三字改為「徽藩崇古書院」六字；《蔡中郎集》已將原活字本書口上端的「蘭雪堂」三字去掉，書內間有斷版痕跡。《武英殿聚珍版叢書》原本用開化紙、太史連紙印刷，而廣雅書局影刻本則用廣東的山貝紙和本槽紙。

最後談談武英殿聚珍版的鑒定問題。武英殿聚珍版雖然也是木活字本，但其製版工藝和一般木活字略有不同：（一）刻製套格，即在整塊木板上刻製欄線和界行；（二）刷印套格，即將書名、卷次、頁碼、校刊人姓名等文字嵌入套格版心，先行刷印；（三）套印正文，即將正文文字排在板槽內，以印好的相應套格覆於板槽上刷印〔註3〕。因此，《武英殿聚珍版叢書》也有相應特點：（一）欄線界行的連接完整無缺，這與刻製套格有關；（二）書內文字與欄線、界行時有重疊，這與套印不慎有關；（三）行款為半頁九行、行二十一字，白口，書口下右側有校勘官姓名；（四）卷首有《提要》和高宗《御題聚珍版十韻詩序》，目錄前下方有「武英殿聚珍版」六字；（五）紙張有連史紙和竹紙兩種，尤以連史紙為多。總而言之，《武英殿聚珍版叢書》乃是集雕版、活字、套版印刷於一身，是古代印刷史中的集大成者。

〔註3〕《武英殿聚珍版程式》。

# 第十二章　古籍版本作偽

　　大千世界，熙熙攘攘，真與偽、善與惡、美與醜如影隨形，無處不在，無時不有。古籍版本也是真偽相雜，良莠不齊。

　　版本作偽同偽書有什麼區別？一個是版本問題，一個是著者問題。版本作偽是版本不真實；偽書是著者不真實。版本作偽者多為書估；偽書著者多為文人墨客。版本作偽多出於經濟原因：或以新充舊，即以新本冒充舊本；或以俗充雅，即以俗本冒充高雅的善本；或以殘充全，即以殘本冒充全本；或以同充異，即以同本冒充異本。舊本、善本、全本、異本價格昂貴，可據以牟取暴利。偽書的產生也有出於經濟原因的，歷代開國皇帝照例都要懸賞訪書，一些利慾薰心之徒往往乘機編造偽書，騙取錢財。但是，比較而言，經濟原因並不是主要的，社會、政治等方面的原因才是主要的。古代社會「出書難」，一般儒生出書更難，這就迫使儒生冒名頂替，在自己的著作上面偽冠大人物的名字，藉以行世。例如兵書冒充諸葛亮撰，醫書冒充孫思邈撰，不一而足。有的偽書是政治抗爭、學術紛爭的工具。古人在派別紛爭中，常常編造偽書，借名人之口，攻擊對手。偽書僅僅在著者問題上進行欺騙，不涉及版本問題。這裡還要把版本作偽中的著者作偽同偽書加以區別：偽書的虛假著者是在成書時就有的，偽書的真正著者大多是偽書的編造者；而著者作偽造成的虛假著者是圖書在流傳過程中產生的，搞著者作偽的人，並不是全書的真正著者，他們只不過做了些挖改的手腳，通過挖改，輕而易舉地「造」出一批「罕見之本」，以廣招徠。要之，版本作偽是書商製造出虛假版本，目的是欺騙讀書少的外行；偽書是無名文士假托大名人不惜將著作權拱手相讓，目的是欺世騙錢，或設局害人。前者是版本學術語，後者是辨偽學術語，不可混為一談。

## 一、古精版本作偽舉例

版本作偽手段比較複雜，有書名作偽、著者作偽、卷數作偽、序言作偽、年號作偽、牌記作偽、藏章作偽、題跋作偽、紙張作偽等。

### 書名作偽

書名作偽即用挖改書名的辦法冒充新本。例如明嘉靖十七年（1538）吳鵬等刻本《杜氏通典》，書估為了冒充宋本，將書名挖改為《國史通典》，並挖去著者「杜佑」之名，加印「南宋禮部尚書錫山邵寶國賢撰」木記。挖改處鈐「南宋翰林院印」和著名藏書家季振宜藏書印。然邵寶為明成化二十年（1484）進士，豈能在南宋任職？「南宋翰林院印」亦屬子虛烏有。明崇禎刻本《歷代名臣奏議》（楊士奇輯），書估為了冒充宋本，將書名挖改為《歷代大儒奏議》，偽題「無錫邵寶撰」，挖改處鈐「南宋翰林院印」。明天啟間陳仁錫刻本《藏書》（李贄撰），書估為了冒充罕見之本，將書名挖改為《國書》，著者挖改為「梁溪李應祥徵善輯著」，挖改處鈐著名藏書家吳騫藏書印〔註1〕。清刻本《東都事略》（王稱撰），書估為了冒充宋本，將書名挖改為《東京實錄》，著者易名「尤袤」，挖改處鈐「御史之章」掩飾。

### 偽託作者〔註2〕

「偽託作者」即用挖改著者姓名的辦法冒充新本。這種作偽方法離不開挖改卷端。例如明嘉靖刻本《定山先生集》卷端有陳常道等題銜四行，書估又增「應天府江浦縣知縣廬陵蕭惟馨校刊」等四行。考侯宗海修《江浦稗乘》，惟馨知縣事在嘉靖之末，與原刊知縣劉繪中隔七人，不可能參與刻書，而希附名於驥尾，遂改換每卷之第一、二版（原版每行十八字，改版因多容字數，為每行二十二字），冒稱重刻。明刻本《詞致錄》，原為明李天麟撰，書估於目錄卷六中挖去「歐陽修」之名，移補目錄首頁標題之下，取「李天麟」而代之，以此書為歐陽修作。然書中南宋作品甚多，豈有北宋歐陽修編纂之理？明正德刻本《宋學士文集》（明宋濂撰），書估除將書名挖改為《新刊梁溪張太史文集》之外，還將著者姓名挖改為「無錫張籌」；明萬曆刻本《弇州史料後集》（明王世貞撰），書估除將書名挖改為《皇明琬琰文錄》之外，還將著者姓名挖改為「梁溪高攀龍」。

〔註1〕王元才：《古書作偽例析》，載《廣東圖書館學刊》1985年第2期。
〔註2〕曹先生原來用「著者作偽」，不太準確，又容易與辨偽學之「著者作偽」相混淆。這種是版本作偽的一種手法，仍然是書賈作偽，他們故意換上了一個虛假作者。

### 卷數作偽

卷數作偽即以殘充全欺人。這種作偽方法離不開挖改目錄。例如明萬曆刻本《日本考》後二卷亡佚，書估遂截去目錄後二卷以欺售。明崇禎刻本《茹古略集》三十六卷，後三卷亡佚，書估遂截去目錄後三卷以欺售。明刻本《新鑴繡像醉醒石小說》十五回，第十五回文字亡佚，書估遂鏟去第十五回回目以欺售。明刻本《古詩鏡》三十六卷，後十七卷亡佚，書估遂鏟去後十七卷目錄和《總論》以欺售。明萬曆刻本《文府滑稽》分十二卷，第十二卷亡佚，書估遂截去第十二卷目錄，並將許會曲序「積有十二卷」改為「積有十一卷」以欺售。明嘉靖刻本《未軒公文集》十二卷，八至十二卷亡佚、書估遂鏟去八至十二卷目錄，並在第七卷後加刻「終」字以欺售。明萬曆刻本《歸有園文編》二十二卷，僅存十八卷，書估遂截去十九至二十二卷目錄以欺售。明景泰刻本《五倫書》殘缺不全。書估移後補前，致全書次第錯亂，卷七為原書卷五十三，卷八、卷九分別為原書卷五十四、卷五十五，卷十、卷十二分別為原書卷十三、卷十四。凡腐蝕書口卷數及剪貼書內子目之處，皆書估所為。宋刻本《新刊五百家注音辯唐柳先生文集》二十二卷至四十五卷殘缺，書估將卷二十二至卷四十五的目錄割去，並將原在目錄卷四十五之後的「目錄終」三字移補於卷二十一目錄之後，冒充全帙。抄本《兵錄》原為十四卷，殘存八卷，書估則亂其次第、改其卷數、補寫目錄，以充完書。如卷四之「地利」「天時」，原在卷十四；卷五之「水攻」，原在卷十；卷六、卷七和卷八之「火攻」，原在卷十一、卷十二和卷十三。

### 序言作偽

序言作偽即增刪序言欺人。例如元刻本《博古圖》有鄭樸序，序首云：「粵稽趙宋，時維宣和」；序末署「宣和五年十月朔」；序文多詆毀徽宗語。考《宋史‧徽宗本紀》，徽宗以宣和七年（1125）傳位欽宗，豈有當時臣民敢肆然詆毀其君並付諸梨棗者？況其序若作於宣和，不應有「粵稽」「時維」等追述之詞。考宋元以來正史、雜史等，皆無鄭樸其人、可見鄭序之偽。明刻本《增廣類聯詩學大全》有無名氏序，稱放翁先生（陸游之號）因楊月軒先生之請，勒成此書。然「百官門」中有元代官名「總管」「蒙古教授」等，非南宋陸游所應知。書末刻「大德丙子仲春吉旦西園堂刊」，「丙子」乃明正德十一年（1516），估人挖去「正」字，補填「大」字以充元版，然元大德起丁酉迄丁未，無丙子之年，殊為可疑。

## 年號作偽

年號作偽即改刻年號以欺售。例如明嘉靖刻本《馬東田漫稿》有孫緒序，末署「嘉靖丙戌」，書估則挖改「靖」字為「定」字，變為「嘉定丙戌」，又偽鈐「崑山徐氏家藏」「乾學之印」「健庵」三印以欺世。然馬中錫（號東田）為明人，明人著作豈有宋刊之理？又宋嘉定朝無「丙戌」年，其作偽之跡益明。明崇禎刻本《敲庵遺稿》有五世孫柴胤璧跋，末署「崇禎乙亥」，書估則挖改「崇禎」二字為「嘉靖」，豈不知嘉靖朝絕無「乙亥」之年，其無知如此。明刻本《春秋經傳集解》三十卷，書估將「咸平辛丑刊」五字補刊於版心上方，以充宋槧，然書口空白太小，「咸」字已越出欄外，「刊」字只好縮小補刊於下，墨色又與原刻迥異，作偽之跡，昭然若揭。明合刊本《水經》、《山海經》規仿宋槧，前有黃省曾序，末署「嘉靖甲午」，書估因將「靖」字挖改為「定」字，以充宋槧，然宋嘉定朝絕無「甲午」之年，枉費心機。

## 牌記作偽

牌記作偽即增刪牌記欺人。元至正十六年（1356）岩精舍本《苕溪漁隱叢話》接著者胡仔自序之後題「紹興甲寅槐夏之月陳奉議刊於萬卷堂」一行，偽充宋本。傅增湘考辨說：

> 宋代刻書，例加標識，謂之牌子。或在序後，或在目後，或刊首卷之尾，或附末卷之尾，雖款式有鐘鼎碑幡之不一，字體有楷行篆隸之不同，然皆在版心空處，大字別占一二行，以示表異。斷無直接本文，且頂格楷書，與撰序人並列，混淆耳目者，其為偽造可知。且其標題「紹興甲寅」，尤為大謬。考胡氏兩序，前集成於戊辰，為紹興十八年，後集成於丁亥，為乾道二年。今萬卷堂陳氏刊書乃題為「甲寅」，檢年表，甲寅為紹興四年，距前集告成尚早 14 年，距後集更早 33 年。其書未屬稿，而預為刊布，寧非笑端！〔註 3〕

明弘治本《新增說文韻府群玉》卷二十有「嘉靖甲申劉氏重刊」牌記，書估挖改「嘉靖甲申」為「嘉祐乙丑」以充宋刻。書估知嘉祐無甲申年，而不知原書為元人陰時夫撰。元書宋刊，時序顛倒，作偽無疑。明刻本《戰國策》卷末有「嘉定五年夏月世綵堂刊」牌記，其左右圍線係版中界行線拼湊而成，偽造之跡，一望而知。世綵堂為南宋著名刻書家廖瑩中堂號，書估託名，欲以售欺。

〔註 3〕《藏園群書題記》卷二十。

明正德刻本《文獻通考》目錄後有牌記云「皇明正德戊寅慎獨精舍刊行」，書估剜去以充元刻，作偽之跡猶存。明天順刻本《天原發微》總目後有「天順辛巳歙西鮑氏耕讀書堂」牌記，書估鏟去以充元刻。

### 藏書印作偽

藏書印作偽即偽造名家藏書印欺人。例如明嘉靖刻本《六家文選》有「景濂」之印，景濂為明初宋濂之字，成書時間比他的生年晚 160 多年的嘉靖本不應有其印章，書估作偽無疑。明嘉靖刻本《藝文類聚》，書估除抽去翻刻諸序外，又偽造天祿琳琅「宋本」圖章鈐之卷端，冒充宋本。此刻規撫甚精，每易混珠。明刻本《六家文選》有「袁忠徹」印記，袁為明代著名藏書家，然「袁」字篆法訛作「表」字，書估無知如此。王懋著《野容叢書》宋無刻本，明刻本有「趙氏子昂」「三吳世家」印記，篆法不工，字體訛謬，書估偽造，一望而知。明刻本《資治通鑒綱目》有「項氏家藏」「汪氏象家」二印，篆文昧於古法，且字畫模糊，幾不可辨，書估偽鈐無疑。明刻本《文獻通考》，書估將書中「嘉靖」二字挖改為「嘉定」，以充宋槧，並鈐「廣運之寶」印，但印文不似內府之璽，作偽之跡甚明。又據陳乃乾《上海書林夢憶錄》回憶：

> 書賈多不知書，光緒末年，杭州文元堂主人楊耀松以六十元從塘棲購得舊書兩大篋，啟篋檢視，但見每冊皆有蠅頭小字，批註滿幅，而無一綿紙書，大為失望，以為無利可獲矣。他日試以數冊試京估，每冊索十元，京估欣然受之。嗣後北京人相繼追縱而來，索購有蠅頭小字之書，傅沅叔亦派專人來杭，所獲較多。兩月之間，銷售一空，獲利兩萬餘金。楊氏以此起家。事後，始有人告耀松曰：「爾所售去蠅頭小字書，皆勞季言批校本也。若持之京滬，每冊當值百元以上。」耀松大為悔恨。因偽刻勞氏藏印，苟得刻本稍舊而有批校者皆鈐之，如是數年，鈐偽印者皆得善價。〔註4〕

---

〔註4〕張靜廬輯注：《中國現代出版史料》甲編，中華書局 1954 年版。今按：勞季言，即晚清著名學者勞格（1819～1864），杭州人。平生治學嚴謹，案頭常放一簿冊，遇有疑問，隨即記下，稽查諸書，辯證清楚方罷。曾刻一書印，文曰：「實事求是，多聞闕遺。」所校之書，必蓋此印於卷首。所讀各書，必於書中密行細字，引證博精。家中藏書豐富，自題藏書室名「丹鉛精舍」。太平軍進軍杭城，避難到雙溪，租居小屋一間，仍搜集資料著述，手寫不輟。不久，再遷吳江同里。自顧家室飄零，圖書散失殆盡，竟憂鬱成疾。同治三年（1864）四月二十五日，卒於同里寓舍。著有《唐郎官石柱題名考》《唐尚書省郎官石柱題名考》。友人丁葆書為之編輯遺著，又得《讀書雜識》12 卷。

這段記載說明兩個問題：一是書估之無識；二是藏書印確為書估作偽的重要手段之一。相傳民國間，上海古書流通處嘗偽刻抱經樓等藏書印，且雇鈔胥多人，每日以舊綿紙、桃花紙傳抄各書，鈐印其上，悉售善價。1952 年中國歷史博物館曾在北京琉璃廠購到解放前長期用於作偽的印章一千多方。

### 題跋作偽

題跋作偽即偽造名家題跋欺人。例如明刻本《唐二十四家詩集》有題識云：

> 余友葉潛仲以風雅自任，藏書甲宇內。近得歐陽永叔手輯唐二十四家詩，袖以相示。余謂此稀世之寶也。不可以自私，盡付之剞劂，公諸海內，則有裨於後學不淺，聊識數語，以冠其首云。淳熙二年春三月郵功郎新差昭州司參軍林秀發題。

此林秀發銜名抄自《後村居士集》，又妄加淳熙年號，以充宋本。明崇禎刻本《孔子家語》有跋云：

> 此本為雲間夏氏允彝所注，刊於宋乾道年。而圖繪精細，確是宋版之印於元時，故毛氏亦未之見。

夏允彝，字彝仲，華亭人，明崇禎十年（1637）進士，授長樂知縣。後吏部舉天下廉能知縣七人，以夏允彝為首。南都陷，投水而死。允彝既為明人，豈有明人著作宋代刊印之理？作偽無疑。

明抄本《新刊監本冊府元龜》卷五之後有朱筆題識：

> 壬午三月十日，假子晉不全宋本始校於絳雲樓，東澗老人謙益。

壬午為崇禎十五年（1642），絕無不避明諱之理，明熹宗名朱由校，「校」字不作「較」，只此一字，已出破綻，作偽無疑。

### 紙張作偽

紙張作偽即把新紙偽作舊紙欺人。例如明嘉靖顧從德影宋刻本《重廣補注黃帝內經素問》，書估挖去顧從德刻書年款，將紙薰染成陳舊顏色，並於目錄、卷端等處遍鈐「宋刊奇書」「徐氏傳是樓藏書」等印，扉頁偽題乾隆二十九年（1764）無錫秦蕙田跋：

> 此真宋刻佳本，人世存者少矣。吾家世有舊刻，久多散佚。此書得之玉峰徐氏吉光，為味經窩藏書珍本之一。子子孫孫其善守之。

秦蕙田，字樹峰，號味經，無錫人，乾隆進士，官至刑部尚書。書估欲以鄉賢

名人誘惑無錫藏書家。不過，書紙色調僵板，水漬不勻，作偽之跡，一望而知
〔註5〕。明人高濂曾經談過紙張作偽的種種情況：

> 近日作假宋版書者，神妙莫測：將新刻模宋版書，特抄微黃厚
> 實竹紙，或用川中蘭紙，或用糊褙方簾綿紙，或用孩兒白鹿紙，筒
> 卷用槌細細敲過，名之曰刮，以墨浸去嗅味印成。或將新刻板中殘
> 缺一二要處，或濕黴三五張，破碎重補；或改刻開卷一二序文年號；
> 或貼過今人注刻名氏，留空，另刻小印，將宋人姓氏扣填；兩頭角
> 處或妝茅損，用砂石磨去一角，或作一二缺痕，以燈火燎去紙毛，
> 仍用草煙薰黃，儼狀古人傷殘舊跡；或置蛀米櫃中，全蟲蝕作透漏
> 蛀孔；或以鐵線燒紅，錐書本子，委曲成眼，一二轉折，種種與新
> 不同。用紙裝襯，綾錦套殼，入手重實，光嵐可觀，初非今物，彷
> 彿以惑售者。〔註6〕

以上是幾種常見的作偽方法。除此之外，還有凡例作偽、書表作偽、裝
訂作偽、以叢書零種充單種等。明刻本《文公先生資治通鑒綱目》有明汪克
寬考異和陳濟正誤。書估割取它本凡例冠於卷首，凡例中有宋王柏識語，欲
借柏語以充宋槧。然汪、陳既為明人，宋人王柏安能知之？這是凡例作偽之
例。原麻沙本《針灸資生經》卷首冠以宋徽宗崇寧中陳承、裴宗元、陳師文
等校奏醫書表，其內容與序與書皆不相應。考陳、裴諸人即宋代校正《太平
惠民和濟局方》者，蓋書估移他書進表置之卷首，欲以官書取重於時。然宋
代官書，只有王惟德《銅人針灸經》，而無《針灸資生經》。這是書表作偽之
例。還有裝訂作偽，國家圖書館藏《周易上經》四卷，為清光緒十年（1884）
黎庶昌刻《古逸叢書》之零種，書估用原版片以綿紙染色刷印，裝為蝴蝶裝。
竟然瞞過了版本大家張元濟先生的眼睛，張先生把它定為元至元積德堂刻
本，並在卷端鈐以「涵芬樓」「海鹽張元濟經眼」等名章〔註7〕。元俞琰《俞
氏易說》十三卷，本為清康熙十九年（1680）徐乾學刻《通志堂經解》的零
種，書估則將版心「通志堂」三字和書前「康熙丙辰二日納蘭成德容若序」
字款挖去，以充單刻本。

總之，版本作偽手段多樣，舉不勝舉。蔣光煦《拜經樓藏書題跋記序》云：

---

〔註5〕王元才：《偽例析》，載《廣東圖書館學刊》1985 年第 2 期。
〔註6〕（明）高濂：《遵生八箋・燕閒清賞箋》。
〔註7〕李致忠：《古籍版本知識 500 問》。

> 舊刻抄本之中，苕賈弊更百出：割首尾，易序目，剜畫以就諱，
> 剷字以易名，染色以偽舊。卷有缺，劃他版以雜之；本既亡，錄別
> 種以代之。反覆變幻，殆不可枚舉。

狡猾書估常將幾種作偽手段並用，更增加了識別的難度。然而，只要我們認真分析，總可以找出蛛絲馬蹟。

## 二、古籍版本作偽的鑒別

　　古籍版本作偽是一種常見現象，稍不留心，就可能上當受騙。古代不少藏書家有過這方面的教訓。那麼怎樣識別版本作偽呢？第一，要熟知各個時代的刻書特點，如版式、刀法、字體、紙張等。書估作偽一般是局部的，只要把握了一個時代的整體特點，不管其局部如何作偽，也是徒勞的。第二，要詳審內容。書估作偽多半在形式上做些挖改描補的手腳，對於內容則是一無所知或知之甚少。不管書估在形式上裝扮得如何巧妙，詳審內容往往能戳穿其西洋鏡。當然，詳審內容離不開考證，那些涉及時間、地點、人物、事件的問題，往往需要查閱有關資料，就書論書是不行的。第三，有比較才能有鑒別。比較是識別版本作偽的重要方法，碰到那些有問題的書，把同類版本拿來一比，或可立見真偽。北京大學圖書館藏明嘉靖間新安汪雲程刻《皇明名臣經濟錄》有兩個殘本，一本僅存第八至第十七卷，共十卷。經過比較，發現十卷本與另一殘本為同一版本。十卷本的第至十七卷分別為另一殘本的第二十五、二十七、二十九、三十、三十四、三十五、四十四、四十五、四十六、四十七卷，十卷本全部挖改卷端，將互不相連十卷，拼湊連接在一起，表面看不出任何破綻，透過陽光，才能看出挖改貼補之跡，偽裝得十分巧妙。經分析，這個十卷本起初當不止十卷，第一卷至第七卷在流傳過程中亡佚了〔註8〕。上海圖書館藏殘宋本《金石錄》十卷，清初杭州藏書家馮文昌快雪堂得到後，奉為至寶，特鈐「金石錄十卷人家」印。長期以來，人們對於這個十卷本從未懷疑，遞經鮑廷博、趙魏、阮元、潘祖蔭等名家收藏，朱印累累，又有江藩、顧廣圻、翁方綱、洪頤煊等名家題跋。後來把國家圖書館藏宋淳熙間龍舒郡齋刻本拿來比較，才發現此本與國家圖書館藏本為同一版本，也是宋淳熙間龍舒郡齋刻本，只不過十卷本是原刻的卷十一至卷二十，後經書估偽裝而為卷一至卷十〔註9〕。以上二

〔註8〕姚伯岳：《中國圖書版本學》，北京大學出版社 2006 年版。
〔註9〕陳正宏等：《古籍印本鑒定概說》，上海辭書出版社 2006 年版。

例均為通過比較鑒別作偽的典型事例。第四，利用工具書。武漢大學圖書館藏
《增修附注資治通鑒節要續編》三十卷，卷端題「宋禮部員外郎兼國史院編修
官臣李春編，書林增入音釋批點校正重刊，大德甲寅朱氏尊德堂印行」三行，
在強光下透視，發現「大德」「甲寅」之「大」字係後人挖補，並鈐一閒章，
以轉移人們的視線，蒙混過關。然查《中國歷史紀年表》，發現元大德間絕無
「甲寅」之年，而明宣德間有「甲寅」年，「大」字顯係挖補「宣」字而成。
「宣德甲寅」即宣德九年（1434），比元大德晚了 130 餘年。年號、室名、人
名、地名等數量眾多，非查工具書不可。工具書中最常用的是古籍書目，凡書
名作偽、著者作偽、卷數作偽等，必查古籍書目。以上四點對於識別版本作偽
來說，都是不可缺少的。

# 第十三章　考訂一書的版本源流

　　考訂一書的版本源流是古籍整理不可或缺的重要環節。通過考訂，為學者提供一個可信的善本。善本因人而異、因時而異，是一個動態的概念。每個時代都有一個衡量善本的基本傾向。

## 一、考訂一書版本源流的意義

　　古籍版本千頭萬緒，一源十流。它像一個蕃衍的家族，子又有孫，孫又有子，子子孫孫，世代相傳。考訂一書的版本源流就像考訂一個家族的宗譜，就是要清理該書版本的發生發展過程及其在發展過程中所形成的相互關係。考訂一書的版本源流又像梳理蓬頭散髮，經過梳理，將盤根錯節的各種版本理成幾個系統。實際上，版本系統往往比人類的宗族關係還要複雜得多。各種版本縱橫交錯、左右穿插，編織成一個迷人的網絡。

　　考訂一書的版本源流，對於鑒定版本的優劣具有重要意義。對於一個龐大的版本「家族」來說，「子孫」既多，「子孫」之中，既有「孝子賢孫」，也有「不肖子孫」。考訂版本源流的最終目的就是要把「孝子賢孫」和「不肖子孫」加以區別。例如唐賈島《長江集》，有十卷本和七卷本兩個系統，十卷本基本保持了宋本的本來面目，七卷本則是明人按照體裁重新編排的錯誤百出的本子。當你拿到一本《長江集》的時候，知道了它是十卷本或是七卷本，也就大體知道了它的優劣。例如陳壽《三國志》的版本源流相當複雜，唐魏徵等撰《隋書・經籍志・史部正史類敘》云：「晉時巴西陳壽刪集三國之事，惟魏帝為紀，其功臣及吳蜀之主，並皆為傳。」這說明唐人所見之本是以魏帝為「紀」、以吳蜀之主為「傳」的。宋晁公武《郡齋讀書志》卷五云：「（三國志）以魏為紀，

而稱漢吳曰傳，又改漢曰蜀，世頗譏其失。」這說明北宋時該書雖然保留本來面目，然而人們已「頗譏其失」了。到了南宋，《三國志》卷端雖然保留「紀」「傳」等字樣，但在「總目」上，已經刪削了「紀」「傳」二字，這說明南宋已開始改竄其目錄。到了明清，最終完成了竄改過程，連卷端的「紀」「傳」字樣也一併挖去，使《三國志》成了一部體例殊乖的史書。這就是《三國志》的版本源流。一些研究陳壽及其《三國志》的人，不懂得這一點，隨便抓來一部明清刻本作為根據，大談陳壽所謂「帝蜀寇魏」的史學思想，豈不是一個很好的教訓嗎〔註1〕？又如《舊唐書》，版本源流也比較複雜，最早的北宋刻本早已失傳，現存最早的本子是南宋紹興間浙東路茶鹽司刻本（殘卷），後來，由於《新唐書》的出現，《舊唐書》被打入冷宮，直到明嘉靖間聞人銓在蘇州做官時，才據南宋紹興間浙東路茶鹽司本重刻。清人為《舊唐書》恢復了名譽，成為殿本《二十四史》之一，但這本書的考證是沈德潛寫的，沈德潛是詩人，有《沈歸愚詩文全集》，還編過《古詩源》、《唐詩別裁》、《明詩別裁》、《清詩別裁》等，他於歷史不大內行，因此，考證多所失誤。清道光間，揚州岑建功重刻殿本，請著名學者劉文淇寫了校勘記，雖對殿本錯誤多所補正，但仍然有不少問題。近代商務印書館又出版了百衲本《舊唐書》，這個本子是據南宋紹興茶鹽司殘本補配聞人銓本影印而成。以上就是《舊唐書》版本源流的大致情況。比較而言，百衲本遠勝它本。可惜，現在通行的點校本，卻以屬於殿本系統的岑建功本為底本，在整理時，又據其他文獻改動了原文。因而，不能盡如人意。這也是不明版本源流而造成的〔註2〕。明察版本源流，對於古籍校勘工作極為重要，因為這關係到選擇底本的問題。如上所述，點校《舊唐書》以百衲本作為底本，才是正確的。

考訂一書的版本源流是古籍版本學研究的重要課題之一，目前這方面的研究相當薄弱。應該有組織、有計劃地對所有古籍的版本源流進行一次總的清理。

## 二、考訂一書版本源流的方法

考訂一書的版本源流與鑒定版本既有區別又有聯繫。就目的而言，考訂一書版本源流是考出同書異本的源流關係；而鑒定版本則是考出古籍的版本

〔註1〕徐孝宓：《對古籍善本一些問題的看法》，載《湖北省圖書館學會1979年年會論文集》。
〔註2〕黃永年：《舊唐書與新唐書》，人民出版社1985年版。

類別。就方法而言，鑒定版本主要以實物作為依據，輔以其他條件；而考訂一書的版本源流，除了利用實物之外，還要採用文獻考證的方法，因為流傳至今的古籍畢竟只是少數，大量同書異本早已亡佚，我們只能從古典文獻中探索它們的特徵。但是，二者也是有聯繫的：一方面，考訂一書的版本源流應以鑒定版本作為基礎，只有在對所有同書異本作出鑒定之後，才有可能進一步弄清其源流關係；另一方面，弄清一書的版本源流，對於從內容上鑒定版本，也不可缺少。具體地說，考訂一書的版本源流，通常需要經過查考成書原貌、查考同書異本和梳析源流三個步驟。

### 查考成書原貌

　　一書的成書是同書異本的源頭。成書時的書名、篇卷、編例等反映了一書的原貌。萬變不離其宗。不管嗣出各本多麼複雜，都是在原貌的基礎上變化而成的。因此，考證一書版本源流的首要任務是查考成書時的原貌。

　　那麼，怎樣查考成書原貌呢？主要通過查考傳記資料、祖本序文、跋語、書目、進書表等去瞭解。下面分別舉例說明：

　　（一）查找傳記資料。傳記中一般都有生平著述的記載，這些記載是作者著書立說的原始資料，反映了成書時的本來面目。例如《舊唐書·駱賓王傳》云：

　　　　敬業敗，伏誅。文多散失，則天素重其文，遣使求之。有兗州
　　人壽雲卿集成十卷，盛傳於世。

這就是說，《駱賓王集》成書時是十卷。《宋史·穆修傳》云：

　　　　慶曆中，祖無擇訪得詩、書、序、記、志等數十首，集為三卷。

這就是說，《穆參軍集》結集時是三卷。

　　（二）查找祖本序文。祖本是一書的最早版本，編者在序言中往往敘述成書的經過。例如唐中和四年（884）《孫樵文集自序》云：

　　　　遂閱所著文及碑碣書檄傳記銘志得二百餘篇，案可觀者三十五
　　篇編成十卷，藏諸篋笥，以貽子孫。

這就是說，《孫樵文集》成書時是十卷。陸希聲《唐太子校書李觀文集序》云：

　　　　自廣明喪亂，天下文集略盡，予得元賓（李觀之字）遺文於漢
　　上，惜其或復磨滅，因條次為三編，論其意以冠於首。

這裡，「三編」就是三卷。這就是說，《李觀文集》成書時是三卷。當然，由於很多圖書的祖本今已不存，在祖本中尋找原編序文實屬不易。我們有時或許可

從後出之本中查到原編序文，因為後出之本往往將原編序言照樣刻出。另外，古書序言多請文人撰寫，文人作品成書時，往往將序文搜羅無遺，因此，我們查考一下有關文人別集，也可能找到有關序文。

（三）查找有關題跋。例如傅增湘《藏園群書題記·梨嶽集跋》云：

　　《梨嶽集》一卷，唐建州刺史李頻所撰也。建州東南十五里有山如覆釜，名曰梨山。頻刺州有異政，郡人建祠山中，且尊山為嶽，因以梨嶽名其集。詩凡百九十五篇，真德秀得遺稿於三館，欲以私錢刻梓於廟，未果。

這就是說，《梨嶽集》成書時是一卷（一百九十五篇）。《藏園群書題記·孫尚書大全集跋》云：

　　仲益（孫覿之字）為南渡初大作家，學問淵博，文章雅贍，歷事徽欽高孝四朝，文人中最為老壽，其文集傳世者名《鴻慶居士集》，凡四十二卷，為其子介宗所編。

這就是說，《鴻慶居士集》成書時為四十二卷。

（四）查找有關書目。宋陳振孫《直齋書錄解題·景迂集提要》云：

　　晁說之（字景迂）平生著述甚多，兵火散逸。其孫子健衷其遺文得十二卷，續廣之為二十卷。

這就是說，宋晁說之《景迂集》成書時是十二卷，後來又增加為二十卷。《四庫全書總目·象山集提要》云：

　　（陸九淵）集為其子持之所編，其門人袁燮刊於江西提舉倉司者，凡三十二卷。

這就是說，《象山集》成書時是三十二卷。查找有關史志目錄也可知道圖書成書的原貌。例如《宋史·藝文志》所載《蘇頌集》七十二卷、《劉放集》六十卷和《元豐類稿》五十卷就分別是宋代蘇頌、劉敞、曾鞏三別集成書時的卷數。

（五）查找進書表。古籍數量眾多，然其著者不外官修、私撰兩類。官修之書修成之日進呈御覽，進書表可見成書原貌。例如宋神宗元豐七年（1084）十一月司馬光等進《資治通鑑》表云：

　　上起戰國，下終五代，凡一千三百六十二年，修成二百九十四卷；又略舉事目，年經國緯，以備檢尋，為《目錄》三十卷；又參考群書，評其同異，俾歸一途，為《考異》三十卷，合三百五十四卷。

這就是《資治通鑑》成書的原貌，可見其成書時有二百九十四卷，另有《目錄》

三十卷、《考異》三十卷。宋仁宗嘉祐五年（1060）六月，曾公亮進《新唐書》
表云：

> （刊修官、翰林學士兼龍圖閣學士、給事中、知制誥臣歐陽修
> 等）並膺儒學之選、悉發秘府之藏，伴之討論，共同刪定，凡十有
> 七年，成二百二十五卷。至於各篇著目，有革有因，立傳紀實，或
> 增或損，義類凡例，皆有據依。

這就是《新唐書》成書的原貌，可見其成書時有二百二十五卷。有時候，有關
傳記資料、序言、題跋、書目等關於成書原貌的記載不大一致，這就要求我們
認真分析一番。例如唐《李嶠集》，《舊唐書·經籍志》作「三十卷」，《新唐書·
藝文志》作「五十卷」，《舊唐書·李嶠傳》和辛文房《唐才子傳》均作「五十
卷」。據考證，《舊唐書·經籍志》的「三十卷」當是「五十卷」之誤，《李嶠
集》成書時的卷數當是「五十卷」。

### 查考同書異本

一書成書之後，各種版本就會相繼出現。怎樣查考所有同書異本呢？主要
通過查考官私書目和有關序跋來瞭解。茲分別舉例說明如下：

（一）遍查各種官私書目。公藏書目彙集一代藏書之盛，大量著錄同書異
本；私藏書目是私人藏書的記錄，常常會意外發現許多異本。要想最大限度的
網羅同書異本，翻閱的書目越多越好，多多益善。比較而言，上海圖書館編《中
國叢書綜錄》和邵懿辰等《增訂四庫簡明目錄標注》著錄同書異本最多。查考
同書異本，這兩種書目非翻不可。《中國叢書綜錄》著錄叢書版本比較完備。
《增訂四庫簡明目錄標注》著錄單行本比較完備，但它僅限於《四庫全書簡明
目錄》著錄的圖書。例如唐李頻《梨嶽集》，錢曾《讀書敏求記》著錄有元（後）
至元三年（1337）刻本；傅增湘《藏園群書經眼錄》著錄有明萬曆二十四年
（1596）龔道立刻本；《中國叢書綜錄》著錄有席氏琴川書屋刻《唐詩百名家
全集》等四種叢書本；《增訂四庫簡明目錄標注》著錄有明永樂中河南師祐刻
本等 13 個版本。其他各目所載不再一一列舉。

（二）查考有關序跋。古籍序跋除了敘述成書經過之外，往往也有歷代版
本的記載，例如明正德十年（1515）吉藩刻本《新書》有楊節跋云：

> 太傅（即賈誼）此書始刻於宋程給事，再刻於我朝陸郡守（即
> 陸相）。三百年來，止得此二公者……我賢王殿下於講讀祖訓之餘，
> 取是書而觀之，知其有益於天下國家，而慮其傳佈之未廣，乃命工

重刻，樂與四方共之。

由此可知，《新書》有宋程氏本、明陸相本和明正德十年（1515）吉藩刻本。當然，這幾個本子並非《新書》的所有本子。又如清黃廷鑒跋《意林》云：

> 此本為明嘉靖丙戌黃鳳儀刊本，與殿本云嘉靖己丑廖自顯本自出一時，皆無原序，而脫誤殊甚。去冬子榮茂才假得萬曆間徐元太校刻《道藏》本，畀余勘校，余復取邑中張氏新刊本彙校，蓋張本即從殿本出也。三本以徐刊《道藏》本為善，而黃本最下。〔註3〕

由此可知，《意林》有明嘉靖丙戌黃鳳儀本、嘉靖己丑廖自顯本、明萬曆徐元太《道藏》本、殿本和清張氏刻本，雖然並不完全，但足資參考。

除了查考書目、序跋之外，還可以翻閱野史、筆記、文集等，全方位地查考同書異本。例如明楊士奇《東里續集》中就載有明蘇州刻本《戰國策》、明四川刻本《忠經》、明常州刻本《四書集注》、明北監刻本《朱子語略》等。查考同書異本，要注意兩個問題：一是所有同書異本的成書時間不得早於結集（成書）時間。二是注意同書異本的存佚，重點查考傳世同書異本，因為我們查考同書異本的最終目的在於弄清版本優劣，為校勘和學術研究提供一個精良的底本。

### 梳析源流

所謂梳析源流，就是以（成書）本為依據，比較各種版本，考訂同書異本之間的先後關係，將其排比為一個或幾個系統。其具體做法可分兩步：第一步是找出各種版本的底本和特徵，所謂特徵主要指篇卷、文字、附錄、編例、行款等。第二步是分析歸納。

怎樣找出各個版本的底本和特徵呢？對於佚本來說，可以通過書目提要、序跋等間接加以考查；對於傳本來說，除了間接查考外，主要通過傳本本身直接考查。下面以《洛陽伽藍記》等書為例加以說明。

《洛陽伽藍記》成書於南北朝時期，作者楊衒之史書無傳，成書情況不詳。宋元舊本，早已失傳。隋唐以來，除了《宋史·藝文志》、《郡齋讀書志》等著錄三卷本之外，其餘書目著錄者均是五卷本。《洛陽伽藍記》傳世的主要版本有明嘉靖間如隱堂刻本、明萬曆間吳琯《古今逸史》本、明崇禎間毛氏《津逮秘書》本、清乾隆間王謨《漢魏叢書》本、清嘉慶間張海鵬《學津討原》本、

---

〔註3〕瞿良士：《鐵琴銅劍樓藏書題跋集錄·意林》。

清嘉慶間吳志忠《真意堂三種》活字本、清道光間吳若準集證本、民國董氏誦芬室本和商務印書館《四部叢刊三編》影印本。國家圖書館藏明嘉靖如隱堂本九行、行十八字，白口，左右雙邊，版心下鐫如隱堂三字。嘉靖間吳人陸采室名如隱草堂，觀此書字體版式，純係明代中葉吳中風格，因知此本當出陸采之手。該本是《洛陽伽藍記》傳世最早之本。《古今逸史》本與如隱堂本文字有異，來源不同。《津逮秘書》本刻於明崇禎間，該本以如隱堂本為底本，間有據《古今逸史》本改竄者。清吳若準集證本亦以如隱堂本為底本，網羅眾本，校其異同，重為編次，然論者謂其不免混淆，未盡塵障。清《學津討原》本以《津逮秘書》本為底本，小有改易。清《漢魏叢書》本以《古今逸史》本為底本。清《真意堂三種》活字本參取《津逮秘書》本和《漢魏叢書》本兩本而成。民國董氏誦芬室本和《四部叢刊三編》本均出自如隱堂本。以上就是《洛陽伽藍記》幾個主要版本的底本和特徵。

　　關於《洛陽伽藍記》的版本源流，周祖謨先生在《洛陽伽藍記校釋·敘例》中歸納說：

　　　　《伽藍記》之傳本雖多，惟如隱堂本及古今逸史本為古，後此
　　　傳刻《伽藍記》者，皆不出此兩本。故二者殆為後日一切刻本之祖
　　　本也。校《伽藍記》，自當以此二者為主，如振裘挈領，余皆怡然理
　　　順。苟侈陳眾本，而不得其要，則覽者瞀亂，勞而少功矣。

　　又如《花間集》的同書異本也比較多，主要有宋紹興十八年（1148）晁謙之跋本、宋鄂州刻本、宋開禧元年（1205）陸游跋本、明正德十六年（1521）陸元大覆晁本、明萬曆八年（1580）茅一禎刻本、明萬曆三十年（1602）玄覽刻本、明萬曆四十八年（1620）湯顯祖評本、明天啟四年（1624）鍾人傑刊本、明新安吳勉學校刻本、明末雪豔亭活字本、明末毛晉《詞苑英華》本、清《四庫全書》本、清《邵武徐氏叢書二集》本、清《四印齋所刻辭》本、吳氏雙照樓《景刊宋金元明本詞四十種》本、商務印書館《四部叢刊》本、中華書局《四部備要》本、文學古籍刊行社影印本等。

## 三、善本

　　雖然，宋代以前已經出現善本的概念，但是「善本」一詞正式出現還是後來的事情。歐陽修《集古錄·田弘正家廟碑跋尾》云：

　　　　自天聖以來，古學漸盛，學者多讀韓文，而患集本訛舛，惟余

家本屢更枝正，時人共傳，號為善本。

這是「善本」一詞見諸典籍的最早記載之一。考證版本源流和鑒定版本的最終目的是為了給治學和科學研究提供善本，善本是古籍版本學研究的重要課題之一。

### 善本因人而異

什麼是善本？選擇善本的標準如何？善本這個概念常常因人而異。黃裳先生在《八方集‧善本的標準》中舉例說：

> 富翁買書，是為了保存財富，裝點門面，附庸風雅，那當然以「貴」為標準。一分錢一分貨，價錢大的，當然就是善本了。學者意在研究，也買不起大價的書，他們就以實用為標準。只要有識見、少錯字、內容豐富完整的書就算做善本了。還有一般讀書人，那標準就要更低一些，只要使他們得到滿足的書，也就是他們的善本。

為什麼善本因人而異？一是經濟原因。善本標準隨著經濟條件不同而不同。有錢人往往把價錢大的書視為善本；沒錢的往往把物美價廉的書視為善本。謝國楨先生生前酷愛藏書，他的善本標準大抵屬於後者，他在《瓜蒂庵藏明清掌故叢刊序》中說：

> 我家本寒素，為了奔走衣食，養老哺幼，不得不省吃儉用。偶而獲得一點稿費，得以絡續購到一些零星的書籍。至於善本書籍，佳槧名抄，我自然是買不起的，只能拾些人棄我取、零編斷縑的束西，好比買瓜，人家得到的都是些甘瓜珍品，我不過是撿些瓜蒂而已。所以我起的書齋之名，以前由工資和稿費所入買書，叫「傭書堂」，後來乾脆就叫「瓜蒂庵」，名副其實而已。

其實，謝老所藏之書並非瓜蒂，其中多有善本，上海古籍出版社已擇其中尤珍者輯印為《瓜蒂庵藏明清掌故叢刊》，室名瓜蒂，自謙而已。二是職業原因。善本標準往往隨著職業不同而不同：你是一個博物館工作者，你就可能把時代久遠的圖書視為善本；你是一個工藝美術工作者，你就可能把製作精巧的圖書視為善本；你是一個古籍整理工作者，你就可能把完整無誤的圖書視為善本。魯迅在談到珍本與善本的關係時說：

> 不過珍本並不就是善本，有些是正因為它無聊，沒有人要看，這才日就滅亡，少下去；因為少，所以珍起來。就是舊書店裏必討

大價的所謂禁書，也並非都是慷慨激昂、令人奮起的作品。清初，
單為了作者也會禁，往往和內容簡直不相干。〔註4〕

可見對於學者來說，往往把內容放在第一位，珍本未必善本。

另外，善本標準也與年齡大小、文化層次有關。就年齡而言，少年兒童可能把插圖本視為善本；老年讀者因目力不濟，可能把大字本視為善本，插圖與否，關係不大。就文化層次而言，低層次讀者可能把簡本視為善本；高層次讀者可能把繁本視為善本，等等。

## 善本因時而異

雖然善本因人而異，但是在特定的歷史時期之內，人們又有一個基本傾向，這個基本傾向又是因時而異的。下面以宋、明、清諸代為例加以說明。

宋人的善本觀以內容為主，兼及形式，再舉數例：

凡三十年間，聞人有善本者，必求而改正之。其最後卷帙不足，今不復補者，重增其故也。〔註5〕

伊川先生著《易傳》，方草具，未及成書，而先生得疾，將啟手足，以其書授門人張繹，未幾而張繹卒，故其書散亡，學者所傳無善本。〔註6〕

熹家有先人舊藏數篇，皆當時記錄主名，語意相承，首尾通貫，蓋未更後人之手，故其書最為精善。〔註7〕

《爾雅》者，簡州平泉令張德昭書，題云廣政十四年，蓋孟昶時所鑴，其字體亦皆精謹。兩者（另一指《經典釋文》）並用古人筆札，猶有貞觀遺風，故不庸俗，可以傳遠。〔註8〕

福清曾噩子肅刻板五羊漕司，字大宜老，最為善本。〔註9〕

學明諸人所編，卒以靖康多難，散落不存，今世俗傳抄，已非當時善本。〔註10〕

〔註4〕《魯迅全集》卷6《雜談小品文》，人民文學出版社1991年版。
〔註5〕歐陽修《歐陽文忠公集·記舊本韓文後》。
〔註6〕楊時《龜山集·校正伊川易傳後序》。
〔註7〕朱熹《晦庵集·程氏遺書後序》。
〔註8〕洪邁《容齋續筆·周蜀九經》。
〔註9〕陳振孫《直齋書錄解題·杜工部詩集注》。
〔註10〕魏了翁《鶴山集·臨川詩注序》。

以上歐陽修、楊時、朱熹、魏了翁等人講的是內容，洪邁、陳振孫等講的是形式。總體而言，偏重內容，兼及形式。

明人的善本觀有輕內容、重形式的傾向（詳第一編第二章第七節）。再舉數例：

> 近友御史王君得之，出以相示，觀其刻畫端勁、楮墨精美，真古書也。余嘗訪御史君，每一披誦，則心目為之開明。〔註11〕

> 又拾《性理群書句解》一冊視之，元版也。卷首有像有贊，字畫不類本朝。余所藏元版書紙墨多類此，遂募工裝潢，寶若拱璧。〔註12〕

> 子晉患經史子集率漫澳，無善本，乃刻《十三經》、《十七史》、古今百家及二氏書，至今學者寶之。〔註13〕

以上都穆、徐𤊱講的是形式，毛晉講的是內容。總體而言，偏重形式，輕視內容。

清人選擇善本，內容、形式並重，已蔚然成風。除了前舉錢謙益、錢曾、鮑廷博、黃丕烈、于敏中等例之外，再舉數例：

> 今所傳本，即明人依宋槧翻雕，行款、字畫，一仍其舊，最為善本。〔註14〕

> （汪）立名此本，考證編排特為精密。其所箋釋雖不能篇篇皆備，而引據典核，亦勝於注書諸家漫衍支離，徒潤耳目，蓋於諸刻中特為善本。〔註15〕

> 至於音訓疑似、名物異同，考證尤為精覈，宋代說詩之家，與呂祖謙書並稱善本。〔註16〕

> 大勢徵引賅洽，足資考證，古字之見於載籍者，十已得其四五，亦可云小學之善本矣。〔註17〕

> 去取精審，所錄多斐然可觀。自古以來，武人能詩者代代有之，

---

〔註11〕都穆《南壕居士文跋·古本國語》。
〔註12〕徐𤊱《重編紅雨樓題跋·性理群書句解》。
〔註13〕滎陽悔道人《汲古閣主人小傳》。
〔註14〕《四庫全書總目·童蒙訓》。
〔註15〕《四庫全書總目·白香山詩集》。
〔註16〕《四庫全書總目·詩輯》。
〔註17〕《四庫全書總目·古音駢字》。

以武人司選錄而其書不愧善本者，惟此一集而已，是固不可不傳世。〔註18〕

　　一、刻於明末以前者為善本，清朝及民國刻本皆非善本。

　　二、抄本不論新舊，皆為善本。

　　三、批校本和有題跋者皆為善本。

　　四、日本及高麗重刻中國古書，不論新舊皆為善本。

——繆荃孫的善本標準〔註19〕

　　善本之義有三：一、足本（無闕卷、無刪削）；二、精本（一精校、二精注）；三、舊本（一舊刻、一舊抄）。〔註20〕

　　善本書室擇可珍者約有四端，特築善本書室儲藏之：一曰舊刻，宋元遺刊，日遠日鮮。幸傳至今，固以球圖視之。二曰精本，朱氏之朝，自萬曆後，製網固屬草草，然追溯嘉靖以前，刻書多翻宋槧，正統、成化刻印尤精，足本、孤本所在皆是。今搜集自洪武迄嘉靖，萃其遺帙，擇其最佳者，甄別而取之，萬曆以後間附數部，要皆雕刻既工，世鮮傳本者始行入錄。三曰舊抄，前明姑蘇叢書堂吳氏、四明天一閣范氏二家之書，半係抄本，至國朝小山堂趙氏、知不足齋鮑氏、振綺堂汪氏多影抄宋元精本，筆墨精妙，遠過明抄，寒家儲藏將及萬卷，擇其優異，始著於編。四曰舊校，校勘之學至乾嘉而極精，出仁和盧抱經、吳縣黃蕘圃、陽湖孫淵如之手者，尤雜校精審，他如馮己蒼、錢保赤、段茂堂、阮文達諸家手校之書，朱墨燦然，為藝林至寶，補脫文、正誤字，有功後學不淺，薈萃珍藏，如與諸君子面相質問也。〔註21〕

　　由此可知，清人所謂善本，是指那些內容好、形式美的本子。清人尤重宋元刻本。丁丙所謂舊刻，指的就是宋元刻本。他們之所以重視宋元刻本，就是因為宋元刻本內容較好。當然，清人重視宋元刻本並不等於完全排斥其他本子，非宋元刻本，只要內容好，同樣可稱善本。張之洞所列三條，並沒有劃定

<hr>

〔註18〕《四庫全書總目·滄海遺珠》。

〔註19〕陳乃乾《上海書林夢憶錄》，載《中國現代出版史料》甲編。

〔註20〕張之洞《輶軒語·論讀書》。

〔註21〕丁丙《善本書室藏書志·自序》。

時代範圍，《書目答問》中所推薦的善本大多屬於比較易得的清本。丁丙所謂精本、舊抄和舊校，指的也是宋元以外的其他本子。清人也把形式美作為選擇善本的標準，《四庫全書總目》和繆荃孫的四條標準既包括內容，又包括形式。孫慶增《藏書紀要·鑒別》也說：

> 南北宋刻本，紙質羅紋不同，字畫刻手古勁而雅，墨色香淡，紙色蒼潤，展卷便有驚人之處。所謂墨香紙潤、秀雅古勁，宋刻之妙盡之矣。

這裡講的是線條美、紙色美和墨香美。

民國初期善本標準為時局所左右，幾經變化。魯迅《買〈小學大全〉記》云：

> 線裝書真是買不起了。乾隆時候的刻本的價錢，幾乎等於那時的宋本。明版小說，是五四運動以後飛漲的；從今年起洪運怕要輪到小品文身上了。至於清朝禁書，則民元革命後就是寶貝，即使並無足觀的著作，也常要百餘元至數十元。我向來也走走舊書坊，但對於這類寶書，卻從不敢作非分之想。端午節前，在四馬路一帶閒逛，竟無意之間買到了一種，曰《小學大全》，共五本，價七角，看這名目，是不大有人會歡迎的，然而，卻是清朝的禁書。〔註22〕

可見乾隆刻本、明版小說、小品文、清朝禁書等在民國期間都走了洪運，都成了寶貝。黃裳先生在《八方集·善本的標準》中指出：

> 即以近數十年而論，宋元版當然一直是善本，但在過去，四部裡的經部，是最受重視的。科舉廢後，經就從寶座上跌落下來了。有一個時候，重視起集部來。到了清末民初，禁書大紅，這自然是受了民族革命的影響。後來，好運就輪到戲曲小說和地方志。小說的走運是因為「五四」以後重視了俗文學。至於地方志價格飛漲，那原因就更能發人深省，因為帝國主義十分「關心」地大物博的中國，想收集資料，掌握中國的風俗、地理、物產、礦藏之類的情報。

以上談了宋、明、清等代比較流行的善本標準。可見善本的標準確實因時而異。那麼，因時而異的原因何在？第一，政治原因。善本標準常被政治風雲所左右，與時代背景密切相關。例如民國初期，禁書、小說、地方志之走運，均屬此類情況。第二，學術原因。善本標準被學術空氣所左右，與學術盛衰密切相關。學術繁榮的時候，重視內容；學術不振的時候，重視形式。當然，這裡

---

〔註22〕魯迅：《且介亭雜文集·買〈小學大全〉記》。

所謂學術空氣，主要是指古籍整理、版本學方面的研究情況。例如宋代重視古籍整理，版本學發展較快，人們較多重視內容；明代古籍整理的成就不大，人們就較多重視形式；清代古籍整理出現總結性成就，又是版本學的興盛時期，因此，清代內容、形式並重。

### 當今善本

當今選擇善本的標準是什麼呢？在編纂《中國古籍善本書目》時，有關專家擬定了「三性」「九條」。「三性」是指歷史文物性、學術資料性和藝術代表性。「九條」是：

（一）元代及元代以前刻印、抄寫的圖書（包括殘本和零頁）。

（二）明代刻印、抄寫的圖書（包括具有特殊價值的殘本與零頁），但版印模糊、流傳尚多者不收。

（三）清代乾隆及乾隆以前流傳較少的印本、抄本。

（四）太平天國及歷代農民革命政權所印行的圖書。

（五）辛亥革命前，在學術研究上有獨到見解或有學派特點或集眾說較有系統的稿本以及流傳很少的刻本、抄本。

（六）辛亥革命前，反映某一時期、某一領域或某一事件資料方面的稿本以及流傳很少的刻本、抄本。

（七）辛亥革命前的名人學者批枝、題踐或過錄前人批校而有參考價值的印本、抄本。

（八）在印刷上能反映我國古代印刷技術發展、代表一定時期技術水平的各種活字印本、套印本或有較精版畫的刻本。

（九）明代印譜全收。清代的集古印譜、各家篆刻印譜的鈐印本，有特色或有親筆題記的收，一般不收。

「三性」是選擇善本的總則，「九條」是「三性」的細化。「三性」「九條」批判地繼承了版本學研究領域的文化遺產，是前人經驗的科學總結。前人把「舊本」「舊刻」「舊抄」等視為善本。「舊」字是一個非常模糊的概念，它既沒有明確的時代界限，也沒有反映事物的本質。那麼，「舊」的可貴之處何在？「舊」的可貴之處當在兩個方面：一是流傳較少，物以稀為貴，具有較高的文物價值；二是時代較遠，較好地保留了圖書的本來面目，具有較高的學術價值。「三性」中的「歷史文物性」和「學術資料性」就道出了「舊」的本質。前人所謂「足本」「精本」，貴在何處？貴在內容較好，具有較高的學術價值，

「三性」中的「學術資料性」就道出了這類圖書的本質。前人所稱字體、版式、刀法等，貴在何處？貴在它們是藝術珍品的重要標誌，具有較高的藝術價值，「三性」中的「藝術代表性」就道出了這類圖書的本質。「三性」既互相區別又互相聯繫，既有原則性，又有靈活性。例如「歷史文物性」固然是指「舊本」之類，但也包括時代較晚的具有某種紀念意義的圖書。一種圖書可能具有「一性」「二性」，甚至兼具「三性」，只要具有其中一「性」，就可以當作「善本」。「三性」「九條」是我們現在選擇善本的標準，《中國古籍善本書目》就是按照這個標準收錄古籍的。

當然，「三性」「九條」也不是絕對的，它仍然因人而異。所謂「因人而異」，就是說由於職業、地位的不同，人們對「三性」「九條」都有自己的不同看法。對於學者來說，學術資料性高於一切，歷史文物性和藝術代表性都無關緊要。除了因人而異之外，還有個因館而異，即因圖書館的不同而不同。各個圖書館除了上報入選善本採用「三性」「九條」的標準之外，也都還有本館內部的善本標準。例如，有些地方文獻，在別館看來，可能分文不值，而在藏館看來，可能被為鎮庫之書。鑑於上述情況，似可將善本分為廣狹二義：廣義的善本指那些「三性」兼具的善本，這些善本不會因時而異、因人而異、因館而異；狹義的善本是指某一時代、某一職業、某一圖書館認定的善本，這些善本的概念僅僅適用於某一特定範圍之內。考訂一書版本源流得出的善本均屬狹義的善本。

# 第四編 《中國古籍善本書目》標書方案

司馬朝軍

# 與投標課題相關的代表性成果

　　申請人自 1986 年進入武漢大學中文系學習，跟隨曹之先生學習「圖書館古籍編目」「中國古籍版本學」等課程，同時還選修了詹德優教授的「中文工具書使用法」、喬好勤教授的「中國目錄學史」、王餘光教授的「中國歷史文獻學」課程，在圖書文獻學方面下打下了比較紮實的基礎。1998 年又考入武漢大學，成為曹之先生的第一個博士生，繼續學習版本目錄之學。追隨曹之先生三十多年，反覆閱讀過他的所有著作，對他的學術歷程最為熟悉。在二十世紀八十年代，幾乎所有的人都熱衷於泛論思想（主要是各種西方思潮）時，他選擇了版本學，潛心治學，博覽群書，撰寫了《中國古籍版本學》《印刷術的起源》（出版在九十年代初期）；九十年代初期，學風一時大變，思想淡出，學問凸出，他又轉向了更為壯闊的文化史天地，帶領學生構建「中國圖書文化史」。在 1998 年，他就提出要建設「中國古籍版本數據庫」，這在當時可是引領方向的新思路。曹之先生把我引進中國古典文獻學的大門，我引以為榮。

　　在曹先生的精心指導之下，從版本學、目錄學入手，花了半年時間撰寫《二十世紀版本學研究綜述》，三易其稿，曹老師也反覆修改，這篇深度學術綜述發表之後旋即被人大複印資料全文轉載。博士論文《四庫全書總目研究》是申請人研究書目文獻學的最初收穫，其中對於分類學、目錄學、版本學、編纂學、辨偽學多有創新之論。2003～2011 年在武漢大學圖書館學系講授文獻學概論，主要講古代文獻分類，詳見拙著《文獻學概論》一書的有關部分。下面將與投標課題相關的代表性著作簡要介紹如下：

　　（1）《文獻學概論》，407 千字，此為普通高等教育精品教材，出版後被許多高校選為教材。這也是一部中國古籍分類學方面的專著，在經、史、子、集

四部之外增加了宗教、技藝、工具三個新的部。在研究《四庫全書總目》的過程中，對四庫分類也是有異議的，發現了它的一些致命的弱點。一個是叢書的問題，整個《四庫全書》就是一部大叢書，叢書是可以把《四庫全書》包起來的，所謂的經、史、子、集，都要「打包」歸到叢書類之中，也就是說叢書的概念是比經、史、子、集四部更高一位的。但在四庫的體系裏面，叢書卻被攝到子部的「雜家類」下面的「雜編之屬」。把一個比經、史、子、集更大的東西，設到下面的屬去了，這明顯是不合適的。另一個是沒有解決類書的問題。類書是中國文獻分類史上的一大難題，類書屬於哪一部歷來沒有解決好。在反覆探索之後，我推出了「太極分類法」，首先把圖書分為兩門，一個「叢書門」，一個「類書門」。按照現在的標準來看，叢書是原創的；類書不是原創的，它是按照「天—地—人—事—物」的框架體系，把已有的一些內容重新切好之後，再往裏面填，重新編纂出一個東西，經過編纂方式的改變，提供一種新的類型。

（2）《國故新衡》，409千字，此為申請人有關書目文獻學的專題論文集，已於2018年由武漢大學出版社正式出版。其中多篇文章與此課題關係較為密切。

（3）目錄學系列著作。申請人已經出版了《續修四庫全書總目雜家類提要》（商務印書館）、《漢志諸子略通考》（臺灣花木蘭，上中下三冊）、《子略校釋》（山東人民出版社）、《〈四庫全書總目〉研究》（社會科學文獻出版社）、《〈四庫全書總目〉編纂考》（武漢大學出版社）、《文獻辨偽書錄解題》（臺灣花木蘭，分四冊）、《雜家文獻書錄解題》（臺灣花木蘭，分七冊）、《四庫提要精選精注》（臺灣花木蘭，分七冊）、《輶軒語詳注》（華東師範大學出版社）等，還有整理本《四庫全書總目》《文津閣本四庫全書簡明目錄》以及《書目答問標注》等書即將推出。

上述皆與投標課題直接相關，可以說已經為本次課題奠定了堅實的理論基礎與充分的資料準備。近三十年，申請人公開出版各類學術著作已經突破兩千萬字，還有大量的論著待刊。僅從已刊部分來說，已經在學術界產生較為廣泛的影響，《〈四庫全書總目〉編纂考》入選首批「C書」（南京大學社會科學評價中心的三C工程之一）。

與投標課題相關的還有下列幾個系列的著作：

（1）四庫學系列。申請人已經出版了《〈四庫全書總目〉研究》《〈四庫全書總目〉編纂考》《〈四庫全書總目〉精華錄》《〈四庫全書〉與中國文化》《續

修四庫全書總目雜家類提要》《〈四庫提要〉精選精注》等等大型集成性作品即
將推出。1998 年開始集中精力研究《四庫提要》，博士論文題為《四庫全書總
目研究》（武漢大學 1998～2001）、博士後報告題為《四庫全書總目編纂考》
（復旦大學 2001～2003），隨後推出「四庫學系列」著作。「四庫學系列」目前
已經出版 6 種，既有綜合研究，也有專題研究，既有資料彙編，也有深入考
辨；後續的還有《四庫提要新證》《四庫學研究檔案》《四庫全書派研究》《〈四
庫提要〉文獻通考》《四庫提要研究集成》《四庫館臣碑傳集》《四庫館臣事蹟
編年》《四庫館臣全書》等。

（2）辨偽學系列。申請人已經出版了《經解入門整理與研究》《文獻辨偽
研究》《文獻辨偽新探》《經史劄記辨偽》《文獻辨偽學引論》《文獻辨偽學史稿》
等，全套 9 種 14 巨冊，已經全部出齊。此外，還著有《文獻辨偽書錄解題》
三巨冊。

（3）文獻學與國學系列。申請人已經出版了《文獻學概論》《國故新證》
《國故新衡》《國故新語》《黃侃年譜》《黃侃評傳》等，還有《日知錄彙校匯
考》即將由「子海」推出。此外，還有若干經學文獻研究的成果與國學普及型
作品，不再一一羅列。

要之，上述幾大系列均與書目文獻研究關係密切。古典學術一脈相承，可
以一通百通。我們深深地感到，沒有長期的學術積累，沒有宏大的學術視野，
沒有超乎尋常的毅力，要想在善本書目方面獲得重大突破可能性會比較小。

# 課題設計論證

## 1. 國內外相關研究的學術史梳理或綜述

在正式開始梳理有關中國古籍版本學學術史之前，讓我們重溫一首老歌《讀你》：

> 讀你千遍也不厭倦　讀你的感覺像三月
>
> 浪漫的季節　醉人的詩篇　唔……
>
> 讀你千遍也不厭倦　讀你的感覺像春天
>
> 喜悦的經典　美麗的句點　唔……
>
> 你的眉目之間　鎖著我的愛戀
>
> 你的唇齒之間　留著我的誓言
>
> 你的一切移動　左右我的視線
>
> 你是我的詩篇　讀你千遍也不厭倦

這是一首可以多元詮釋的詩篇：在少年時期，「你」是初戀眼中的豆蔻少女；在青年時期，「你」是情人眼中的西施；在中老年時期，「你」是不同人眼中的美的化身，如在版本目錄學家眼中，「你」就是美輪美奐的善本！在連續一個月的奮戰之後，筆者偶然聽到這首熟悉的旋律，頓時熱淚盈眶。我們苦苦追尋之後才能一睹善本的芳容，彷彿與夢中情人約會，每當遇見宋元明清善本，「你的一切移動左右我的視線」，不就是這種「讀你千遍也不厭倦」「讀你的感覺像春天」的感覺嗎？

以上為開場白，下面言歸正傳。

## 1.1 原版《中國古籍善本書目》的成就與不足

1975 年冬，還處在「文化大革命」的非常時期，周總理指示圖書館界人士「要盡快地把全國善本書總目編出來」。這一指示一經傳達，利用編製善本書目，解放了一批專家，從牛棚中調回了一批業務骨幹。周總理的臨終囑託在圖書館界產生了巨大反響，把積壓已久的工作熱情全部釋放出來了。

1978 年 4 月 18～20 日，圖書館界為了實現周總理的遺願，在南京召開「全國善本書目編輯工作會議」。全國各地代表一百餘人相聚一堂，共商書目編纂大計。南京會議是一次誓師大會，編製全國善本書目的工作正式拉開序幕。在原國家文物事業管理局的領導下，統一部署了全國圖書館界的力量，組成編纂委員會，編委會任命顧廷龍先生（時任上海圖書館館長）為主編，北京圖書館冀淑英、南京圖書館潘天禎為副主編；實行主編負責制。此書的經部、史部、子部、集部、叢部由上海古籍出版社於 1989 年 10 月至 1998 年 3 月陸續推出。作為一部大型工具書，該書是「一部當今國家現藏古籍善本書的總目錄」（冀淑英語）。此書的出版為從事古籍整理和研究的工作人員提供了莫大的便利。《中國古籍善本書目》為目前中國最具權威的古籍善本書目。冀淑英先生在《〈中國古籍善本書目〉後記》中說：「《書目》的出版將從一個重要方面體現我國古代光輝燦爛的文化和豐富珍貴的典籍，將在古為今用，為四化服務，和促進兩個文明建設中發揮重要的作用；對瞭解古籍善本庋藏概貌和流傳情況，對今後鑑別和整理古籍善本，都將起到重要的作用。」所述較為允當。陳先行先生亦認為，《中國古籍善本書目》吸收了前人的版本學成果，糾正了前人的許多錯誤，成為版本目錄的翹楚，它對古籍版本學、版本目錄所作出的歷史性貢獻，無論給予多高的評價都不為過。

任何事都不可能十全十美，由於編纂時間漫長、館際人事關係難於協調等原因，各種各樣的問題層出不窮，此書難免有不周之處。李致忠先生作為當事人之一，他在後來所寫的《周總理囑託我們編書目》一文中總結了一些遺憾：一是徵求意見稿比出版稿著錄的項目多，特別注明了每一版本的行款字數、書口版式，而後來竟然在正式出版時被刪除；二是著錄版本過於籠統，多數只著錄為「宋刻本」「元刻本」「明刻本」「清刻本」；三是某些類目設置缺乏深入研究，如刪去「別史」之目，既不科學類分圖書，也不便於讀者檢索。他指出的三大遺憾，也是原版《中國古籍善本書目》的軟肋。

陳先行先生也指出了《中國古籍善本書目》的若干失誤，如版本著錄失

誤，版本序次失當，版本定義不確切，批校題跋著錄漏略。(《中國古籍善本書目修訂芻議》，《版本目錄學研究》第八輯，北京大學出版社，2018)

## 1.2 《中國古籍善本書目》問世之後的訂訛

　　《中國古籍善本書目》一書問世之後，得到知識界的高度重視，成為文史工作者的案頭必備之書。伴隨著不斷地被查閱使用，它也不斷地在被確認和檢驗，人們在信服著它的權威性的同時，也發現了它自身存在的不足，並試圖用各種方式去完善它、補充它，這便先有了天津圖書館編、2003 年齊魯書社出版的《稿本中國古籍善本書目書名索引》，隨後又有了 2005 年線裝書局出版的《中國古籍善本總目》。前者是根據《中國古籍善本書目》的《徵求意見稿》的油印本編製出索引，將《徵求意見稿》影印後作為附錄；後者則是經過校核後，將《徵求意見稿》予以「翻印」(見傅璇琮先生為《中國古籍總目》撰寫的序言)。無論如何，他們也以其特有的方式對《中國古籍善本書目》一書有所匡補訂正，不能一筆抹殺。

　　因其書所著錄之古籍善本數量巨大，編輯委員實地覆核原書者僅占少數，難免偶有疏誤之處。對《中國古籍善本書目》一書舉行專題修正的文章有：

（1）張寶三：《中國古籍善本書目‧經部》訂誤三則，中國典籍與文化，2021（2）。

（2）韓李良：《中國古籍善本書目》補正一則，江海學刊，2014（3）。

（3）何燦：《中國古籍善本書目》指瑕，圖書館學刊，2012（12）。

（4）周洪才：《中國古籍善本書目》著錄孔氏及他姓著述辨誤，山東圖書館學刊，2012（4）。

（5）江曦：《中國古籍善本書目》訂誤十四則，圖書館建設，2012（4）。

（6）李寒光：《中國古籍善本書目》集部‧曲類分類獻疑，圖書館雜誌，2012（3）。

（7）楊豔燕：《中國古籍善本書目》補正，圖書館工作與研究，2012（1）。

（8）王愛亭：《中國古籍善本書目》舉正，圖書館理論與實踐，2011（5）。

（9）崔曉新：《中國古籍善本書目》指瑕十二則，四川圖書館學報，2011（2）。

（10）仇家偍：《中國古籍善本書目》著錄補正六則，圖書館研究與工作，2011（3）。

（11）崔曉新：《中國古籍善本書目》訂誤十二則，圖書館建設，2010（12）。

（12）周錄祥：《中國古籍善本書目》指瑕一則，江海學刊，2009（3）。

（13）周新鳳：《中國古籍善本書目》收錄河南省圖書館藏部分書目正補，古籍整理研究學刊，2007（5）。

（14）張昇：《中國古籍善本書目》勘誤三題，古籍研究，2007（1）。

（15）戴建國：《中國古籍善本書目》經部分類的不足，圖書情報工作，2011（3）。

（16）楊梅，孫玉釗，王瑛：試論《四庫全書總目》《中國古籍善本書目》的分類得失，雲南檔案，2008（1）。

以上文章分別從著錄、分類等方面切入，指瑕訂誤，對於修訂《中國古籍善本書目》皆具有一定的價值。如戴建國教授指出《中國古籍善本書目》經部分類的不足，言之有理；張寶三教授、張昇教授等人的勘誤，為《中國古籍善本書目》抹去灰塵，信而有徵。總而言之，對於一部涉及 6 萬種善本的經典著作，它的問題遠遠不是 16 篇文章就能解決的，需要我們進行系統核查，全面訂正，這方面的空間還是相當巨大的。

## 1.3 《中國古籍善本書目》問世前後出版的「善本書目」「善本圖錄」

### （1）《國立中央圖書館宋本圖錄》

「國立中央圖書館」編，中華叢書委員會 1958 年出版，364 頁。

### （2）《鄭州市圖書館藏善本古書目錄》

鄭州市圖書館編，鄭州市圖書館 1961 年 10 月油印本。

### （3）《無錫市圖書館善本書目》

無錫市圖書館編，無錫市圖書館 1979 年油印本，34 頁。

### （4）《九江市、廬山圖書館古籍善本書聯合目錄》

九江市圖書館、廬山圖書館編，出版地不詳，1980 年出版。據何振作先生告知，此書是老館長徐效剛在原有書目基礎上編的，漏略較多。

### （5）《青海省古籍善本書目》

青海省古籍善本書目編輯委員會編輯，青海省古籍善本書目編輯委員會 1981 年內部印行；潘寅生、郭建魁主編，甘肅人民出版社 1993 年出版。734 頁。

（6）《「國立中央圖書館」善本題跋真蹟》

「國立中央圖書館」特藏組編，「國立中央圖書館」特藏組 1982 年出版，4 冊。

（7）《藏園群書經眼錄》

傅增湘著，中華書局 1983 年出版。全五冊。本書是一部私人版善本古籍目錄。共收錄各種善本約 4500 種，按經、史、子、集排序。登錄書目除標明書名、卷數、作者外，還載有成書年代、版本款式、序跋題識、刻書牌記、收藏印章以及對本書作者的鑒定意見和評論。

（8）《自莊嚴堪善本書目》

冀淑英編，天津古籍出版社 1985 年出版，141 頁。自莊嚴堪為大藏書家周叔弢先生的書齋號。國家圖書館出版社於 2009 年出版的《周叔弢古書經眼錄》一書收錄周先生手稿 5 種：《古書經眼錄》《宋刻工姓名錄》《壬午鬻書記》《自莊嚴堪書目》《歷年收書目錄》。

以上為《中國古籍善本書目》問世之前的「善本書目」，既有公藏善本目錄，也有私家藏書目錄。

（9）《北京圖書館古籍善本書目》

書目文獻出版社 1987 年出版。全 5 冊（正文 3119 頁，索引 475 頁）。

（10）《吉林省古籍善本書目》

盧光綿等主編，學苑出版社 1989 年出版，624 頁。著錄善本 4647 種。本書目之收錄範圍、著錄要求和圖書分類基本遵照《中國古籍善本目錄》的規定，但著錄的版本信息過於簡略。

（11）《四川省古籍善本書聯合目錄》

向繼芳、張在德編，四川辭書出版社 1989 年出版。

（12）《西北五省區社會科學館藏古籍線裝西北地方文獻外文及港臺
　　　報刊聯合目錄》

西北五省區社會科學院圖書資料情報組編，寧夏人民出版社 1991 年 12 月出版。

（13）《中國人民大學圖書館古籍善本書目》

中國人民大學圖書館古籍整理研究所編，中國人民大學出版社 1991 年出版，371 頁。

（14）《四川大學圖書館古籍善本書目》

陳力編，四川大學出版社 1992 年出版，112 頁。

（15）《西北五省區社會科學館藏古籍線裝西北地方文獻外文及港臺
　　　報刊聯合目錄》

西北五省區社會科學編，寧夏人民出版社 1991 年 12 月出版。

（16）《河南省圖書館中文古籍書目・集部》

李古寅編，中州古籍出版社 1993 年出版。580＋91 頁。

（17）《「國立中央圖書館」善本序跋集錄》

「國立中央圖書館」編，「國立中央圖書館」1993 年出版。

（18）《中國科學院圖書館藏中文古籍善本書目》

中國科學院圖書館編，科學出版社 1994 年出版，1 冊（正文 835，索引
143 頁）。

（19）《四川省高校圖書館古籍善本書聯合目錄》

胡昭曦、陳力等編，四川大學出版社 1994 年出版。225 頁。

（20）《北京藝術博物館古籍善本書目》

北京藝術博物館圖書資料室，北京燕山出版社 1996 年出版，92 頁。

（21）《「國家圖書館」善本書志初稿》

臺灣「國家圖書館」善本特藏組編，臺灣「國家圖書館」1996～2000 年
出版。著錄 12369 部，約 400 萬字。

（22）《湖南省古籍善本書目》

常書智等主編，嶽麓書社 1998 年 6 月出版。

（23）《北京大學圖書館藏古籍善本書目》

北京大學圖書館編，北京大學出版社 1999 年出版。本書目的收錄標準原
則上依《中國古籍善本書目》之收錄標準。分類按傳統的四部體系，略作調整，
設經、史、子、集、叢五部。依傳統的著錄方式，每書著錄書名、卷數、作者、
版本、冊數及索書號。

（24）《美國哈佛大學哈佛燕京圖書館中文善本書志》

沈津著，上海辭書出版社 1999 年出版，17＋927 頁。

（25）《中國國家圖書館古籍珍品圖錄》

任繼愈主編，北京圖書館出版社 1999 年出版，343 頁。

（26）《浙江圖書館館藏珍品圖錄》

林祖藻主編，西泠印社 2000 年出版。210 頁。

（27）《何東圖書館館藏中國古籍展覽目錄》

澳門中央圖書館編，澳門特別行政區政府文化局 2000 年出版。

（28）《香港中文大學圖書館古籍善本書錄》

香港中文大學圖書館編，香港中文大學出版社 2001 年出版，44＋406 頁。

（29）《首都圖書館館藏珍品圖錄》

倪曉建主編，學苑出版社 2001 年出版。158 頁。

（30）《北京師範大學圖書館古籍善本書目》

北京師範大學圖書館古籍部編，北京圖書館出版社 2002 年出版。389 頁。

（31）《蛾術軒篋存善本書錄》

王欣夫撰，鮑正鵠、徐鵬標點整理，上海古籍出版社 2002 年出版。全二冊 1790 頁。

（32）《浙江圖書古籍善本書目》

浙江圖書館古籍部編，浙江教育出版社 2002 年出版。970 頁。

（33）《中國歷史博物館藏普通古籍目錄》

中國歷史博物館編，北京圖書館出版社 2002 年出版。423 頁。

（34）《山西大學圖書館線裝書目錄》

山西大學圖書館編，山西古籍出版社 2002 年出版。420 頁。

（35）《清華大學圖書館藏善本書目》

清華大學圖書館編，清華大學出版社 2003 年 1 月出版。清華大學收集古籍善本的歷史源遠流長，共藏有 28000 餘種近 30 萬冊古籍。因此前從未印行過有關書目，具體藏書情況和學術價值一直鮮為人知。本書目總計 100 萬字，第一次全面翔實地反映了現階段清華大學圖書館古籍善本的收集和整理情況。全書共甄選館藏善本 4623 種，5086 部，按經、史、子、集分類排序。每種書均著明書名、撰者、版本、冊函、書號行款版式以及藏家鈐章、批校題識、子目及存佚各項。

（36）《稿本中國古籍善本書目書名索引》

天津圖書館編，齊魯書社 2003 年版，上冊 587 頁，中冊 588～1159 頁，下冊 1160～2041 頁。

（37）《日本藏漢籍善本書志書目集成》

賈貴榮編，國家圖書館出版社 2003 年出版。本書在數十種清末民國時期的圖書館銷售目錄、宣傳冊頁及徵訂樣本的基礎上編輯而成。共收錄清末至民國時期古籍出版發行目錄、徵訂樣本等 107 種。

（38）《涉園所見宋版書影》

陶湘等編，北京圖書館出版社 2003 年出版。655 頁。

（39）《蘇州圖書館藏古籍善本提要》

葉瑞寶等編，鳳凰出版社 2004 年出版。3 冊 179 頁。

（40）《湖北省圖書館藏古籍善本圖錄》

萬群華等編，國家圖書館出版社 2004 年出版。181 頁。

（41）《武漢圖書館館藏古籍善本書志》第一輯

韓兆海等編，湖北人民出版社 2004 年出版。

（42）《內蒙古自治區線裝古籍聯合目錄》

何遠景主編，國家圖書館出版社 2004 年出版。分為上中下三冊。內蒙古自治區有 50 多個單位藏有線裝古籍，收藏總量可達 50 萬冊，27000 多個版種。

（43）《柏克萊加州大學東亞圖書館中文古籍善本書志》

陳先行等編，上海古籍出版社 2005 年出版。22＋520 頁。

（44）《日本藏漢籍珍本追蹤紀實》

嚴紹璗編，上海古籍出版社 2005 年出版。16＋507 頁。

（45）《訪書餘錄》

（日）和田維四郎編，北京圖書館出版社 2005 年出版。724 頁。

（46）《中國珍稀古籍善本書錄》

沈津著，廣西師範大學出版社 2006 年出版。720 頁。

（47）《書韻悠悠一脈香：沈津書目文獻論集》

沈津著，廣西師範大學出版社 2006 年出版。400 頁。

（48）《澳門大學圖書館古籍特藏圖錄》

澳門大學圖書館，澳門大學 2006 年出版，131 頁。

（49）《文明的守望》

詹福瑞主編，北京圖書館出版社 2006 年出版。98 頁。

（50）《祁陽陳澄中舊藏善本古籍圖錄》

國家圖書館、上海圖書館、嘉德拍賣公司合編，上海古籍出版社 2006 年出版。線裝一函十二冊。

（51）《日藏漢籍善本書錄》

嚴紹璗著，中華書局 2007 年出版。全三冊。著錄書名、著者及編校者、版本、藏所；並加按語，說明該書的版框大小、行格及字數、版心形式及文字、刻工姓名、序跋及牌記、細目及分卷、藏章印記等。全書共著錄日藏漢籍 10000 餘條目。沈津先生對此書有書評，批評較為嚴厲。

（52）《山東大學圖書館古籍善本書目》

山東大學圖書館編，齊魯書社 2007 年出版。751 頁。

（53）《山西省圖書館古籍善本書目》

山西省圖書館編，山西人民出版社 2007 年出版。533 頁。

（54）《北京圖書館出版社古籍影印書目》

北京圖書館編，北京圖書館出版社 2007 年出版。199 頁。

（55）《天津圖書館古籍善本書目》

天津圖書館編，北京圖書館出版社 2008 年出版。上冊 1～424 頁，中冊 425～1052 頁，下冊索引卷共 168 頁。

（56）《傅斯年圖書館善本古籍題跋輯錄》

湯蔓媛編，「中央研究院」歷史語言研究所 2008 年出版。282＋11＋195 頁。

（57）《西諦藏書善本圖錄》

國家圖書館古籍館編，中華書局 2008 年出版。62＋353 頁。此套書輯錄鄭振鐸舊藏善本古籍 2372 部，書影選取卷首牌記、題跋均附題名、卷數、版本批校冊數、存卷、裝幀、行款、版框、尺寸。

（58）《國家圖書館藏西諦藏書善本圖錄》

國家圖書館古籍館編，鷺江出版社 2018 年出版。以國家圖書館所藏、鄭振鐸先生家屬捐贈的 2379 部古籍善本為基礎，精選 2379 部善本的卷端、牌記、題跋等重要版本信息，製作書影，以彩色圖錄的形式向世人展示西諦珍藏古籍善本。收錄圖片 5000 餘幅，是國內第一次對鄭振鐸古籍善本藏書做完整、全面的整理和出版工作。

（59）《江蘇首批國家珍貴古籍名錄圖錄》

江蘇省文化廳編，鳳凰出版社 2008 年出版。299 頁。

（60）《第一批國家珍貴古籍名錄圖錄》

詹福瑞主編，國家圖書館出版社 2008 年出版。全 8 冊。

（61）《東北地區古籍線裝聯合目錄》

遼海出版社 2008 年版，全 4 冊。由黑龍江圖書館、吉林圖書館、遼寧圖書館積十五年之功，聯合編纂而成的《東北地區古籍線裝書聯合目錄》，是我國東北地區的跨省古籍聯合目錄，著錄圖書種類齊全，內容豐富，是一部較具價值的古籍書目。由於多人合作、部頭過大等因素，導致其中存在一些小的瑕疵。

（62）《天津圖書館古籍善本圖錄·定級圖錄》

陸行素主編，天津古籍出版社 2009 年出版，628 頁。

（63）《天津圖書館古籍善本圖錄·賞鑒圖錄》

陸行素主編，天津古籍出版社 2009 年出版，426 頁。

（64）《河南省圖書館古籍善本書目》

劉中朝主編，吉林文史出版社 2009 年出版，499 頁。

（65）《河南省市縣圖書館古籍善本聯合目錄》

王愛功、李古寅主編，吉林文史出版社 2009 年出版，341 頁。

（66）《雲南省圖書館館藏善本書錄》

李友仁主編，雲南人民出版社 2009 年出版，418 頁。

（67）《雲南省圖書館館藏珍品圖錄》

李友仁主編，雲南美術出版社 2009 年出版，221 頁。

（68）《中國古籍善本書目索引》

南京圖書館編，上海古籍出版社 2009 年出版，2 冊 1811 頁。

（69）《冀淑英古籍善本十五講》

冀淑英著，國家圖書館出版社 2009 年出版，241 頁。

（70）《山東省圖書館館藏珍品圖錄》

趙炳武主編，齊魯書社 2009 年出版，254 頁。

（71）《山東省珍貴古籍名錄·第一批》

趙炳武主編，齊魯書社 2009 年出版，181 頁。

（72）《吉林省圖書館珍本圖錄》

吳愛雲主編，吉林人民出版社 2009 年出版，216 頁。

（73）《陝西省圖書館館藏珍品圖錄》

謝林主編，陝西人民出版社 2009 年出版，155 頁。

（74）《重慶圖書館館藏珍本圖錄》

任競主編，汕頭大學出版社 2009 年出版，122 頁。

（75）《中華典籍聚珍：國家珍貴古籍特展圖錄》

國家圖書館古籍館編，浙江古籍出版社 2009 年出版，255 頁。

（76）《冊府擷英：國家珍貴古籍特展圖錄 2009》

張志清、陳紅彥主編，國家圖書館出版社 2009 年出版，255 頁。

（77）《周叔弢古書經眼錄》

周叔弢著，國家圖書館出版社 2009 年出版，2 冊 762 頁。

（78）《加拿大多倫多大學東亞圖書館藏中文古籍善本提要》

喬曉勤、趙清治主編，廣西師範大學出版社 2009 年出版，12＋668 頁。

（79）《第二批國家珍貴古籍名錄圖錄》

詹福瑞主編，國家圖書館出版社 2010 年出版，全 10 冊。

（80）《楮墨芸香：國家珍貴古籍特展圖錄 2010》

國家圖書館、國家古籍保護中心編，國家圖書館出版社 2010 年出版，343 頁。

（81）《琅函鴻寶：上海圖書館藏宋本圖錄》

上海圖書館編，上海古籍出版社 2010 年出版，291 頁。

（82）《上海師範大學圖書館館藏精品圖錄》

俞鋼編，上海古籍出版社 2010 年 10 月出版。從上海師範大學圖書館館藏的資料中精選出古籍 40 部、老期刊 24 種、老教材 17 種，包括善本、孤本、精品，以古籍為例，所選 40 部古籍中，有 9 種收入《國家珍貴古籍名錄》。

（83）《江西省圖書館館藏珍本古籍圖錄》

周建文、程春焱主編，國家圖書館出版社 2010 年出版，202 頁。

（84）《煙台市珍貴古籍名錄圖錄》

宋立成等編，齊魯書社 2010 年出版，全 2 冊（39＋630 頁）。

（85）《天一閣國家珍貴古籍名錄圖錄》

天一閣博物館編。本書收錄的 84 部古籍中，經部 16 部，史部 22 部，子部 12 部，集部 34 部。其中范氏天一閣原藏書 36 部，朱贊卿「別宥齋」捐贈的藏書 40 部，馮貞群「伏跗室」藏書 5 部，孫家溎「蝸寄廬」藏書 3 部。北京出版社 2010 年版出版，195 頁。

（86）《浙江大學國家珍貴古籍名錄圖錄》

楊國富主編，浙江大學出版社 2014 年 5 月出版。收錄了浙江大學圖書館藏入選《國家珍貴古籍名錄》的 173 部珍貴古籍圖錄，每部古籍收錄一至二幀能反映本書版本特徵的書影，並詳細著錄書名、著者、版本、行款版式、批校題跋、藏印、存卷等信息。

（87）《武安市圖書館館藏善本古籍圖書綜錄》

韓慕愈、王偉主編，中國文史出版社 2010 年出版，40＋313＋40 頁。

（88）《自莊嚴堪善本書影·經部》

周一良主編，國家圖書館出版社 2010 年出版，14＋19＋180 頁。

（89）《自莊嚴堪善本書影·史部》

周一良主編，國家圖書館出版社 2010 年出版，182～478 頁。

（90）《自莊嚴堪善本書影·子部》

周一良主編，國家圖書館出版社 2010 年出版，480～937 頁。

（91）《自莊嚴堪善本書影·集部》

周一良主編，國家圖書館出版社 2010 年出版，938～1573 頁。

（92）《自莊嚴堪善本書影·附錄》

周一良主編，國家圖書館出版社 2010 年出版，1576～1745，24 頁。

（93）《江蘇第二批國家珍貴古籍名錄圖錄》

馬寧主編，鳳凰出版社 2010 年出版，2 冊 482 頁。

（94）《首都圖書館古籍善本書目》

倪曉建主編，國家圖書館出版社 2011 年出版，803 頁正文＋23 頁圖版。

（95）《貴州師範大學圖書館古籍珍善本提要目錄》

張新航主編，廣西師範大學出版社 2011 年出版，280 頁。

（96）《第一批山西省珍貴古籍名錄圖錄》

李小強主編，山西人民出版社 2011 年出版，179 頁。

（97）《冊府掇英：福建省圖書館藏珍品集萃》

鄭智明主編，福建人民出版社 2011 年出版，389 頁。85 種入選《國家珍貴古籍名錄》的善本古籍。本書收錄 60 多種稿抄本。

（98）《江蘇第三批國家珍貴古籍名錄圖錄》

馬寧主編，鳳凰出版社 2011 年出版，251 頁。

（99）《美國哈佛大學哈佛燕京圖書館藏中文善本書志》

沈津著，廣西師範大學出版社 2011 年出版，全 6 冊 37＋2478 頁。本書為美國哈佛大學哈佛燕京圖書館藏宋至清代古籍善本共 3100 種的書志提要，每種均配有書影，每篇提要不僅詳列該書作者、卷帙、版本、序跋、凡例、板框、行款、名人校跋及附錄等信息，對作者生平、每卷內容及序跋、凡例、內容等均作紹介，尤其對版本始末、遞刻情況有詳加考訂，並有海內外各大公藏機構收藏情況，《四庫全書總目》《中國古籍善本書目》《續修四庫全書總目提要》等重要古籍目錄的著錄情況，遞藏印鑒、名人批校、扉頁牌記、紙墨字體等義項的詳細介紹。

（100）《雪域寶典：西藏自治區入選第一、二、三批國家珍貴古籍
　　　　名錄古籍圖錄》

收錄西藏自治區入選第一、二、三批《國家珍貴古籍名錄》的 34 部藏文古籍的書影，每部有藏漢文對照說明。國家圖書館出版社 2011 年 12 月出版。

（101）《保定市圖書館古籍善本書目》

王大琳主編，國家圖書館出版社 2011 年出版，313＋29 頁。

（102）《山西師範大學圖書館古籍善本書目》

楊豔燕編，國家圖書館出版社 2011 年 12 月出版，270 頁。

（103）《蘇州博物館藏古籍善本》

文物出版社 2012 年 3 月出版。蘇州博物館圖書館所藏中文古籍有 10 萬餘冊（含卷軸、冊頁等）。自 2007 年開展全國古籍普查始，蘇州博物館迄今已有 56 種古籍入選全國珍貴古籍名錄，127 種入選江蘇省珍貴古籍名錄。

（104）《湖北省國家珍貴古籍名錄圖錄》

湖北省圖書館編，國家圖書館出版社 2012 年 11 月出版。本書收錄湖北省各藏書機構入選國務院公布的第一、二、三批「國家珍貴古籍名錄」的珍貴古籍 177 種，按經、史、子、集分類，並附有第四批國家珍貴古籍推薦名錄的

珍貴古籍 11 種，每種均配以圖版和說明文字，全書以特殊紙張彩色精印，圖版精美，著錄詳明，是湖北省古籍收藏精華的集中體現。

（105）《廣東省立中山圖書館古籍善本書目》

林子雄主編，國家圖書館出版社 2012 年出版，590 頁。

（106）《第一批四川省珍貴古籍名錄》

李忠昊編，四川大學出版社 2012 年 5 月出版。770 頁。以歷史文物性、學術資料性、藝術代表性考之，或諸項皆具，或兼具一、二項者，皆為年代久遠，傳世稀少，文獻價值、版本價值重要。

（107）《蘇州圖書館藏古籍善本提要·子部》

葉瑞寶主編，西泠印社出版社 2012 年出版，590 頁。

（108）《圖書僚漢籍善本書目》

（日）宮內省圖書僚編，國家圖書館出版社 2012 年出版，692＋13 頁。

（109）《中華再造善本總目提要·唐宋編》

中華再造善本工程編纂出版委員會編輯，國家圖書館出版社 2013 年出版，95＋803 頁。

（110）《中華再造善本總目提要·金元編》

中華再造善本工程編纂出版委員會編輯，國家圖書館出版社 2013 年出版，805～1407 頁。

（111）《中華再造善本總目提要·明清編》

中華再造善本工程編纂出版委員會編輯，國家圖書館出版社 2013 年出版，1408～1536 頁。

（112）《廣東省第一批珍貴古籍名錄圖錄》

廣東省文化廳、廣東省古籍保護中心編，廣東人民出版社 2013 年 1 月出版。套裝共 3 冊。以每一種古籍為一頁，每頁一圖，並注明書名、著者、版本、行款、收藏單位等。以圖為主，圖文並茂，精彩展示粵藏珍貴古籍文獻的面貌。這是廣東省第一部較全面反映本省各古籍收藏單位及個人庋藏珍貴古籍現況及其版本精華的圖書。

（113）《安徽大學圖書館古籍善本書錄》

安徽大學圖書館編，黃山書社 2013 年出版，233 頁。

（114）《美國斯坦福大學圖書館藏中文古籍善本書志》

馬月華著，廣西師範大學出版社 2013 年出版，18＋243 頁。

（115）《中央研究院歷史語言研究所傅斯年圖書館善本書志·經部》

傅斯年圖書館善本書志編纂小組編輯，中央研究院歷史語言研究所 2013 年出版，21＋553 頁。

（116）《中山大學圖書館古籍善本書目》

中山大學圖書館編，廣西師範大學出版社 2014 年出版，2 冊（88，1319 頁）。

（117）南通市圖書館《靜海樓藏珍貴古籍圖錄》

陳亮主編。在列入《國家珍貴古籍名錄》的館藏 32 部古籍和列入《江蘇省珍貴古籍名錄》的 114 部古籍中精選出最具價值、最珍貴的圖書，附以書影，簡要介紹圖書年代、作者、內容、入選名錄情況等。上海古籍出版社 2014 年 10 月出版。

（118）《江蘇第四批國家珍貴古籍名錄圖錄》

束有春等編。鳳凰出版社 2014 年出版。193 頁。

（119）《第一批陝西省珍貴古籍名錄圖錄》

陝西省文化廳、陝西省古籍保護中心編。三秦出版社 2014 年 11 月出版。

（120）《第二批陝西省珍貴古籍名錄圖錄》

陝西省文化廳、陝西省古籍保護中心編。三秦出版社 2015 年 10 月出版。271 頁。

（121）《湖北省第一批珍貴古籍名錄圖錄》

湖北省古籍保護中心編，國家圖書館出版社 2015 年 10 月出版。主要收錄 1912 年以前以書寫或者印刷等古典裝幀形式存在的時代早、流傳少，具有重要歷史、思想和文化價值的珍貴古籍，共計 264 部。著錄項目依次為：名錄編號、書名、作者、版本、版式、鈐印及藏書單位等情況。

（122）《威海市古籍線裝聯合目錄》

威海市圖書館編，山東省地圖出版社 2015 年 12 月出版，270 頁。

（123）《浙江大學圖書館古籍善本書目》

楊國富編，國家圖書館出版社 2016 年出版，399 頁。

（124）《天一閣博物館藏古籍善本書目》

天一閣博物館編，國家圖書館出版社 2016 年出版，2 冊 814 頁。

（125）《湖南師範大學國家珍貴古籍名錄圖錄》

李鵬連、殷榕、周正穎撰稿，蔣堅松英文翻譯。湖南師範大學出版社 2017 年 5 月出版。收錄湖南師範大學入選「國家珍貴古籍名錄」的 59 部善本古籍，書影均採用原件拍攝，下附中英文對照內容簡介。編排方面，按經、史、子、集分類排序。著錄方面，不僅對書名、卷數、著者、版本、行款版式、存卷等基本要素予以著錄，而且對書中題跋、批校、批註等均有著錄，重要藏書印記亦有介紹。

（126）《雪域寶典 2——西藏自治區第四批國家珍貴古籍名錄圖錄》

民族出版社 2017 年 3 月出版。499 頁。全書使用藏文。

（127）《雪域寶典 3——西藏阿里地區珍貴古籍圖錄》

民族出版社 2017 年出版。402 頁。全書使用藏文。

（128）《雪域寶典 4——西藏那曲地區珍貴古籍圖錄》

民族出版社 2017 年出版。402 頁。全書使用藏文。

（129）《普林斯頓大學圖書館藏中文善本書目》

美國普林斯頓大學東亞圖書館編，國家圖書館出版社 2017 年出版，2 冊（10，13，1134 頁）。

（130）《美國圖書館藏中國法律古籍善本書志》

張蓓蓓編，天津古籍出版社 2018 年出版，441 頁。

（131）《南京市公共圖書館藏古籍善本題錄》

金陵圖書館編，鳳凰出版社 2018 年 3 月。243 頁。2017 年底，南京市公共圖書館完成了古籍普查，為總結和展示古籍保護成果，特編輯出版《南京市公共圖書館藏古籍善本題錄》。

（132）《貴州省第一至五批國家珍貴古籍名錄圖錄》

貴州省圖書館編，國家圖書館出版社 2018 年 7 月出版。收錄貴州省收藏機構入選一至五批《國家珍貴古籍名錄》的珍貴古籍 171 種，每種有書影一幅，並對基本情況進行著錄。

（133）《雲南省國家珍貴古籍名錄》

雲南人民出版社 2019 年 10 月出版。雲南共有 259 部古籍入選國家珍貴

古籍名錄，其中漢文古籍 178 部，少數民族文字古籍 81 部。日前，在文化和旅遊部公布的《第六批國家珍貴古籍名錄（752 部）》中，雲南有 24 部珍貴古籍入選。其中，漢文古籍 4 部、彝文古籍 13 部、東巴文古籍 2 部、傣文古籍 5 部，並有 3 家單位入選第六批全國古籍重點保護單位。至此，雲南共有 259 部古籍入選國家珍貴古籍名錄。

（134）《廣東省第二批珍貴古籍名錄圖錄》

廣東省文化廳、廣東省古籍保護中心編，廣東人民出版社 2019 年 11 月出版。《廣東省珍貴古籍名錄圖錄》是廣東省第一部較全面反映本省各古籍收藏單位及個人庋藏珍貴古籍現況及其版本精華的圖書。《廣東省第二批珍貴古籍名錄圖錄》是本書的續編。以每一種古籍為一頁，每頁一圖，並注明書名、著者、版本、行款、收藏單位等。以圖為主，圖文並茂，精彩展示粵藏珍貴古籍文獻的面貌。

（135）《北京市文物局圖書資料中心古籍善本錄》

北京市文物局圖書資料中心編，國家圖書館出版社 2019 年出版，2 冊（1215 頁）。

（136）《美國芝加哥大學圖書館藏中文古籍善本書志·集部》

李文潔編，國家圖書館出版社 2019 年 6 月出版。本書為美國芝加哥大學圖書館藏中文集部古籍善本共 248 種的目錄及書志提要。每篇提要不僅詳列該書作者、卷帙、版本、序跋、凡例、板框、行款、名人校跋及附錄等信息，對作者生平、每卷內容及序跋凡例內容等均作介紹，尤其對該書版本始末、遞刻情況有詳細介紹和考證，並有海內外各大公藏機構收藏情況。

（137）《美國芝加哥大學圖書館藏中文古籍善本書志·叢部》

李文潔編，國家圖書館出版社 2019 年 6 月出版，324 頁。收錄叢部善本 50 部。由於編者採傳統書志之製，又參照、汲取了近年來所出善本書志之成例，對每書均詳細描述版式及物理特徵，包括序跋、刻工及所見鈐印，又考訂作者及撰著、刊刻之緣由，版刻、印刷之年代，並對初印、後印、遞修、增補、翻刻等加以區分。

（138）《江蘇第五批國家珍貴古籍名錄圖錄》

鳳凰出版社 2019 年出版。

（139）《美國芝加哥大學圖書館藏中文古籍善本書志·經部》

張寶三編，國家圖書館出版社 2020 年出版，2 冊（23＋12＋911 頁）。

（140）《（洛陽）珍貴古籍名錄圖錄》

洛陽文物考古研究院編，三秦出版社 2020 年 7 月出版。

（141）《安徽師範大學圖書館藏古籍善本目錄》

安徽師範大學圖書館古籍部編，國家圖書館出版社 2020 年 9 月出版。232 頁。收錄安徽師範大學圖書館藏古籍善本共 605 部 8000 餘冊。著錄書名卷數、著者、版本、冊數、存（缺）卷、行款、版式、版框及開本尺寸、序跋、牌記、刻工、鈐印、批校題識、備註、索書號等多項圖書信息。

（142）《四川大學珍貴古籍名錄》

党躍武主編，四川大學出版社 2020 年 10 月出版。彙集四川大學圖書館館藏珍貴古籍中收錄進入《國家珍貴古籍名錄》《四川省珍貴古籍名錄》者，並撰寫各書提要，選錄書影，敘其內容概略和版本沿存，以《國家珍貴古籍名錄》《四川省珍貴古籍名錄》收錄號編次。

此外，還有各館內部印行的善本書目，數量巨大，不一一列舉。

以上善本書目，形式多樣，體例各異，甚或失之過濫，但都為增訂《中國古籍善本書目》提供了寶貴的資料與經驗，各種版本圖錄為版本鑒定提供了新的佐證。我們都要一一核對，取長補短，揚長避短，拾遺補缺。

## 1.4 《中國古籍善本書目》問世之後的「古籍普查登記目錄」

從 2007 年起，國家啟動「中華古籍保護計劃」，由十個部委組成的全國古籍保護部際聯席會議領導這個工程。國家圖書館承擔了國家古籍保護中心職責，組織全國古籍保護工作。全國古籍普查登記工作是「中華古籍保護計劃」的首要任務，是全面開展古籍搶救、保護和利用工作的基礎，也是有史以來第一次由政府組織、收藏單位參加最多的全國性古籍普查登記工作。自 2007 年開始，借助「全國古籍普查平臺」啟動古籍普查登記，普查人員認真核校每一部古籍，力爭使普查數據準確、規範。截止目前，基本摸清了古籍收藏的家底。

大家都非常想知道我們國家還有多少單位收藏古籍，還有多少古籍存世。在歷史上到底有多少著述，現在還保存了哪些品種和版本。這是一項非常重要的基礎工作。從 2012 年起，古籍普查在全國範圍內鋪開推進至今，6 年共普查了全國近 2000 家單位的 200 多萬部古籍。在普查過程中，國家古籍保護中心先請各省古籍收藏單位做了一個大概古籍數量統計，報上來 513 萬部，超過

了 5000 萬冊。古籍收藏單位一般把古籍和民國線裝書放在一起，而我們這次普查對象，主要是寫印於 1912 年前的古籍。通過目前普查完成單位的數量分析，基本上可以說，這 513 萬部的 2 / 3 是寫印於 1912 年前的古籍，另 1 / 3 是民國線裝書。那麼古籍普查完成應該有 300 多萬部，3000 多萬冊。文化部領導要求在「十三五」末基本完成全國古籍普查登記工作。這個「基本完成」主要是指公藏的漢文古籍和少數民族古籍。寺廟、偏遠地區和個人收藏的古籍還不能收錄完善。

　　至 2020 年末，歷時 13 年的全國古籍普查工作進入尾聲，全國有 2760 家古籍收藏單位完成普查登記工作，基本上摸清了家底，並陸續出版各收藏單位普查登記目錄，已經公開出版了 110 餘種，下面按照地區扼要介紹：

## （一）北京

### （1）《國家圖書館古籍普查登記目錄》

收錄館藏民國以前的古籍十三萬餘種。2015 年 12 月出版，全 13 冊。

### （2）《首都圖書館古籍普查登記目錄》

收錄館藏古籍 5300 餘種。2015 年 1 月出版。首都圖書館編輯，分為 4 冊。

### （3）《北京市文物局圖書資料中心古籍普查登記目錄》

收錄北京市文物局圖書資料中心 1912 年以前古籍 14673 條。國家圖書館出版社 2019 年 12 月出版。張勝磊主編，分為 2 冊（434；441 頁）。

### （4）《中國民族圖書館古籍普查登記目錄》

共收錄 5530 條館藏漢文古籍數據。中國民族圖書館以藏書豐富，獨具民族特色而著稱。現藏有古籍文獻 20 餘萬冊，含漢、藏、蒙古、滿、維吾爾、彝、壯、水、東巴、傣、布依等十多個文種。漢文古籍中有大量的地方志、民族史志、年譜、傳記，其中部分為孤本。國家圖書館出版社 2016 年 8 月出版。328 頁。

### （5）《北京師範大學圖書館古籍普查登記目錄》

收藏範圍為 1912 年以前刊印、抄寫的線裝古籍（不含域外漢籍），凡 23009 部（含複本），23 萬餘冊。國家圖書館出版社 2016 年 8 月出版。程仁桃等編，分為 3 冊（536；528；351 頁）。

### （6）《中國中醫科學院圖書館古籍普查登記目錄》

收錄館藏古籍六千餘種。2014 年 1 月國家圖書館出版社出版。劉培生、

李鴻濤主編，429 頁。

（7）《軍事科學院軍事圖書資料館古籍普查登記目錄》

共收錄館藏古籍數據 5266 條。國家圖書館出版社 2017 年 4 月出版。軍事科學院軍事圖書資料館編，322 頁。

（8）《首都師範大學圖書館古籍普查登記目錄》

收入首都師範大學圖書館所藏古籍 5287 種。目錄的編排按普查號的順序排列。書號中前綴 PG 代表普通古籍，SG 代表善本古籍。國家圖書館出版社 2020 年 6 月出版。吳雪梅主編，341 頁。

（二）天津

（1）《天津圖書館古籍普查登記目錄》

收錄館藏古籍 31822 種 310000 餘冊。國家圖書館出版社 2014 年 1 月出版。李培主編，分為 3 冊（869；869；488 頁）。

（2）《天津市十九家收藏單位古籍普查登記目錄》

彙集天津地區 19 館普查目錄共 17374 條，其中天津市南開區圖書館 218 條、天津市和平區圖書館 242 條、天津市河東區圖書館 310 條、天津市紅橋區圖書館 25 條、天津市武清區圖書館 248 條、天津市塘沽區圖書館 1006 條、天津師範大學圖書館 5807 條、天津市委黨校圖書館 415 條、天津市醫學科學技術信息研究所圖書館 380 條、天津醫學高等專科學校圖書館 947 條、天津中醫藥大學圖書館 1870 條、天津大學圖書館 20 條、天津市社會科學院圖書館 2538 條、天津博物館 2773 條、天津中醫藥大學第一附屬醫院圖書館 469 條、元明清天妃宮遺址博物館 58 條、天津市千牛山莊 48 條，蠹齋 12 條，寶林齋 59 條。國家圖書館出版社 2015 年 12 月出版。李培主編，分為 3 冊（421；409；366 頁）。

（3）《南開大學圖書館古籍普查登記目錄》

收錄館藏 1912 年以前的古籍一萬餘種。國家圖書館出版社 2014 年 12 月出版。張毅主編，775 頁。

（三）山東

（1）《山東省煙台圖書館等十六家收藏單位古籍普查登記目錄》

此書彙集煙台市 16 家古籍收藏單位的 7147 條古籍數據。其中煙台圖書館 3603 條，慕湘藏書館 1797 條、萊陽市圖書館 670 條、棲霞市圖書館 350

條、蓬萊市圖書館 209 條、海陽市圖書館 145 條、萊州市圖書館 107 條、魯東
大學圖書館 108 條、龍口市圖書館 57 條、煙台市博物館 45 條、牟平區博物館
17 條、煙台職業學院圖書館 12 條、招遠市圖書館 11 條、福山區圖書館 7 條、
海陽市博物館 5 條、牟平區圖書館 4 條。國家圖書館出版社 2015 年 8 月出
版。包曉東主編，577 頁。

（2）《青島市古籍普查登記目錄》

收錄青島市圖書館、青島市博物館、中國海洋大學圖書館、黃島區圖書館
共四家單位已完成普查的六千餘條古籍數據。中國海洋大學出版社 2017 年 9
月出版。於婧、張旭麗主編，第一卷 460 頁。

（3）《孔子博物館古籍普查登記目錄》

本書目主要收錄 1911 年以前的館藏古籍。其中在級古籍 106 種、普品古
籍 4162 部。本書的出版，將會使業界學者對本館所藏古籍有一個全面直觀的
瞭解，也是孔子博物館在古籍保護工作方面一項重要的成果。國家圖書館出版
社 2017 年 6 月出版。270 頁。

（4）《山東師範大學圖書館古籍普查登記目錄》

收錄 1912 年以前產生的中文古籍 6482 種，其中善本 1600 餘種 20000 餘
冊。國家圖書館出版社 2019 年 2 月出版。杜保國主編，664 頁。

（四）河北
（1）《河北省圖書館古籍普查登記目錄》

收錄館藏古籍數據將近兩千條。國家圖書館出版社 2017 年 2 月出版。李
勇主編，222 頁。

（2）《河北省石家莊市圖書館古籍普查登記目錄》

收錄館藏漢文古籍數據 7756 條。國家圖書館出版社 2018 年 6 月出版。
劉國紅主編，525 頁。

（3）《河北省保定市圖書館古籍普查登記目錄》

共收錄館藏古籍數據 5885 條。保定市圖書館現存古籍 13 萬冊，其中善
本 12000 餘冊。國家圖書館出版社 2017 年 8 月出版。齊東明主編，395 頁。

（五）河南
（1）《河南大學圖書館古籍普查登記目錄》

收錄館藏古籍六千四百餘種。國家圖書館出版社 2014 年 11 月出版。李

景文主編，403 頁。

（2）《河南省鄭州圖書館等十一家收藏單位古籍普查登記目錄》

共收錄鄭州圖書館等十一家收藏單位的 9236 條館藏古籍數據。國家圖書館出版社 2017 年 3 月出版。683 頁。

（3）《河南省洛陽市圖書館等九家收藏單位古籍普查登記目錄》

共收錄洛陽市圖書館等九家收藏單位的 5471 條館藏古籍數據，其中洛陽市圖書館 3647 條、偃師市圖書館 373 條、新安縣圖書館 118 條、欒川縣圖書館 41 條、汝陽縣圖書館 69 條、伊川縣圖書館 10 條、洛陽師範學院圖書館 155 條、洛陽市文物考古研究院 1053 條、宜陽縣圖書館 5 條。國家圖書館出版社 2017 年 12 月出版。呂子剛主編，415 頁。

（4）《河南省開封市圖書館古籍普查登記目錄》

共收錄該館 3648 條古籍數據。國家圖書館出版社 2017 年 10 月出版。馬慧萍主編，242 頁。

（5）《河南省許昌市圖書館等十六家收藏單位古籍普查登記目錄》

收錄河南省許昌市圖書館等十六家收藏單位古籍目錄 5698 條。國家圖書館出版社 2019 年 10 月出版。安玉龍主編，481 頁。

（6）《河南省新鄉市圖書館古籍普查登記目錄》

共收錄該館 7868 條古籍數據。國家圖書館出版社 2017 年 11 月出版。張愛新主編，491 頁。

（7）《鄭州大學圖書館古籍普查登記目錄》

收錄該館 1912 年以前古籍近 6700 條。國家圖書館出版社 2019 年 12 月出版。姚武主編，432 頁。

（六）山西

（1）《山西省圖書館古籍普查登記目錄》

收錄館藏古籍數據 13000 餘條。國家圖書館出版社 2016 年 11 月出版。魏存慶主編，全 2 冊（620；207 頁）。

（2）《山西師範大學圖書館古籍普查登記目錄》

收錄館藏古籍數據 3100 餘條。國家圖書館出版社 2019 年 11 月出版。楊豔燕主編，262 頁。

（七）安徽

（1）《安徽大學圖書館古籍普查登記目錄》

收錄館藏漢文古籍數據 3500 餘條。國家圖書館出版社 2019 年 12 月出版。儲節旺主編，229 頁。

（2）安徽師範大學圖書館古籍普查登記目錄

收錄館藏古籍數據 6705 條。國家圖書館出版社 2016 年 12 月出版。方青主編，429 頁。

（3）《安徽博物院古籍普查登記目錄》

收錄院藏古籍 10849 部。國家圖書館出版社 2020 年 7 月出版。安徽博物院編輯，682 頁。

（八）遼寧

（1）《遼寧省圖書館古籍普查登記目錄》

收錄館藏古籍 21703 條。國家圖書館出版社 2017 年 2 月出版。王筱雯主編，3 冊（500；548；343 頁）。

（2）遼寧大學圖書館古籍普查登記目錄

收入館藏古籍 4908 種。國家圖書館出版社 2018 年 3 月出版。劉寧寧主編，322 頁。

（3）瀋陽市圖書館古籍普查登記目錄

收錄館藏古籍數據 4700 餘條。國家圖書館出版社 2019 年 11 月出版。鄭慶偉主編，309 頁。

（4）《遼寧省二十六家收藏單位古籍普查登記目錄》

收錄館藏漢文古籍數據 13000 餘條。26 家收藏單位包括鞍山市圖書館、撫順市圖書館、丹東市圖書館、錦州市圖書館、阜新市圖書館、遼陽市圖書館、鐵嶺縣圖書館、遼寧中醫藥大學圖書館、瀋陽師範大學圖書館、遼寧師範大學圖書館、瀋陽音樂學院圖書館、中國醫科大學圖書館、魯迅美術學院圖書館、瀋陽大學圖書館、鞍山師範學院圖書館、大連大學圖書館、大連職業技術學院圖書館、遼東學院圖書館、中國刑事警察學院圖書館、大連醫科大學圖書館、遼寧省博物館、瀋陽故宮博物院、旅順博物館、凌海市蕭軍紀念館、鐵嶺市周恩來同志少年讀書舊址紀念館、瀋陽市慈恩寺。國家圖書館出版社 2021，劉冰主編，全 3 冊（416；430；353 頁），第三冊為索引。

（九）吉林

（1）《吉林省圖書館古籍普查登記目錄》

收錄了吉林省圖書館藏 1912 年以前古籍 22839 條。國家圖書館出版社 2019 年 6 月出版。趙瑞軍主編，3 冊（521；534；361 頁）。

（2）《吉林大學圖書館古籍普查登記目錄》

收錄該館 1912 年以前古籍 17000 餘條。國家圖書館出版社 2019 年 7 月出版。禹平主編，2 冊（464；596 頁）

（3）《吉林市圖書館古籍普查登記目錄》

收錄吉林市圖書館藏 1912 年以前古籍 5076 條。國家圖書館出版社 2019 年 6 月出版。石繼禹主編，332 頁。

（十）黑龍江

（1）《黑龍江省圖書館古籍普查登記目錄》

收錄館藏古籍 5300 餘種。國家圖書館出版社 2014 年 4 月出版。高文華主編，342 頁。

（2）黑龍江省十家公共圖書館古籍普查登記目錄

收錄 6085 條館藏古籍數據。包括哈爾濱市圖書館、齊齊哈爾市圖書館、佳木斯市圖書館、牡丹江市圖書館、大慶市圖書館、伊春市圖書館、大興安嶺地區圖書館、雞西市圖書館、望奎縣圖書館、安達市圖書館。國家圖書館出版社 2017 年 6 月出版。高文華主編，461 頁。

（十一）陝西

（1）《陝西省圖書館古籍普查登記目錄》

收錄館藏古籍 20529 條。國家圖書館出版社 2014 年 8 月出版。陝西省圖書館編輯，3 冊（593；595；310 頁）

（2）《陝西師範大學圖書館古籍普查登記目錄》

收錄陝西師範大學圖書館和古籍整理研究所藏古籍目錄 8200 餘條。國家圖書館出版社 2018 年 12 月出版。李永明主編，519 頁。

（3）《陝西省二十二家公共圖書館古籍普查登記目錄》

收錄陝西省西安、咸陽、渭南、韓城、延安、榆林、寶雞、漢中、安康等 9 個地市 22 家公共圖書館古籍目錄 9612 條。國家圖書館出版社 2018 年 3 月出版。分為 2 冊（526；252 頁）。

（4）《陝西省三原縣圖書館古籍普查登記目錄》

收錄 4800 餘條。國家圖書館出版社 2021 年 4 月出版。陝西省三原縣圖書館編輯，313 頁。

### （十二）甘肅

（1）《甘肅省四家高校圖書館古籍普查登記目錄》

收錄 5946 條館藏古籍數據。四家高校圖書館即蘭州大學圖書館、西北師範大學圖書館、甘肅農業大學圖書館、蘭州文理學院圖書館。國家圖書館出版社 2016 年 10 月出版。447 頁。

（2）《甘肅省圖書館古籍普查登記目錄》

收錄甘肅省圖書館 1912 年以前古籍 21817 條。國家圖書館出版社 2020 年 8 月出版。曾雪梅主編，全三冊（552；563；342 頁）。

### （十三）寧夏

（1）《寧夏回族自治區圖書館古籍普查登記目錄》

將館藏 3067 部 35224 冊古籍的基本信息包括題名卷數、索書號、分類、著者、版本、裝幀冊數、定級等進行了詳盡的著錄。國家圖書館出版社 2018 年 12 月出版。韓彬主編，240 頁。

（2）《寧夏回族自治區二十家收藏單位古籍普查登記目錄》

收錄館藏古籍 3826 餘條。國家圖書館出版社 2020 年出版。尹光華主編，438 頁。

### （十四）青海

（1）《青海省圖書館古籍普查登記目錄》

國家圖書館出版社 2014 年 10 月出版。於立仁主編，354 頁。

### （十五）新疆

（1）《新疆維吾爾自治區圖書館古籍普查登記目錄》

收錄館藏漢文古籍數據 4500 餘條。國家圖書館出版社 2016 年 8 月出版。叢冬梅主編，284 頁。

（2）《新疆大學圖書館等五家收藏單位古籍普查登記目錄》

本書係新疆大學圖書館等五家收藏單位的古籍普查登記目錄，收錄古籍數據其千餘條。國家圖書館出版社 2016 年 7 月出版。叢冬梅主編，463 頁。

（十六）內蒙古

（1）《內蒙古自治區圖書館古籍普查登記目錄》

內蒙古圖書館的古籍依財產登錄號排架，分類依經、史、子、集、叢五部分類。古籍普查數據 21716 條，涵蓋全區 51 家古籍收藏單位的全部古籍普查數據。國家圖書館出版社 2015 年 5 月出版。李曉秋主編，759 頁。

（十七）江蘇

（1）《南京圖書館古籍普查登記目錄》

收錄南京圖書館所藏古籍數據 86650 條。國家圖書館出版社 2020 年 6 月出版。全勤主編，8 冊。

（2）《江蘇省金陵圖書館等六家收藏單位古籍普查登記目錄》

收錄館藏古籍六千餘種。六家收藏單位包括金陵圖書館、鹽城市圖書館、東臺市圖書館、揚州市邗江區圖書館、崑山市圖書館、連雲港市博物館。國家圖書館出版社 2015 年 6 月出版。458 頁。

（3）《江蘇師範大學圖書館等五家收藏單位古籍普查登記目錄》

收錄 6445 條館藏古籍數據。五家收藏單位包括江蘇師範大學圖書館、南京中醫藥大學圖書館、南京曉莊學院圖書館、江蘇省靖江市圖書館、江蘇省溧陽市圖書館。國家圖書館出版社 2015 年 12 月出版。458 頁。

（4）《江蘇省徐州市圖書館古籍普查登記目錄》

收錄館藏古籍近五千種。國家圖書館出版社 2014 年 12 月出版。趙萍主編，316 頁。

（5）《江蘇省揚州市圖書館古籍普查登記目錄》

收錄揚州市圖書館古籍目錄 9186 餘條。國家圖書館出版社 2019 年 10 月出版。季培均主編，578 頁。

（6）《江蘇省揚州大學圖書館等五家收藏單位古籍普查登記目錄》

收錄揚州大學圖書館、江蘇省儀徵市圖書館、南通大學圖書館、海安縣圖書館、江陰市圖書館等五家收藏單位的 6000 餘條館藏古籍數據。國家圖書館出版社 2016 年 9 月出版。423 頁。

（7）江蘇省蘇州圖書館古籍普查登記目錄

收錄古籍數據 12517 條。國家圖書館出版社 2016 年 11 月出版。741 頁。

（8）《江蘇省蘇州市吳江區圖書館古籍普查登記目錄》

收錄館藏漢文古籍數據 5208 條。國家圖書館出版社 2018 年 8 月出版。楊陽主編，327 頁。

（9）《蘇州大學圖書館古籍普查登記目錄》

收錄蘇州大學圖書館藏普通古籍 9776 部、善本古籍 953 部。分類參照《中國古籍善本書目》，按照經、史、子、集、叢排序，具體類目結合館藏特色，稍有變動。國家圖書館出版社 2017 年 2 月出版。李峰主編，675 頁。

（10）《江蘇省常州市圖書館古籍普查登記目錄》

收錄館藏古籍五千五百餘種。國家圖書館出版社 2015 年 2 月出版。楊欣主編，339 頁。

（11）《江蘇省淮安市四家收藏單位古籍普查登記目錄》

共有數據 4970 條，其中淮安市圖書館 744 條，淮安區圖書館 4192 條，淮陰區圖書館 12 條，漣水縣圖書館 22 條。國家圖書館出版社 2020 年出版，363 頁。

（十八）上海

（1）《復旦大學圖書館古籍普查登記目錄》

收錄古籍數據 21878 條。國家圖書館出版社 2017 年 4 月出版。編委會編輯，3 冊（478；496；330 頁）

（2）《上海師範大學圖書館古籍普查登記目錄》

收錄上海師範大學圖書館所藏 1912 年以前的古籍 7600 餘條。國家圖書館出版社 2019 年 12 月出版。趙龍主編，465 頁。

（3）《中國科學院上海生命科學圖書館古籍普查登記目錄》

收錄中國科學院上海生命科學圖書館所收藏古籍 3306 部。國家圖書館出版社 2020 年 10 月出版。于建榮主編，220 頁。

（十九）浙江

（1）《浙江圖書館古籍普查登記目錄》

收錄館藏古籍 69569 部 602045 冊。國家圖書館出版社 2017 年 6 月出版。徐曉軍主編，全 10 冊。

（2）《浙江省博物館古籍普查登記目錄》

收錄浙江省博物館藏 1912 年以前古籍 3100 餘條。國家圖書館出版社

2018 年 12 月出版。蔡琴主編，250 頁。

（3）《浙江大學圖書館古籍普查登記目錄》

收錄古籍 8834 部 10.5 萬餘冊。國家圖書館出版社 2019 年 3 月出版。黃晨主編，716 頁。

（4）《浙江中醫藥研究院等四家收藏單位古籍普查登記目錄》

收錄浙江中醫藥研究院、浙江中醫藥大學圖書館、浙江師範大學圖書館和中國美術學院圖書館 3900 餘條館藏古籍數據。國家圖書館出版社 2019 年 6 月出版。

（5）《杭州圖書館古籍普查登記目錄》

收錄杭州圖書館藏古籍 3000 餘條。國家圖書館出版社 2018 年 9 月出版。褚樹青主編，246 頁。

（6）《西泠印社社務委員會等十家收藏單位、浙江省瑞安中學等八家收藏單位古籍普查登記目錄》

收錄館藏漢文古籍數據 4600 餘條。包括西泠印社、杭州師範大學圖書館、杭州市蕭山圖書館、杭州市蕭山區博物館、杭州市餘杭區圖書館、杭州市富陽區圖書館、杭州市臨安區圖書館、建德市圖書館、桐廬縣圖書館、淳安縣圖書館、溫州博物館、溫州大學圖書館、浙江省瑞安中學、平陽縣圖書館、平陽縣檔案館、蒼南縣圖書館、文成縣圖書館、泰順縣圖書館。國家圖書館出版社 2019 年 10 月出版。

（7）《湖州市圖書館等七家收藏單位、常山縣圖書館等二家收藏單位古籍普查登記目錄》

收錄各單位所藏古籍將近 3000 條。包括湖州市圖書館、湖州市博物館、湖州師範學院圖書館、德清縣博物館、長興縣圖書館、長興縣博物館、安吉縣博物館、常山縣圖書館、開化縣圖書館。國家圖書館出版社 2019 年 4 月出版，336 頁。

此外，《安吉縣博物館古籍普查登記目錄》收錄 1911 年以前印製和抄寫的古籍，兼及此後印製或抄寫的內容為古籍範疇的圖書，計 202 種。所收古籍分經部、史部、子部、集部、類叢部、新學部六種類型編排。浙江人民美術出版社 2018 年獨立出版。安吉縣文物局編輯。

（8）《嘉興市圖書館古籍普查登記目錄》

計收錄數據 8392 條。國家圖書館出版社 2017 年 10 月出版。徐曉軍主

編，667 頁。

（9）《平湖市圖書館古籍普查登記目錄》

收錄 4329 條館藏古籍數據。國家圖書館出版社 2018 年 6 月出版。陸愛斌主編，345 頁。

（10）《嘉善縣圖書館古籍普查登記目錄》

收錄館藏古籍 492 條。國家圖書館出版社 2018 年 8 月出版。姚春興主編，270 頁。

（11）《海寧市圖書館等六家收藏單位古籍普查登記目錄》

收錄海寧市圖書館等六家收藏單位的 3700 餘條館藏古籍數據。國家圖書館出版社 2019 年 2 月出版，366 頁。

（12）《紹興圖書館古籍普查登記目錄》

收錄紹興圖書館藏古籍 18298 條。國家圖書館出版社 2017 年 9 月出版。廖曉飛主編，3 冊（556；571；304 頁）。

（13）《紹興市上虞區圖書館等八家收藏單位古籍普查登記目錄》

收錄上虞區圖書館等八家收藏單位所藏 1912 年以前古籍 4600 餘條。國家圖書館出版社 2019 年 4 月出版。457 頁。

（14）《嵊州市圖書館古籍普查登記目錄》

收錄嵊州市圖書館藏古籍 3300 餘條。國家圖書館出版社 2018 年 11 月出版。高月英主編，262 頁。

（15）《寧波市圖書館古籍普查登記目錄》

收錄館藏漢文古籍數據 5300 餘條。國家圖書館出版社 2017 年 12 月出版。徐益波主編，428 頁。

（16）《寧波市天一閣博物館古籍普查登記目錄》

收錄天一閣博物館藏古籍 18142 條。國家圖書館出版社 2017 年 9 月出版。寧波市天一閣博物館編輯，3 冊（542；568；295 頁）。

（17）《寧波市奉化區文物保護管理所等六家收藏單位、舟山市圖書館
　　　等二家收藏單位古籍普查登記目錄》

收錄館藏漢文古籍數據 5500 餘條。包括寧波市檔案館、寧波市鎮海區文物保護管理所、寧波市鄞州區圖書館、寧波市奉化區文物保護管理所、餘姚市文物保護管理所、慈谿市圖書館、舟山市圖書館、舟山博物館。國家圖書館出

版社 2019 年 6 月出版。524 頁。

（18）《金華市博物館等九家收藏單位古籍普查登記目錄》

浙江金華地區金華市博物館等九家收藏單位古籍普查登記目錄，共收錄
6200 餘條館藏古籍數據。國家圖書館出版社 2019 年 2 月出版。徐衛主編，
607 頁。

（19）《東陽市博物館古籍普查登記目錄》

收錄東陽市博物館藏 1912 年以前古籍 3168 條。國家圖書館出版社 2019
年 3 月出版。陳榮軍主編，247 頁。

（20）《麗水市圖書館等八家收藏單位古籍普查登記目錄》

收錄麗水市圖書館等八家收藏單位所藏 1912 年以前古籍 3400 餘條。國
家圖書館出版社 2019 年 4 月出版。359 頁。

（21）《雲和縣圖書館古籍普查登記圖目》

收錄浙江省雲和縣圖書館藏古籍文獻共 320 種左右，每種古籍配以彩色
書影，附以文字性說明。國家圖書館出版社 2015 年 11 月出版。潘麗敏主編，
303＋92 頁。

（22）《衢州市博物館古籍普查登記目錄》

收錄衢州市博物館藏古籍 3000 餘條。國家圖書館出版社 2019 年 4 月出
版。柴福有主編，336 頁。

（23）《台州市黃岩區圖書館古籍普查登記目錄》

收錄黃岩區圖書館藏古籍 3600 餘條。國家圖書館出版社 2018 年 10 月出
版。盧勇主編，304 頁。

（24）《臨海市圖書館古籍普查登記目錄》

收錄臨海市圖書館藏古籍近 6000 條。國家圖書館出版社 2017 年 12 月出
版。彭春林主編，479 頁。

（25）《臨海市博物館等六家收藏單位古籍普查登記目錄》

六家指台州學院圖書館、溫嶺市圖書館、浙江省溫嶺中學、臨海市博物館、
天台縣圖書館、仙居縣圖書館。國家圖書館出版社 2019 年 4 月出版。354 頁。

（26）《溫州市圖書館古籍普查登記目錄》

收錄館藏古籍 13000 餘條。國家圖書館出版社 2017 年 1 月出版。王昀主
編，2 冊（530；555 頁）

（27）《瑞安市博物館（玉海樓）古籍普查登記目錄》

收錄館藏古籍數據 2500 餘條。國家圖書館出版社 2018 年 9 月出版。陳欽益主編，207 頁。

（28）《浙江省中醫藥研究院等四家收藏單位古籍普查登記目錄》

國家圖書館出版社 2019 年出版。劉漣漣主編，343 頁。

## （二十）湖北

（1）《武漢大學圖書館古籍普查登記目錄》

收錄武漢大學圖書館所藏古籍數據 8000 餘條。國家圖書館出版社 2019 年 11 月出版。王新才主編，529 頁。

（2）《湖北省武漢圖書館古籍普查登記目錄》

收錄館藏古籍數據 5814 條。國家圖書館出版社 2020 年 4 月出版。李靜霞主編，435 頁。

（3）《湖北省襄陽市少年兒童圖書館古籍普查登記目錄》

收錄館藏古籍 4500 餘條。國家圖書館出版社 2020 年 7 月出版。丁希紅主編，295 頁。

## （二十一）湖南

（1）《湖南圖書館古籍普查登記目錄》

收錄條目 35000 餘條。國家圖書館出版社 2014 年 9 月出版。原湖南圖書館館長張勇主編，全四冊。

（2）《湖南省社會科學院圖書館古籍普查登記目錄》

收錄館藏古籍數據 5521 條，按照館藏古籍經史子集叢的分類及其索書號的自然次序（由小到大）進行編製和編排。國家圖書館出版社 2014 年 12 月出版。方向新主編，334 頁。

（3）《湖南省八家收藏單位古籍普查登記目錄》（衡陽市・永州市・郴州市卷）

包括衡陽市圖書館、衡陽市衡南縣圖書館、衡陽市衡山縣圖書館等 8 個圖書館。收錄 3932 條。2020 年 12 月出版。賀美華主編，309 頁。

（4）《湖南省二十三家收藏單位古籍普查登記目錄》（岳陽市・常德市・益陽市・懷化市）

收入岳陽市圖書館等單位古籍 5072 部 50455 冊。2021 年 2 月出版。賀美

華主編，485 頁。

（5）《湖南省八家收藏單位古籍普查登記目錄》（邵陽市‧婁底市）

收入邵陽市松坡圖書館等單位古籍 4745 部 57186 冊。2021 年 2 月出版。賀美華主編，361 頁。

（6）《湖南省四家收藏單位古籍普查登記目錄》（湘西土家族苗族自治州卷）

收入湘西土家族苗族自治州圖書館、吉首大學圖書館、吉首大學師範學院圖書館以及鳳凰縣圖書館古籍 3360 部 25335 冊。2021 年 3 月出版。賀美華主編，248 頁。

（二十二）江西

（1）《江西省景德鎮地區古籍普查登記目錄》

收錄景德鎮圖書館及樂平市圖書館兩個收藏單位 1912 年以前古籍 4000 餘條。2018 年 12 月出版。

（2）《江西萍鄉地區古籍普查登記目錄》

收錄萍鄉地區 7 個收藏單位所藏古籍 5000 餘條。全市七家單位收藏古籍數量如下：萍鄉市圖書館 50685 冊；萍鄉中學圖書館 1838 冊；蘆溪縣圖書館 138 冊；蓮花縣圖書館 107 冊；萍鄉博物館 22 冊；萍鄉市檔案局 20 冊；安源區寶積寺 1 冊。國家圖書館出版社 2018 年 9 月出版。徐田華主編，379 頁。

（二十三）福建

（1）《福建省圖書館古籍普查登記目錄》

收錄 15546 條館藏古籍數據。國家圖書館出版社 2015 年 11 月出版。鄭智明主編，2 冊（752；239 頁）

（2）《三明學院圖書館古籍普查登記圖目》

收錄館藏古籍 100 多種，書影 200 多幅。國家圖書館出版社 2016 年 12 月出版。216 頁。

（3）《福州市圖書館古籍普查登記圖目》

收錄館藏古籍 374 部。福建人民出版社 2019 年出版。福州市圖書館編。220 頁。

（4）《廈門大學圖書館古籍普查登記目錄》

收錄館藏古籍 5479 部 72440 冊。國家圖書館出版社 2020 年 12 月出版。

鈔曉鴻主編，381 頁。

（二十四）廣東

（1）《暨南大學圖書館古籍普查登記目錄》

收錄館藏漢文古籍數據 7101 條。2017 年 6 月出版。史小軍主編，455 頁。

（2）《廣東省佛山市圖書館等八家收藏單位古籍普查登記目錄》

收錄佛山市圖書館、廣州圖書館等八家收藏單位所藏 1912 年以前的古籍 6700 餘條。國家圖書館出版社 2018 年 6 月出版。劉洪輝主編，509 頁。

（3）《廣東省韶關市古籍普查登記聯合目錄》

花城出版社 2016 年 10 月出版。韶關市古籍普查保護工作領導小組編，182 頁。

（二十五）廣西

（1）《廣西壯族自治區圖書館古籍普查登記目錄》

通過對題名卷數、著者、版本、存卷、行款、批校題跋等 11 個項目的著錄，對廣西壯族自治區圖書館收藏的 4776 部漢文古籍進行了首次全面揭示。國家圖書館出版社 2017 年 4 月出版。廣西壯族自治區圖書館編輯，377 頁。

（2）《廣西壯族自治區桂林圖書館古籍普查登記目錄》

著錄 6911 條古籍數據。國家圖書館出版社 2019 年 10 月出版。鍾瓊主編，485 頁。

（二十六）海南

暫無。

（二十七）四川

（1）《四川省十一家收藏單位古籍普查登記目錄》

收入四川省中江縣圖書館、劍閣縣圖書館、四川音樂學院圖書館、廣元市圖書館、廣漢市圖書館、德陽市圖書館、成都中醫藥大學圖書館、綿竹市圖書館、蒼溪縣圖書館、綿陽市安州區圖書館、犍為圖書館所藏古籍普查數據 6335 條。國家圖書館出版社 2017 年 11 月出版。何光倫主編，503 頁。

（二十八）重慶

（1）《重慶圖書館古籍普查登記目錄》

收錄重慶圖書館古籍文獻 2.3 萬餘種，近 30 萬冊，包含善本古籍 3600 餘

種，4 萬餘冊，普通線裝書 2 萬餘種，25 萬餘冊。國家圖書館出版社 2017 年 8 月出版。任競主編，3 冊（580；612；361 頁）。

（2）《重慶市北碚圖書館等八家收藏單位古籍普查登記目錄》

本書係重慶市北碚圖書館、重慶市第八中學校圖書館、重慶三峽醫藥高等專科學校圖書館等八家收藏單位的古籍普查登記目錄，收錄古籍數據近 6000 條。國家圖書館出版社 2016 年 6 月出版。任競主編，429 頁。

（3）《重慶市三十三家收藏單位古籍普查登記目錄》

重慶市 33 家古籍收藏單位的 10196 條古籍數據，主要涉及部分高校和公共圖書館，包括重慶市萬州區圖書館、重慶市秀山縣圖書館、重慶市奉節縣圖書館、重慶市涪陵區少年兒童圖書館、重慶市渝中區圖書館、重慶市南岸區圖書館、重慶市巴南區圖書館等 33 家。國家圖書館出版社 2014 年 6 月出版。任競主編，2 冊（647；268 頁）。

（4）《西南大學圖書館古籍普查登記目錄》

收錄館藏古籍 5786 條。國家圖書館出版社 2017 年 3 月出版。張麗芬主編，388 頁。

（二十九）雲南

暫未見到公開出版物，據悉正在編輯出版之中。

（三十）貴州

（1）《貴州省圖書館古籍普查登記目錄》

共收錄 10307 條館藏古籍數據。國家圖書館出版社 2015 年 12 月出版。鍾海珍主編，670 頁。

（三十一）西藏

（1）《西藏阿里地區藏文古籍目錄》

西藏自治區古籍保護中心編。民族出版社 2017 年 3 月出版。

（2）《西藏那曲地區古籍普查目錄》

收錄西藏那曲地區那曲縣扎西桑旦林尼寺、巴榮寺、夏榮布寺、達仁寺、達納寺，嘉黎縣多保寺、丹古寺、達孜寺、嘎尖寺等 10 縣 78 座寺廟為主的古籍收藏單位和私人收藏的古籍詳目，內容包括近兩千函古籍的詳細著錄信息和部分圖片、書影。該書以文字為主，文字為藏漢合璧。民族出版社 2017 年 5 月出版。372 頁。

綜觀以上各書，著錄普查編號、索書號、題名卷數、著者、版本、冊數、存卷等多項信息。凡 1912 年以前的寫本、刻本、活字本、抄本、稿本皆在收錄之列。著錄項目有普查編號、索書號、題名卷數、著者、版本、冊數、存卷等內容。已經公開出版了的「古籍普查登記目錄」已經多達 110 餘種，其他待刊部分也會在不久的將來一一公開出版。毫無疑問，這次長達十餘年的全國性的古籍普查取得了舉世矚目的偉大成就，摸清了中國古籍的家底，為我們編纂《中國古籍善本書目》增訂本提供了極大的便利，以後我們也要與全國古籍保護中心、各省市古籍保護中心加強交流合作，充分利用全國古籍普查的數據庫。古籍普查出版目錄分幾個層次，每館編自己的普查登記目錄，這個目錄不按分類，而按普查順序來做的。編完之後，各個省級古籍保護中心再匯總成為《中華古籍總目》分省卷。

毋庸諱言，由於各方面的原因，這次「登記目錄」也留下了不少遺憾，如各冊採用的古籍分類不盡一致，一般採用《中國古籍分類法》，不少館根據自己的館藏做了變通；各冊採用的古籍著錄不盡一致，除了基本六項之外，頗有詳略之分；各冊以古籍普查登記編號順序排序，與通用的古籍目錄採用的四庫法或者五分法皆不盡一致。總而言之，此類登記目錄可以充分加以利用，但還是原生態性質的東西，需要花大力氣改造加工。

## 1.5 《中文善本書國際聯合目錄》與《海外中文古籍總目》

美國研究圖書館組織（The Research Libraries Group，Inc 簡稱 RLG）在 1987 年 6 月提出了一項以計算機輸入形式編製《中文善本書國際聯合目錄》的計劃（即 Chinese RareBook Projecf，簡稱 CHRB 項目）。RLG 於 1974 年由哈佛、耶魯、哥倫比亞大學及紐約公共圖書館創立，它的成員主要是由一些具有研究性質的大學組成，它擁有自己的計算機情報網絡系統（Research Library Network，簡稱 RLIN）。注重東亞資料的管理和使用，是 RLG 的一個特色。RLG 於 1986 年 3 月成立了一個中文善本書專家小組，專門研究善本書的有關問題，經過 15 個月的調查研究，制訂了這項工作的最終目標——把北美、中國、日本以及歐洲等地的善本書編目後輸入到計算機系統中。據報導，4 年多才輸入 700 多種。後來此項目是否按期完成，不得而知，估計因為目標過高導致半途而廢了。

《海外中文古籍總目》是中華書局長期以來關注海外中國古籍的整理編目與出版工作的一個重大項目，已被列入「2011～2020 年古籍整理出版規劃」。項目實施的目的是摸清海外圖書館藏中國古籍的家底，為我國古籍整理

提供基本數據乃至全部資料，通過影印等出版工程，使流失海外的珍貴文獻得以回歸。《海外中文古籍總目》也開始陸續問世，市面上已見 13 種：

（1）《新西蘭奧克蘭大學中文古籍目錄》

林海青編，中華書局 2017 年 3 月出版。收錄新西蘭奧克蘭大學圖書館所藏中文古籍條目 239 條，依照傳統的中文古籍分類法，即經、史、子、集、叢五部編排，正文後附索引。

（2）《美國俄亥俄州立大學圖書館中文古籍目錄》

李國慶編，中華書局 2017 年 6 月出版。收錄俄亥俄州立大學圖書館所藏中文古籍條目 270 餘條，依照傳統的中文古籍分類法，即經、史、子、集、叢五部編排，正文後附索引。每種書還附有書影兩幅。

（3）《美國杜克大學圖書館中文古籍目錄・美國北卡羅來納大學教堂山分校中文古籍目錄・美國灣莊艾龍圖書館中文古籍目錄》

本社編，中華書局 2017 年 6 月出版。收錄美國南部三家圖書館所藏中文古籍條目兩百餘，具體館藏為：杜克大學圖書館 60 餘種，北卡羅來納大學教堂山分校圖書館 50 餘種，灣莊艾龍東亞圖書館 20 餘種。本書依照傳統的中文古籍分類法，即經、史、子、集、叢五部編排，正文後附索引。具體著錄上參照古籍著錄規則，簡要著錄書名、卷數、著者、版本、冊數、索書號等，並附書影於其後，以便讀者得見是書原貌。

（4）《英國曼徹斯特大學約翰・賴蘭茲圖書館中文古籍目錄》

李國英、周曉文、張憲榮編，中華書局 2018 年 3 月出版。約翰・賴蘭茲圖書館隸屬於英國曼徹斯特大學，收藏了一批獨具特色且價值頗大的古代漢籍和名人手稿，約 600 種左右，經史子集無不具備。該館所藏中文古籍中，可以判定為善本的佔了百分之五十以上，時間多集中在明萬曆前後至清乾隆間。最為引人矚目的還是該館所藏的國內少見的刻本或稿抄本。如唐釋玄應所撰的《一切經音義》、清康熙間刊刻的《增補懸金字彙》、清雍正二年的《正字通》、會賢堂刻本《增補四書人物備考》等，都是國內鮮有收藏之本。

（5）《美國達特茅斯大學圖書館中文古籍目錄・美國紐約州立賓漢姆頓大學圖書館中文古籍目錄・美國賓夕法尼亞州立大學圖書館中文古籍目錄》

王曉燕、楊玉蓉、謝念林編，中華書局 2018 年 7 月出版。本書擬收錄美國賓漢姆頓大學圖書館、美國賓夕法尼亞州州立大學圖書館、美國達特茅斯學院

圖書館所藏中文古籍目錄共兩百餘條。所收錄圖書以 1912 年為下限，依照傳統的中文古籍分類法，即經、史、子、集、叢五部編排，正文後附索引。具體著錄上參照古籍著錄規則，著錄書名、卷數、著者、版本、冊數、行款、版式、內封、牌記、卷端、序跋及後人題跋、藏印等，並附卷端及正文書影於其後。

（6）《美國加州大學爾灣分校圖書館中文古籍目錄》

張穎、倪莉編，中華書局 2019 年 3 月出版。本書收錄美國加州大學爾灣分校圖書館所藏中文古籍條目 216 條。512 頁。

（7）《美國耶魯大學圖書館中文古籍目錄》

孟正華編，中華書局 2019 年 5 月出版。974 頁。本書分為二冊，含圖錄 1 冊、目錄 1 冊，收錄了耶魯大學圖書館珍藏的全部中文古籍 2800 餘種，其中包括美國東方學會寄存的中文古籍 230 多種及大量未編古籍。編者孟振華先生用五年之功，逐書目驗，精心查考，詳細著錄了每一種古籍的書名、卷次、作者、版本、函冊數、索書號及版框行格、牌記、題跋、鈐印等信息，首次揭示了耶魯大學自建校以來中文古籍的存藏情況，使深藏在海外的珍貴古籍有了「身份證」。本書著錄規範，信息全面，內容豐富，意義重大。誠如著名文獻學家安平秋先生所言：「這部目錄為百年來東學西漸做了最佳的注腳。」

（8）《加拿大麥吉爾大學圖書館中文古籍目錄·加拿大維多利亞大學圖書館中文古籍目錄》

駱耀軍、鄭美卿、柳瀛編，中華書局 2020 年 5 月出版。本書收錄加拿大麥吉爾大學圖書館所藏中文古籍條目 120 條和加拿大維多利亞大學圖書館所藏中文古籍條目 9 條，所收錄圖書以 1912 年為下限，依照傳統的中文古籍分類法，即「經」、「史」、「子」、「集」、「類叢」、「新學」六部編排，六部後附和刻一類，正文後附索引。

（9）《美國伊利諾伊大學圖書館中文古籍目錄》

蔣樹勇編，中華書局 2020 年 7 月出版。本書收錄美國伊利諾伊大學圖書館所藏中文古籍條目 382 種，所收錄圖書以 1912 年為下限，依照傳統的中文古籍分類法，即經、史、子、集、類叢五部編排，正文後附索引。

（10）《美國布朗大學圖書館中文古籍目錄》

王立編，中華書局 2020 年 8 月出版。本書收錄美國布朗大學圖書館所藏中文古籍條目 256 種，所收錄圖書以 1912 年為下限，依照傳統的中文古籍分類法，即經、史、子、集、類叢五部編排，正文後附索引。

（11）《美國哈佛大學哈佛燕京圖書館中文古籍目錄》

美國哈佛大學哈佛燕京圖書館編，中華書局 2020 年 10 月出版。本書收錄了海外中國古籍收藏重鎮、北美地區收藏量最大的高校圖書館——美國哈佛大學哈佛燕京圖書館所藏全部中文古籍 13378 部（未統計叢書子目）。全書分為 5 冊，依照漢文古籍分類法編排，著錄書名、卷數、著者（含朝代／國別、姓名、著作方式）、版本（含出版時間、出版地、版本類型）、冊數、索書號等基本信息。

（12）《美國愛荷華大學圖書館中文古籍目錄》

楊岸琳編，中華書局 2021 年 5 月出版。本書收錄美國愛荷華大學圖書館所藏中文古籍目錄 232 種，所收錄圖書以 1912 年為下限，依照傳統的中文古籍分類法，即經、史、子、集、類叢、新學六部編排，正文後附索引。

（13）《新加坡國立大學圖書館中文古籍目錄》

沈俊平、高斌編，中華書局 2021 年 7 月出版。收錄新加坡國立大學圖書館所藏 1912 年以前的中文古籍 3597 種。全書依照傳統的中文古籍分類法，即「經」「史」「子」「集」「類叢」五部編排，另附「新學類」，正文後附索引。具體著錄上參照古籍著錄規則，著錄書名、卷數、著者、版本、冊數等。本書成書二冊，上冊善本圖錄精選 271 種珍稀古籍，每種收錄 1～2 幅書影，彩色印製；下冊為目錄條目文字編，黑白印製。

此外，還有外國人自己編纂的漢籍總目，如：《韓國所藏中國漢籍總目》，全寅初主編，韓國首爾學古房 2005 年出版。分為 6 冊（575，562，647，561，720，603 頁）。列入延世國學叢書。

山東大學文學院杜澤遜教授主持的《日本藏中國古籍總目》增補列入《「十三五」國家重點圖書、音像、電子出版物出版規劃》和《2011～2020 年國家古籍整理出版規劃》。2017 年 11 月 25 日，由國家古籍保護中心、山東大學、國家圖書館出版社共同主辦的《日本藏中國古籍總目》啟動儀式暨編纂方案專家審議會在山東大學中心校區舉行。來自全國高校古委會、國家古籍保護中心、北京大學、山東大學、復旦大學、南京大學、中山大學、天津圖書館、山東省圖書館、國家圖書館出版社等單位的 30 餘位專家學者出席會議，並就杜澤遜教授項目組提出的《日本藏中國古籍總目》編纂方案發表意見。張志清先生認為，這對國家古籍保護中心來說是一件大事，是全國古籍普查的延伸，是海外中華古籍調查的里程碑。

以上域外各項書目，對於我們編纂《中國古籍善本書目》增訂版可以起到互鑒互補的作用。

### 1.6「全球漢籍合璧」

國家對中華優秀傳統文化傳承高度重視，黨的十九大報告強調文化自信。李克強總理前後兩次批示，一次是給山東大學「海外漢籍合璧工程」；另一次給「中華古籍保護計劃」十週年。2018 年 12 月 11 日，文化和旅遊部、教育部聯合發函，正式將「全球漢籍合璧工程」作為國家重點文化工程列入「中華古籍保護計劃」，同時通過了《「全球漢籍合璧工程」實施方案》。

「全球漢籍合璧工程」是針對中國大陸以外的國家和地區所藏漢籍而開展的一項國家重點文化工程，旨在將境外所藏中華古文獻的全部情況調研摸清，進而將中國大陸缺藏的品種和版本進行複製、出版、整理和綜合性研究，從而完善中華古文獻的存藏體系，為國內文化建設和國際文化交流提供文獻支持，為全世界漢學家提供完備的研究資料。「全球漢籍合璧」是一個複雜的系統工程，包括海外漢籍的調查編目、複製回歸、點校整理、漢學研究、數據庫建設等方面，由著名文史學家鄭傑文教授擔任首席專家。初期已確定對《俄羅斯聖彼得堡大學館藏漢籍編目》等 22 個項目予以資助立項。截至 2020 年 10 月底，各合作高校共申報 40 個科研合作項目，涉及 109 個藏書機構，工程各項工作細節正在有序推進當中。

「全球漢籍合璧」與中國古籍善本也密切相關。尋尋覓覓，上窮碧落下黃泉，動手動腳找資料，目的就是為了找到更多的善本，在全球範圍內尋找善本。這一工程的意義於此可窺一斑。

## 2. 代表成果分析

對已有相關代表性成果及觀點做出科學、客觀、切實的分析評價，說明可進一步探討、發展或突破的空間，具體闡明本選題相對於已有研究的獨到學術價值、應用價值和社會意義。

### 2.1 關於古籍分類

四部分類法是古代目錄的主流，應用最廣，因而對它的研究最多。

四部分類法的起源問題尤其受人關注，到底起源於鄭默《中經》還是荀勖

《中經新簿》，學者爭論不已。唐明元《魏晉南北朝目錄學研究》把學術界對四部分類法起源的觀點分為三類：一是以余嘉錫、王重民、王欣夫為代表，認為四部分類法起源於荀勖之《中經新簿》。二是以汪辟疆、來新夏、謝德雄為代表，認為四部分類法起源於鄭默之魏《中經》。第三種觀點為姚名達所獨有，認為四部分類法既不是源於魏《中經》，也不是源於荀勖《中經新簿》，而李充之《晉元帝四部書目》。同時他認為荀勖《中經新簿》為四部分類法之祖，主要理由：（1）《新簿》係「因」《中經》而作，但同時也都先言《新簿》，後言四部；（2）「更」應理解為「改」、「改變」之義，「更著《新簿》」則應為「改著《新簿》」，方符作者之本意；（3）謝德雄認為「朱紫別矣」乃鄭默《中經》採用四部分類法之重要證據，不能讓人信服；（4）至於《隋志》為何不著錄《中經》，很可能此時《中經》已亡佚。（巴蜀書社，2009：47～53）

　　李致忠先生對於古籍分類用力甚深，他的長篇論文《四部分類的應用及其類表的調整》是為編纂《中華古籍總目》而作，產生了巨大影響。姚伯岳教授在古籍分類方面也卓有建樹，綜合四庫法與中圖法二者之長，整合出了一個新的分類法，且成功地應用於實際工作之中。

## 2.2 關於古籍編目

### 2.2.1 古籍編目的規則制訂

　　古籍編目具有內容寬泛、涉及專業較多的特點，編目者需要具備一定的版本學、文獻學，中國古代文學、古代歷史、古代哲學，乃至中外書籍發展史、圖書分類法、古文字、篆刻等方面的知識。有人可能會問，又不是寫善本書志需要介紹鈐印和遞藏，為什麼要求具備古文字、篆刻知識？因為一些題識只有落款印，只有熟練識讀印文，才能做到正確的著錄。當然，百科全書式的學者早已是鳳毛麟角，寥若晨星，因此古籍編目要依靠團隊的力量，採取分工合作的方式開展工作。古籍編目（尤其是善本編目）是一項十分繁瑣、細緻的工作，需要對每一部書逐葉翻檢勘驗，才能避免或減少疏漏、差錯。對於大中型古籍藏館來說，動輒數萬、數十萬葉的古籍善本，其工作量之大可想而知，因此古籍編目又具有「勞動密集型」的特點。

　　古籍編目需要制訂完備的規則。《中國文獻編目規則》是中國圖書館界集體智慧的結晶，其中古籍部分由北京大學圖書館沈乃文先生執筆，分通則、書名與責任說明項、版本類型項、文獻特殊細節項、抄刻項、書籍形態項、叢書

項、附注與提要項、裝訂與獲得方式項。中國國家古籍保護中心編寫的《古籍普查培訓講義》第三章《古籍版本登記》講得更具體。

### 2.2.2 善本書目的實踐進階

善本書目的編纂可以分為三個階段，即「簡目—版本志—善本書志」。

### 第一，簡目是善本書目的初級階段

南宋大詩人、藏書家尤袤撰《遂初堂書目》，這是一部中國最早的版本目錄（此前的目錄能否稱為版本目錄還有待深入研究），對研究中國古籍具有相當的參考價值，著錄有 3200 餘種書籍，分經、史、子集四部 44 類，僅記書名，不具解題，不詳記卷數、著述人姓氏，但詳記版本。入清以來，錢曾的《讀書敏求記》開版本賞鑒之風，官修《天祿琳琅書目》為書目著錄版本之楷式，黃丕烈則堪稱中國學術史上第一位專注於版本目錄的版本學家，被公認為「藏書家之巨擘」「目錄學之盟主」「版本學之泰斗」。版本學只是到了清代才最終成為一門獨立且比較成熟的學問，並初步建立起自己的學科話語體系。

編纂善本書目也是我國圖書館界的優良傳統。例如，自 1909 年建立京師圖書館（國家圖書館的前身）以來，編纂並公之於眾的古籍善本書目共有七部，分別為：繆荃孫編《清學部圖書館善本書目》（1912 年印行，這是國家圖書館第一部古籍善本書目，同時也是第一次以「善本書目」命名的中國古籍書目）；江瀚編《京師圖書館善本簡明書目》（1913 年印行）；夏曾佑主持編纂《京師圖書館善本簡明書目》（1916 年印行）；趙萬里編《國立北平圖書館善本書目》（1933 年印行，書內著錄民國二十二年時國立北平圖書館所藏經、史、子、集四部善本共計 3700 餘種，每書皆詳載名稱、卷數、作者、年代等）；趙錄綽編《國立北平圖書館善本書目乙編》及續編（1935 至 1937 年印行）；趙萬里、冀淑英主持編製《北京圖書館善本書目》（1959 年中華書局印行）；《北京圖書館古籍善本書目》（書目文獻出版社 1987 年出版）。

欲編纂善本書目，首要的問題是如何界定「善本」。《圖書館通行章程》雖有「內府秘籍、海內孤本、宋元舊槧、精抄之本」之說，卻過於籠統，且與明清以來藏書家的善本觀，多有雷同。對此，繆荃孫沒有明確的論述，但他的編目實踐回答了上述問題。繆目共收錄經史子集四部書 772 部，其中宋刻本 113 部，元刻本 186 部，金刻本 2 部，明刻本 204 部，清刻本 13 部，影宋刻本 1 部，影宋抄 8 部，影元刻 1 部，影元抄本 2 部，其他各類抄本 227 部，稿本 9 部，活字本 3 部，朝鮮（高麗）刻本 4 部。從中可以看出，繆目收錄了大

量明刻本，以及十幾種清刻本，與明清時期藏書家只重宋元本和稿抄本相比，也應該是一個巨大的進步。林振岳《繆荃孫〈清學部圖書館善本書目〉編纂考》（載國家圖書館出版社《繆荃孫誕辰170週年紀念會暨學術研討會論文集》）曾予論證，其結論為：「繆荃孫《清學部圖書館善本書目》一書，主要是根據曹元忠《文華殿檢書分檔》（即內閣大庫書目之一種）、姚覲元《咫進齋善本書目》、瞿鏞《鐵琴銅劍樓藏書目錄》三種書目改編而成，造成此目體例不一的原因也在此：因利用曹稿，故目中有提要之例；因沿用姚目，故留下了過錄藏書題跋的體例。」此說言之有據。反觀清代至民國年間，私家藏目研究型居多：熱衷於標注行款及版式、過錄序跋、識讀藏印、梳理遞藏、校勘文字、甄別避諱、考證版本。然而，因古籍版本各自的差異性，以及書目編纂者的嗜好、側重不同，以及能力、精力所限，有話則長，無話則短，造成了條目之間篇幅和體例的較大差別，故由私家藏目向圖書館公藏書目過渡的繆目，較多保存了私家藏目的特徵。

趙萬里《國立北平圖書館善本書目》創建客觀性版本鑒定方法，對各書之版本詳加考訂，糾正了館藏舊目中諸多差錯，為此後國家圖書館的善本鑒藏奠定了基礎。他總結這一時期的心得體會道：「至編目之際，時時發見舊目對於審定版刻時代亦不盡可靠。蓋版本之學，至於今日而極其盛。昔人每因比較研究之方法與資料之不足，於審定版刻之時間性與空間性，時有主觀之沿誤。故新目編製時，於舊目亦多加彈正。」但鄧之城對照繆目而暗諷趙目失之簡陋。論者以為，京師圖書館的三十年，風雨飄搖，居無定所，經濟拮据，人才匱乏，充其量就是一個國有書庫，圖書館各項功能的發揮，無從談起。善本及普通書目猶如財產帳簿，以確保書的安全，故類似普查登記目錄的簡明書目大行其道，有無行款不甚重要。趙目印行於1933年，此時的國立北平圖書館無論規模、經濟實力、藏書數量，均遠超京師圖書館，並且人才濟濟。因此，趙目書名中雖無「簡明」二字，實質仍為簡目，不著行款，使書目的功能大減，殊為不妥。

1959年《北京圖書館善本書目》存在大量的問題，其中的疏漏和差錯幾乎全部傳承到1987版《北京圖書館古籍善本書目》《中國古籍善本書目》中，有人大膽地引申出一個新的問題，如果古籍館藏最多的國圖善本書目尚且問題多多，能夠在此基礎上去編製古籍聯合目錄嗎？（此處參考了徐蜀先生的博文「1959版《北京圖書館善本書目》隨想」）毋庸諱言，以往的古籍善本編目

過於強調版本鑒定的重要性，忽視了其他方面的專業需求；經常是少數古籍版本專家單打獨鬥，沒有發揮團隊的作用，也不重視古籍編目團隊的基礎業務建設工作。即便在初級階段，各種善本書目都難免存在各種各樣的硬傷。但徐蜀先生的這種假設過於大膽，也過於消極。為學之道，譬如積薪，往往後來者居上。前修未密，正待後出轉精！

顧廷龍先生主編的《中國古籍善本書目》還只是初級階段的代表作，它在當時已經是佼佼者，但也不是無懈可擊。這是初級階段所決定的。因此訂誤補缺，勢在必行。

### 第二，版本志是善本目錄的中級階段

善本書目的初級形態著錄的內容比較簡單，一般只著錄書名、作者、版本（只簡單備註宋刻本、元刻本、明刻本、清刻本），甚至連行款都予以忽略。已故中科院圖書館研究員崔建英先生主持編寫的《中國科學院圖書館藏中文古籍善本書目》是一部用新觀念編製的版本目錄，著錄必有依據，發現「群體視野」，旨在建立版本檔案，原本是「版本志」的樣板工程，可惜出版時大為刪改，將「版本志」拉回到了「簡目」層次。這是版本學史上的一次重大失誤！值得慶幸的是，崔建英編纂的另外一部版本學巨著《明別集版本志》未經筆削公開出版。《明別集版本志》不是隨筆式的，是程序式的。依照認知版本的順序，依次為版式描述、版本考訂、特徵記載。即：行款、邊欄、版心書名；魚尾形態、刻工姓名摘錄（包括刊載位置）；扉頁題刻、版記或刊記、主要序跋、認定為本書刊刻時間依據之原文摘錄；區別同異版之特徵。最後附著者簡介和稀見品現藏處所。平心而論，《明別集版本志》為編製各種總目錄或聯合目錄提供了一個工作樣本。

### 第三，善本書志是善本目錄的高級階段

善本書志是善本目錄的高級階段。在傳統目錄學、版本學著述中，介紹古籍的目錄學著作體式通常有經籍志、藝文志、書錄、讀書志、藏書志、訪書記、提要、敘錄、經眼錄、過眼錄、題跋等，而書志是在書目的基礎上發展起來的。清代藏書志始於嘉慶時的《愛日精廬藏書志》，還出現了大量側重於版本賞鑒之善本書志，其中比較著名的如《嘉業堂藏書志》《適園藏書志》《群碧樓善本書錄》《傳書堂藏書志》《積餘齋藏書志》《文祿堂訪書記》《寶禮堂宋本書錄》等，它們沿著清代藏書志之傳統，不僅注重對版本的賞鑒，而且日趨形成一種格式化的著錄體例。

　　撰寫完備的善本書志是百年來幾代版本學家與目錄學家的共同的心願。在傳統藏書樓時代，藏書家們以畢生之力編纂藏書志，成功者大有人在。進入現代社會之後，此願往往成為泡影。面對五千年未有之大變局，加上百年風雲激蕩，舊式藏書家一去不復返，新的圖書館學家被時代的洪流裹挾，人在江湖，身不由己。如趙萬里先生在 1933 年出版《國立北平圖書館善本書目》之前就想撰寫詳實的善本書志，據 1932 年 7 月至 1932 年 6 月的《國立北平圖書館館務報告》記載：「館藏善本書大半為內閣大庫舊藏，近五年來入藏之書亦不尟，除去重複者，將近四千五百餘種，蔚為大觀。除簡目業已告竣付諸木刻外，並由趙萬里君編一善本書志，詳述每書之版本及收藏源流。已完成全數五分之二，擬次第刊行，以補簡目之未備云。」後來在完成《中國版刻綜錄》之後，又擬將北京圖書館所藏善本寫成善本書志。隨後各種運動一波未平一波又起，寫作環境不復存在，所有美好的願景頓時化為電光泡影。顧廷龍先生是提倡寫作善本書志的，他的日記中即有「刻意編一精彩藏書志，以壓眾編」的記載。在他主持的合眾圖書館，曾請潘景鄭先生撰寫館藏善本書志數百篇，後因事沒有繼續下去。六十年代初，顧先生主持上海圖書館工作，又將寫作館藏善本書志之事提上日程，但僅完成數十篇宋元刻本的書志即告停擺。趙萬里、顧廷龍、潘景鄭等先生均為我國圖書館界著名的版本目錄學大師，他們在各自的領域所取得的成就得到舉世公認。他們那一代在版本學方面的最大貢獻就是完成了《中國古籍善本書目》，這是第一步，還是簡目層次。大輅椎輪，功不可沒。

　　現代目錄學家惟有王重民完成了三部善本書志：一是撰寫《中國善本書提要》正續編，二是撰寫《美國國會圖書館藏中國善本書錄》（廣西師範大學出版社 2014，著錄項包括善本書的版式行款、撰著者、收藏、序跋題記，以及對於版本的考證等），三是撰《普林斯頓大學葛思德東方圖書館藏中文善本書志》。正如沈津先生所指出的，王重民的貢獻就在於揭示了當年美國國會圖書館、普林斯頓大學葛思德東方圖書館藏中文善本古籍。崔建英先生核查明代別集部分 86 種，發現著錄的錯誤率高達 60.46%。由此可見，即使是前輩大師，我們也絕不能盲目崇拜。必須回到原書，如實著錄，絕對不能因循苟且，自欺欺人。如果編纂善本書目不從嚴要求，就會把人帶到溝裏去。

　　當代目錄學家沈津先生也編纂了三部善本書志：《美國哈佛大學哈佛燕京圖書館中文善本書志》《中國珍稀古籍善本書錄》《美國哈佛大學哈佛燕京圖書館藏中文善本書志》（6 巨冊，400 萬字，著錄 3098 種）等。沈津先生認為，

編寫善本書志有百利而無一弊，他身體力行，撰寫了 3000 多篇善本書志，自稱「哈佛模式」，實際上應稱之為「沈氏模式」，我們曾經撰文專門加以評述。該書志的結構模式為：首先介紹版刻特徵，其次介紹作者，其次介紹作品，最後介紹藏版、著錄及藏書印等。此模式的優點在一頭一尾，尤詳於版刻特徵與收藏情況的描述，是地地道道的版本目錄。其缺點是中間部分對作者與作品的解析相對較為薄弱，大體抄撮前人序跋與目錄解題，對於學術源流的考辨相對較少。「辨章學術，考鏡源流」歷來是傳統目錄學的優良傳統，可惜這一傳統在現代並沒有得到很好的繼承，圖書館界絕大多數的現代目錄學家皆不認同傳統做法，拱手將此任務交給各門各類的專家，基本上喪失了傳統學術的話語權。「沈氏模式」對「辨章學術，考鏡源流」做了力所能及的努力，與現代目錄學家自覺地拉開了距離，這也是特別值得肯定的地方。這套《哈佛燕京善本書志》也糾正了《中國古籍善本書目》中一些版本著錄的錯誤，2013 年榮獲第三屆中國出版政府獎。

　　在沈津先生的大力倡導之下，轉移了風氣，近二十年善本書志有如雨後春筍，遍地開花，一時蔚為大觀，「書志學」頓時成為國際性顯學。據程煥文教授《加拿大多倫多大學東亞圖書館藏中文古籍善本提要·序》介紹，沈津先生赴哈佛大學哈佛燕京圖書館做訪問學者，其後被延聘為古籍室主任，專門從事中文古籍整理。在沈津先生的示範帶動下，近十餘年來，北美東亞圖書館的中文古籍整理面貌為之一新。沈津先生繼往開來，先後撰著《美國哈佛大學哈佛燕京圖書館中文善本書志》（上海辭書出版社，1999）和《中國珍稀古籍善本書錄》（廣西師範大學出版社，2006），於是，北美東亞圖書館中文古籍整理長期低迷的氣象為之一變，各館競相仿傚，延聘專才，開始編撰中文善本書志，陸續有李國慶編著《美國俄亥俄州立大學圖書館中文古籍書錄》（廣西師範大學出版社 2003）、陳先行主編《柏克萊加州大學東亞圖書館中文古籍善本書志》（上海古籍出版社 2005）等問世。

　　申請人曾經親自動手撰寫過多種書志，最後在《四庫提要》的基礎模式上發展出一種新型的「書錄解題」（如《雜家文獻書錄解題》《辨偽文獻書錄解題》《類書文獻書錄解題》《中醫文獻書錄解題》等），既對某一部書做精準解題，又把書中的精華摘錄出來，由此及彼，由表及裏，辨章學術，考鏡源流，如此才會有百利而無一弊。若是橫通之人率爾操觚，胡編亂造，是非顛倒，以己之昏昏，焉能使人之昭昭。所謂庸醫殺人，假冒的大師也會誤導後學。

### 2.2.3 修訂《中國古籍善本書目》的倡議

自 2007 年中國大陸推行「中華古籍保護計劃」以來，對於古籍普查等工作中存在的一些問題，陳先行先生曾在不同場合多次談到政府應當對《中國古籍善本書目》組織修訂。由於歷史原因，《善目》當年編纂時失收臺灣藏書部分，這是一件非常可惜的事情。他提議將兩岸所藏中國古籍善本集於一編。（陳先行《中國古籍善本書目修訂芻議》《版本目錄學研究》第八輯）

我們認為，陳先生倡議修訂《中國古籍善本書目》，且提出了很好的建設性意見，難能可貴。但他過於強調政府出面組織修訂《中國古籍善本書目》，實際上沒有預料到當前的複雜形勢，由於民進黨當局連「九二共識」都拒不承認，臺海關係近年幾乎趨於冰點，兩岸交流長期停擺，若由政府出面將臺灣藏書納入《中國古籍善本書目》，反而於事無補。只有等待時機成熟之後，相信這一問題自然會迎刃而解。現在國家社科規劃辦以招標的形式列入最高級別的國家重大項目，未嘗不是一種好的處理辦法。如果本次能夠順利立項，我們也可以說服有關部門成立專門的編輯機構，爭取得到官方的支持。

## 2.3 關於古籍版本學研究

20 世紀版本學研究主要圍繞以下幾個方面展開。

### 2.3.1 關於「版本」概念的研究

什麼是版本？對於版本學研究來說，這是一個基本而又重要的問題，目前尚未達成共識，至少有以下 5 種觀點：

第一，印本說

張舜徽認為：「『版』的名稱源於簡牘；『本』的名稱源於縑帛……自從有了雕版印刷術以後，人們習慣於用版本二字作為印本的代稱。」（張舜徽：中國校讎學分論（上）——版本，華中師院學報，1979 年第 3 期）

第二，合稱說

施廷鏞認為：「所謂版本，實寫本與刻本的合稱。」（施廷鏞：中國古籍版本概要，天津：天津古籍出版社，1987：2）戴南海亦說：「版本的概念，在兩宋時，則成為雕版書和手抄本的合稱。這就是版本二字連綴成一個固定名詞後的最初概念。」（戴南海：版本學概論，成都：巴蜀書社，1989：6）

第三，總稱說

顧廷龍認為：「版本的含義實為一種書的各種不同的本子，古今中外的圖

書，普遍存在這種現象，並不僅僅限於宋、元古籍。」（顧廷龍：版本學與圖
書館，四川圖書館，1978 年第 11 期）

第四，實物形態說

姚伯岳認為：「版本就是一部圖書的各種實物形態。」（姚伯岳：版本學，
北京：北京大學出版社，1993：6）

第五，廣狹二義說

嚴佐之認為：「古籍版本有廣狹二義。狹義的古籍版本專指雕版印本，廣義
的古籍版本泛指包括寫本、印本在內的，用各種方法製作而成的古代圖書的各
種本子。」（嚴佐之：古籍版本學概論，上海：華東師範大學出版社，1989：1）

我們認為，「版本」最初含義單指刻本，並不包括寫本在內（戴南海的說
法顯係誤解）。元、明以後，隨著雕版印刷的發展和圖書製作方式的複雜化，
「版本」一詞的含義逐漸擴大，成為一書各種文本的總稱。除了刻本之外，還
包括寫本、活字本、套印本、插圖本、石印本等等。「印本說」僅指向版本的
原始義，忽視了版本含義在後代已經擴大了的事實，不可取；「合稱說」認為
版本只講寫本和刻本，將活字本、套印本、插圖本、石印本排除在外，亦不足
取；「總稱說」揭示了版本的「同書異本」特質，比較可取，但也有欠妥之外，
以「本子」解釋「版本」，似有循環解釋之嫌；「實物形態」與「總稱說」接近，
但它特別指出「實物形態」，庶幾接近事實；「廣狹二義說」其實是「印本說」
與「總稱說」的折衷。迄今為止，關於版本的概念還沒有形成統一的認識，見
仁見智，聚訟紛紜。

### 2.3.2　關於「版本學」的概念

版本學作為實踐的產物，一直找不到理論支點。據不完全統計，關於版本
學的定義有數十種之多。下面，我們擇要介紹 5 種：

第一，舊刻舊鈔說

葉德輝認為：「自宋尤袤遂初堂、明毛晉汲古閣、及康雍乾嘉以來各藏書
家，斷斷於宋元本舊鈔，是為板本之學。」（葉德輝：書林清，北京：中華書
局，1957：21）

第二，鑒別說

《辭海》認為：「研究版本的特徵和差異，鑒別其真偽和優劣，是為版本
學。」（辭海編輯委員會：辭海，上海：上海辭書出版社，1980：1475）

### 第三，價值說

嚴佐之認為：「鑒定版本時代也好，考訂版本源流也好，其最終目的還在於比較、確定版本內容的優劣，在於研究版本『在反映原書內容的特殊作用上』。從這一意義上講，版本學乃是以研究版本文獻價值為主的一門科學。」（嚴佐之：古籍版本學概論，上海：華東師範大學出版社，1989：7）

### 第四，物質形態說

程千帆等認為：「版本學所研究的內容無不與書的物質形態有關，因此可以概括地說版本學是研究書的物質形態的科學，是校讎學的起點。」（程千帆，徐有富：校讎廣義，版本編，濟南：齊魯書社，1991：9）

### 第五，規律說

郭松年認為：「古籍版本學是從古籍的版本源流和相互關係中，研究古籍版本的異同優劣，鑒定古籍版本的真偽，評定古籍版本的功用價值，並從中總結工作的規律性和方法的一門科學。」（郭松年：古籍版本與版本學，吉林省圖書館學會會刊，1980 年第 4 期）

我們可以看出，這些版本學的定義存在一定的差異，從本世紀初至七十年代中期，大多局限於「經驗說」，即「觀風望氣」的經驗總結。隨著研究的深入，版本學家們開始對「經驗說」進行反思。科學研究的任務在於揭示特定事物內部矛盾運動的規律，版本學亦不能例外。我們認為，郭松年等人提出的「規律說」比較可取。版本學是研究版本源流和版本鑒定規律的科學，就是要對各種版本現象作科學的分析和歸納，找出規律。「舊刻舊鈔說」是清代版本學家的觀點，此「佞宋」之風所由來；「鑒別說」局限於鑒定版本的具體方法，視野不廣，此「經驗說」所由來；「價值說」講的是版本學研究的目的，而非版本學的定義；「物質形態說」講的是問題的表象，而沒有揭示問題的實質。

## 2.3.3 關於版本學的研究對象

任何一門學科都有自己的研究對象。對象不明，則難免誤入岐途。截止目前，至少有以下三種觀點：

### 第一，圖書說

李致忠認為：「中國古書版本學的研究對象是中國古代圖書。」（李致忠：論古書版本學，吉林省圖書館學會會刊，1979 年第 1 期）

### 第二，文獻說

邵勝定認為：「版本學和它的兄弟學科一樣，研究對象是一切需要整理和利用的文獻資料。蓋其學雖名『版本』，但它的對象應包括一切歷史文獻資料。」（邵勝定：版本學有廣狹二義論，圖書館雜誌，1985 年第 4 期）

### 第三，版本說

姚伯岳認為：「版本學的研究對象是版本，這本應當是毫無疑義的。」（姚伯岳：版本學，北京：北京大學出版社，1993：6）

我們認為，古籍版本學的研究對象是寫本、刻本、拓本、活字本、套印本、插圖本等一切形式的圖書版本。其中，寫本和刻本是其重點研究對象。「圖書說」混淆了圖書與版本兩個不同的概念。版本和圖書二者之間有著密切聯繫，沒有圖書的版本和沒有版本的圖書同樣是不存在的。但是圖書並不等於版本，版本只是圖書內涵的一個方面。同一種圖書可以有不同的版本。版本學以版本為研究對象，正是為了探討同書異本之間的差異。「文獻說」將版本的範圍擴大到一切文獻，同樣混淆了文獻與版本兩個不同的概念。文獻的內涵比圖書更大，更不能把二者混為一談。

## 2.3.4 關於版本學的研究內容

不同學科有各自不同的研究內容，版本學的研究內容，大致有以下 4 種觀點：

### 第一，鑒定說

主張研究版刻鑒別。如《辭海》修訂本：「研究版本的特徵和差異，鑒別其真偽和優劣。」（辭海編輯委員會：辭海，上海：上海辭書出版社，1980：1475）

### 第二，源流說

主張研究版本源流。如謝國楨認為：「說明書籍刊刻和抄寫流傳下來的源流。」（謝國楨：明清時代版本目錄學概述，齊魯學刊，1981 年第 3 期）

### 第三，綜合說

主張源流和鑒別同時研究。郭松年認為，版本學的研究內容「一是繼承總結發展古籍版本學的基本理論，二是研究古籍版本發展變化的源流，三是研究不同刻本、校勘本內容的異同優劣，四是審定鑒別舊刻、舊抄古籍的版本和總結提高鑒定古籍版本的科學方法，五是研究古籍版本學的發展歷史。」（郭松年：古籍版本與版本學，吉林省圖書館學會會刊，1980 年第 4 期）

### 第四，多維說

主張多維研究。盧中嶽在《版本學研究漫議》一文中提出，版本學研究的內容大致包括版本學的一般理論、圖書版本的內容與形式的研究、圖書版本發展過程的研究、版本學史四個大的方面，並開列了詳細子目。（盧中嶽：版本學研究漫議，貴圖學刊，1982 年第 2 期）

我們認為，古籍版本學的研究內容是：古籍版本學的基本理論，其中包括古籍版本學的研究對象及其研究內容，古籍版本學與相關學科的關係，研究古籍版本學的意義和方法等；古籍版本學的發展歷史，其中包括古籍版本學的發展階段、各階段的理論和實踐、代表人物等；古籍製作方式的演變源流，其中包括寫本源流、刻本源流、雕版印刷術的起源等；單種（含叢書）圖書版本的演變源流，其中包括版本數量、版本系統、版本優劣等；古籍版本鑒定的規律，其中包括內容和形式兩個方面。以上五個方面，缺一不可。「鑒定說」僅研究版刻鑒別，視野不廣，不足以言版本學；「源流說」僅研究版本源流，視野亦未廣；「綜合說」擴大了視野，但強調「鑒別舊刻舊鈔」，似有「佞宋」之嫌；「多維說」的觀點比較可取，得到了很多人的認可。

有人將古籍製作方式的演變源流與圖書版本的演變源流混為一談，認為研究圖書版本的演變源流其實就包括了對古籍製作方式演變源流的研究。我們認為，古籍製作方式的演變源流主要是指寫本源流、雕版印刷的起源、刻本源流等。顯然它與單種圖書版本演變源流是兩碼事。有人認為，搞古籍版本鑒定沒有必要過多地研究古籍製作方式演變源流。我們認為，搞古籍版本鑒定必須研究古籍製作方式演變源流，不瞭解古籍製作方式演變源流，就不能搞好古籍版本鑒定。這就好比鑒定一件新的產品，如果不瞭解產品製作的工藝流程，那就無法鑒定。古籍製作方式的演變源流與單種圖書版本的演變源流有著十分密切的聯繫：研究古籍製作方式的演變源流可以促進單種圖書版本演變源流的研究，研究單種圖書版本的演變源流反過來又能促進古籍製作方式演變源流的研究，二者之間相互為用。有人對考訂一書的版本源流也大不以為然，似乎離開了書目編製就不叫版本學。乾嘉大師「得一書必推求本原」，重在考訂版本源流。考訂一書的版本源流，也就是對一種圖書版本的發生、發展過程及相互關係的研究。考訂版本源流，可以理順每個版本與其他版本間的關係，從而有助於辨別、比較版本的異同優劣。書目編製是反映版本研究成果的一種手段，但不是唯一手段。有人對版本學基本理論與版本學史比較輕視。版本學

的基本理論關係到版本學的體系建設，是研究的總綱。研究版本學史是為了借鑒前人的經驗，同樣不能等閒視之。

### 2.3.5 關於版本學的研究方法

版本學研究方法，歸納起來有以下兩種觀點：

**第一，觀風望氣說**

注重版刻鑒別，主張靠實踐經驗積累，捕捉、識別、研究各種各樣的標識，既有書籍製作過程中形成的標識，也有書籍流傳過程中附加的標識，諸如行格、紙墨、諱字、裝訂、款式、印章、牌記、字體等等。前人在實踐中積累了不少經驗，但是僅憑經驗不可能萬無一失。甚至有人至今還堅持「觀風望氣」「鼻嗅手摸」即可作出版本鑒定。有人認為，這種經驗至上的方法，不利於版本學學科體系的建立，會把「版本學引上十分狹窄的版刻欣賞和版本認定的玄而莫測，不可捉摸的邪路。」趙宣認為，從另一角度來看，自傅增湘先生首倡「觀風望氣」，至二十世紀四十年代初潘景鄭、顧廷龍的《明代版本圖錄初編》始分代、分地區研究版本風格演變規律的方法，自有其科學根據，這個根據就是二十世紀三十年代傳入中國的類型學。類型學（Typology）是研究物品（包括遺物和遺跡）外部形態演化規律的方法論。早在十九世紀初期，北歐學者已經在考古學中使用類型學的方法。「觀風望氣」的形成，是在長期的實踐經驗基礎之上總結出來的，實踐是認識的來源，也是檢驗認識真理的標準，因此對其持有片面性的看法也是不可取的。因為沒有目驗法為基礎的考訂法，常常會因為資料的缺失和查找的種種困難，尤其是在古籍無序跋、無牌記的狀況下，不僅導致考訂法「英雄無用武之地」，而且盲目考證更會造成南轅北轍、緣木求魚的結果。所以在版本鑒定實踐中，我們深刻感受到，目驗法和考訂法是兩種同等重要的方法，一味強調使用其中一種方法都是不科學的，都可能影響版本鑒定結論的正確性以及對版本鑒定的總結。

**第二，綜合研究說**

盧中嶽認為，應根據所研究問題的內容、性質以及研究所擔負的具體任務來確定研究方法，他率先提出了歷史研究法、比較研究法和實驗研究法。

我們認為，「綜合研究說」才是研究版本學的科學方法。各種版本是特定歷史條件下的產物，只有通過全方位、多學科的考證，才能知其源流、真偽和善惡。有比較，才能有鑒別。把同書異本進行比較，也是行之有效地鑒別版本

的方法。利用現代技術，通過科學實驗和計量分析，建立古籍版本數據庫，更是具有廣闊前景的研究方法。隨著古籍普查的完成，建立全國性的古籍版本數據庫應該指日可待。

### 2.3.6 關於版本學的形成時期

版本學的形成時期也就是版本學史的起點問題，對此眾說紛紜，大致有以下4種觀點：

第一，西漢說

錢基博認為：「版本之學，所從來舊矣。蓋遠起自西漢，大用在校讎。」（錢基博：版本通義，上海：商務印書館，1933：1）郭松年認為：「從版本學發展的歷史來看，在西漢劉向、劉歆父子總校群書時，已經是廣搜異本，讎正一書，講求版本之學了。」（郭松年：古籍版本與版本學，吉林省圖書館學會會刊，1980年第4期）

第二，南宋說

李致忠認為：「自宋代尤袤編製《遂初堂書目》起，始在一書之下著錄多種不同的版本……版本學就這樣慢慢地形成了。」（李致忠：古書版本學概論，北京：書目文獻版社，1990：1）李明傑的《宋代版本學研究》一書系統論證了「南宋說」。

第三，明代中期說

陳先行《版本學起源於明代中後期蘇州地區說》一文認為，版本學實際上起源於明代中後期蘇州地區。他認為，所謂版本學，主要的功能與特徵是鑒定版本，這是它與校勘學、目錄學最本質的區別。校勘學的主要任務是發現與糾正書籍文字的訛誤，目錄學的主要任務是解決如何對圖書分類與編目（即目錄組織）的問題，而鑒定版本就是揭示一種書不同版本的面目、性質——或真或偽，或原稿或傳抄，或原刻或翻刻，或重刻或增刻，或初印或後印，或修版或補版，或原校（包括題跋）或過錄，等等。其中，鑒定真偽最為關鍵。陳先行認為，從漢至宋，或有辨別偽書的必要，卻無鑒定版本之需求。可以這麼說，只有出現鑒定版本的需求，版本學才會隨之產生。那麼，鑒定版本的需求從何時開始、版本學何時發端的呢？他在《中國古籍稿抄校本圖錄·前言》中提出，版本學發端於明代中後期（中期指弘治至嘉靖前後，後期指隆慶至崇禎），鑒定版本是從鑒定宋本真偽開始的。同時又指出，「善本」一詞，在宋元時代只

講文字準確與文本完整，屬於校勘學範疇，到了明代中期，已嬗變為具有文物價值內涵的名詞，為版本學所用。他進一步指出，版本學的起源，與人們意識到書籍具有文物屬性有直接關係。正是人們意識到宋本具有文物價值，市場上才會出現偽造的宋本，人們才會研究如何鑒定宋本。若置「書籍的文物觀」這個前提於不顧，不僅弄不清楚版本學產生的原因，而且於許多版本學現象都不會真正看明白，諸如明代中後期抄本風氣重開的背景，明代中期仿宋刻本出現的原因，乃至對《天祿琳琅書目》版本學意義的認識等等。他堅持認為，在今天看來件件可寶的宋版，直到明代前期，在人們眼中也就是普通讀物而已，並不珍惜。可以肯定，凡此皆明代中期以前人所為，一旦人們有了文物意識，此種現象便不再發生。古人名山事業之有幸不幸，竟然與人們有無「文物」意識相關。此說雖不無道理，但不夠周全，仍然難以成立。版本學首先應與「版本」意識相關，而與「文物」意識直接相關的應該是文物學或者古器物學等。

第四，清代說

汪辟疆認為清乾、嘉時期的黃丕烈「是版本學的真實建立者」。（汪辟疆：目錄學研究，北京：商務印書館，1955）周鐵強認為：「《讀書敏求記》《天祿琳琅書目》的出現及黃丕烈對古籍版本的考訂，標誌著古籍版本學的初步形成。」（周鐵強：古籍版本學形成時期辨疑，圖書與情報，1997年第3期）

第五，當代說

嚴佐之認為：「版本研究雖然有著悠久的歷史，但其獨立成一門專學的時間卻不久，而作為以辯證唯物主義、歷史唯物主義為指導的科學版本學才剛剛著手建立。」（嚴佐之：古籍版本學概論，上海：華東師範大學出版社，1989：4～5）

我們認為，「當代說」以學科是否獨立為標準不足取，因為它割斷了歷史，版本學成了無源之水，無本之木。「清代說」同樣割斷了歷史。清代古籍版本學成就固然很大，但它不是一蹴而就的，它是在前人研究的基礎上逐步發展起來的。古籍版本學也像人一樣要經歷從「童年」、「青年」到「成年」的成長過程。如果說清代版本學處於「成年」時期，那麼清代以前的版本學就是「童年」、「青年」時期，否定這一點，也就違背了事物發展的規律。「西漢說」「宋代說」「明代中期說」亦各明一義，均未能窮本溯源。我們認為，在先秦時代就產生了版本學。1993年郭店竹簡的出土為我們提供了強有力的佐證。郭店竹簡中有《老子》書三種，整理者名之為「甲組」「乙組」「丙組」。這是迄今

為止所見年代最早的《老子》傳抄本，大約寫成於戰國前期。這三組在竹簡形制、抄手的書體和簡文文意等方面都不相同，完全可以視為是《老子》一書的同書異本。既然先秦同書異本大量存在，孔子、子夏等學者和藏書家又都研究過版本異同，可見「先秦說」絕非無中生有，空穴來風。

### 2.3.7 關於版本學的科學地位

版本學的學科地位是關係到版本學能否躋身學術之林的大問題，論者各執一詞。歸納起來有以下 3 種觀點：

#### 第一，獨立說

葉德輝首倡此說。他在《書林清話》中首次提出「板本之學」的說法。葉氏不僅提出了「板本之學」的名稱，而且將它與目錄之學、校讎之學並列為清代三大根柢之學。在葉氏看來，板本之學不僅成了一門獨立的學科，而且很有學術地位。他說：「板本之學，為考據之先河，一字千金，於經史尤關緊要。」（葉德輝：書林清話，長沙：嶽麓書社，1999：292）他為版本學爭得一席之地，功莫大焉。顧廷龍亦反覆強調版本學「應該可以成為一門專門的科學」。（顧廷龍：版本學與圖書館，四川圖書館，1978（11））李致忠、郭松年等人亦響應此說。

#### 第二，合流說

崔建英認為：「版本學和目錄學是同源而同時誕生的，後世曾版本學、目錄學分稱，不過是有所側重，如史志目錄，過去只標目，不問何本；研究版本的，往往著重對一部書版本的考證、分析。但自《遂初堂書目》而後，凡反映具體收藏的目錄，很少有避開版本的……因此版本學與目錄學就又合流，匯為版本目錄學。正式這樣叫起來，好像始於近代。」（崔建英：對版本目錄學的探討和展望，津圖學刊，1984 年第 4 期）

#### 第三，支流說

程千帆認為：「蓋由版本而校勘，由校勘而目錄，由目錄而典藏，條理始終，囊括珠貫，斯乃向、歆以來治書之通例……則校讎二字，歷祀最久，無妨即以為治書諸學之共名；而別以專事是正文字者，為校勘之學。其餘版本、目錄、典藏之稱，各從其職，要皆校讎之支與流裔。」（程千帆，徐有富：校讎廣義，版本編，濟南：齊魯書社，1991：卷首 6）

### 2.3.8　關於善本

#### 第一，「善本」概念的演進

「善本」最初是指經過嚴格校勘，無有或者少有文字訛誤的書本。漢朝人已經說到。《漢書・河間獻王傳》有云：「從民間得『善書』，必為好寫與之，留其真。」葉夢得《石林燕語》說：「唐以前，凡書籍皆寫本，未有模印之法，人以藏書為貴。書不多有，而藏者精於校勘，故往往皆有善本。」宋人對善本的看法，可以歸納為一句話：「凡書籍必須精加讎校方為善本，否則便是俗本、劣本。」明清兩代學者對善本的界說大致與宋人相同。晚清張之洞給善本提出了三條標準，比較合理。張之洞《輶軒語・語學篇》：「善本非紙白版新之謂，謂其為前輩通人用古刻數本，精校細勘，不訛不誤之本也。善本之義有三：一曰足本（無闕卷、無刪削），二曰精本（精校注），三曰舊本（舊刻舊抄）。」錢塘丁丙兄弟對善本也提出了四條標準：一是舊刻；二是精本；三是舊抄；四是舊校。丁氏四例，略足本，而特標舊校於精本，還是一舊一精而已。

#### 第二，「三性」「九條」的確定

關於「善本」的衡量評價標準現在大部分人皆接受了李致忠先生的說法——以「三性」「九條」為準。所謂「三性」（即歷史文物性、學術資料性、藝術代表性），這是大而言之，是抽象原則。「九條」則是細則，具體包括下列各條：

（1）元代及元代以前刻印抄寫的圖書（包括殘本與散葉）。

（2）明代刻、抄寫的圖書（包括具有特殊價值的殘本與散葉），但版印模糊、流傳較多者不收。

（3）清代乾隆以前流傳較少的刻本、抄本。

（4）太平天國及歷代農民革命政權所刊印的圖書。

（5）辛亥革命前，在學術研究上有獨到見解，或有學派特點，或集眾說較有系統的稿本，以及流傳很少的刻本、抄本。

（6）辛亥革命以前，反映某一時期、某一領域或某一事件資料方面的稿本，以及流傳很少的刻本、抄本。

（7）辛亥革命以前的名人學者批校、題跋或過錄前人批校而有參考價值的印本、抄本。

（8）在印刷術上能反映古代印刷術發展，代表一定時期技術水平的各種活字印本、套印本或有精校版畫、插畫的刻本。

（9）印譜明代的全收，清代的集古印譜、名家篆刻印譜的鈐印本，有特色的親筆題記的收，一般不收。

以上「三性」「九條」正是編纂《中國古籍善本書目》時制訂的鑒別善本的標準。「三性」原則首重歷史文物性，「九條」之中也是以稀少為貴。全國古籍普查時又在「三性原則」的基礎上提出了「不唯時限原則」「等次上靠原則」「等次下調原則」。

第三，《中國古籍定級標準》的制訂

將現存古籍劃分為一二三四四個級別，在前三級的每一級之下再分別劃出甲乙丙三個等次。前三級正好是善本。具體內容如次：

一級古籍定級標準

具有特別重要歷史、學術、藝術價值的代表性古籍。

（1）元代及其以前（包括遼、西夏、金、蒙古時期）刻印、抄寫的古籍。

（2）明清時期各學科名家名著的代表性稿本。

（3）明清時期著名學者的代表性批校題跋本。

（4）明清時期朝廷組織編纂的代表性巨帙原本。

（5）明代及其以前銅活字印本、木活字印本、套版印本、餖版印本、拱花印本、餖版拱花印本及用特殊技法印製的各種有代表性書本。

（6）明代及其以前用特殊紙張寫印，具有特殊裝幀形式的代表性書本。

（7）清代磁版印本、活字泥版印本。

一級古籍甲等

北宋及北宋以前（包括遼、西夏時期）刻印、抄寫的古籍。

一級古籍乙等

元代及其以前（包括南宋、金、蒙古時期）刻印、抄寫的古籍。

一級古籍丙等

（1）明清時期各學科名家名著的代表性稿本。

（2）明清時期著名學者的代表性批校題跋本。

（3）明清時期朝廷組織編纂的代表性巨帙原本。

（4）明代及其以前銅活字印本、木活字印本、套版印本、餖版

印本、拱花印本、餖版拱花印本及用特殊技法印製的各種有代表性書本。

（5）明代及其以前用特殊紙張寫印，具有特殊裝幀形式的代表性書本。

（6）清代磁版印本、活字泥版印本。

二級古籍定級標準

具有重要歷史、學術、藝術價值的古籍。

（1）明洪武元年（公元 1368）至隆慶六年（公元 1572）刻印、抄寫的書本。

（2）明清時期各學科名家名著的重要稿本、刻本、抄本。

（3）明清時期著名藏書家的重要批校題跋本。

（4）清乾隆及其以前內府刻印、抄寫的書本、禁燬書、四庫零帙及四庫底本。

（5）明清時期影刻、影寫宋元版本，元代及其以前人著作的明清時期初刻本。

（6）明清時期寫印元代及其以前人著作而成為現存最早的版本。

（7）歷代行用較短的年號，如明代的洪熙、泰昌，南明的弘光、隆武，以及清代的祺祥等，或有特殊歷史意義的時期，如大順、太平天國及其他農民革命政權刻印、抄寫的書本。

（8）明末及清乾隆六十年以前的木活字印本、套印本及銅版印本等。

（9）明代朱印本、藍印本、印譜。

（10）明末清初精刻精印本，或帶有精美插圖的戲曲、小說等。

（11）清代泥活字印本、銅活字印本。

二級古籍甲等

明洪武元年（公元 1368）至正德十六年（公元 1521）刻印、抄寫的古籍。

二級古籍乙等

明嘉靖元年（公元 1522）至隆慶六年（公元 1572）刻印、抄寫的古籍。

二級古籍丙等

明清時期各學科名家名著的重要稿本、刻本、抄本；明清時期著名藏書家的重要批校題跋本；清乾隆及其以前內府刻印、抄寫的書本、禁燬書、四庫零帙及四庫底本；明清時期影刻、影寫宋元版本，元代及其以前人著作的明清時期初刻本，明清時期寫印元代及其以前人著作而成為現存最早的版本；歷代行用較短的年號，如明代的洪熙、泰昌，南明的弘光、隆武，以及清代的祺祥等，或有特殊歷史意義的時期，如大順、太平天國及其他農民革命政權刻印、抄寫的書本；明末及清乾隆六十年以前的木活字印本、套印本及銅版印本等；明代朱印本、藍印本、印譜；明末清初精刻精印本，或帶有精美插圖的戲曲、小說等；清代泥活字印本、銅活字印本。

三級古籍定級標準

具有比較重要歷史、學術、藝術價值的古籍。

（1）明萬曆元年（公元 1573）至清乾隆六十年（公元 1795）刻印、抄寫的古籍。

（2）清嘉慶元年以後翻刻、傳抄宋元版及稀見明清人著作的書本。

（3）清嘉慶元年以後過錄明清著名學者、藏書家批校題跋的書本。

（4）清代中晚期精刻精印本、仿刻覆刻宋元版本、朱印本、藍印本。

（5）清代中晚期採用西方凸版、平版等印刷技術印製的鉛印本、石印本、影印本的最初版本，一般木活字印本及彩繪本。

（6）清代的集古印譜、名家篆刻印譜的鈐印本。

三級古籍甲等

明萬曆元年（公元 1573）至清順治十八年（公元 1661）刻印、抄寫的古籍。

三級古籍乙等

清康熙元年（公元 1662）至清乾隆六十年（公元 1795）刻印、抄寫的古籍。

　　三級古籍丙等

　　清嘉慶元年以後翻刻、傳抄宋元版及稀見明清人著作的書本；清嘉慶元年以後過錄明清著名學者、藏書家批校題跋的書本；清代中晚期精刻精印本、仿刻覆刻宋元版本、朱印本、藍印本；清代中晚期採用西方凸版、平版等印刷技術印製的鉛印本、石印本、影印本的最初版本，一般木活字印本及彩繪本；清代的集古印譜、名家篆刻印譜的鈐印本。

　　四級古籍定級標準

　　具有一定歷史、學術、藝術價值的古籍。

　　（1）清嘉慶元年（公元 1796）至宣統三年（公元 1911）刻印、抄寫的書本。

　　（2）民國初年著名學者以傳統著述方式研究中國傳統文化而形成的稿本、初刻本。

　　《中國古籍定級標準》在實踐中更易操作，在全國古籍普查中得到集中體現。由此可見，全國古籍普查的數據大體可信，這次普查工作為增訂《中國古籍善本書目》打開了方便之門。當然，普查數據需要反覆核定。

## 2.4　可進一步探討、發展或突破的空間

　　原版《中國古籍善本書目》的編纂是在特殊的歷史時期作為政治任務完成的，當時的科研條件極其簡陋，在惡劣的條件下，大家不計得失，憑著一股熱情參戰，在當時能弄出來已經具有歷史意義了。平心而論，原版《中國古籍善本書目》在古籍分類、古籍編目、古籍著錄、版本鑒定各方面都還存在不少瑕疵。隨著全國古籍普查工作的完成，大批的善本被發現，在資料方面已經具備了大面積突破的可能性。

　　版本學研究雖然成績卓著，但也有如下明顯不足：第一，版本學基礎理論研究比較薄弱，翻開任何一本版本學專著，版本學基礎理論所佔的比重實在太小，有的甚至惜墨如金。第二，版本學史的研究也很不夠，有些版本學著作甚至不置一辭。第三，重刻本、輕寫本。寫本是版本的源頭，即使印刷術發明之後，寫本仍然大量存在，但是人們不大重視寫本源流的研究，至今沒有一種系統的寫本史。伏俊璉教授主編的《寫本學研究》第一輯剛剛由商務印書館推出，希望由此打開一個新的天地。第四，對普本的研究明顯不足，善本與普本

是相對而言的，正如《道德經》所說的「天下皆知美之為美，斯惡已；皆知善之為善，斯不善矣」，所謂「有無相生，難易相成，長短相形，高下相傾，音聲相和，前後相隨」。長期以來對於善本尤其是宋元本到了癡迷的程度，佞宋者大有其人，而對普本視同俗物，棄若敝屣。既然善本與普本是在比較中產生的，那麼我們就要改變對普本的看法。第五，古籍版本鑒定有重形式、輕內容的傾向。第六，對考訂一書版本源流的研究重視不夠。

毋庸諱言，已有研究的成果已經相當豐富，但還是初步的、局部的，還處在分散狀態，亟待我們做深入的、全面的、系統的研究。《中國古籍善本書目》原版是在條件很差的情況下，憑藉一股老黃牛精神苦幹出來的，它成為了後學者的案頭必備書，成為版本學史上的一個里程碑。但是我們也應該看到，近四十年科研條件有了巨大的改變，我們擁有前人不具備的優勢，過去要一筆一劃地抄卡片，連拍照、複印都成問題，而我們擁有最現代化的治學工具。不是我們比顧廷龍先生那一代人高明，而是我們擁有更多更好的利器，可以借助於電腦、網絡及一切現代技術與手段，收集到一切有用信息，從而比較容易完成增訂任務。

## 2.5 本選題相對於已有研究的獨到學術價值、應用價值和社會意義

### 第一，學術價值

學術價值本質上就是學術增量，體現在新理論、新資料、新方法三個方面。

在新理論方面，擬在古籍分類方面尋求新的突破，同時在「版本美學」、古籍善本的工匠精神等論題方面有所拓展。

在新資料方面，將有大面積的突破與發現。這一點已經為全國古籍普查工作所證實。

在新方法方面，將善本書目研究與計量學相結合。

增訂《中國古籍善本書目》，在學術上既是「照著講」，也是「接著講」。馮友蘭先生有一個提法——「照著講」和「接著講」。馮先生說，哲學史家是「照著講」，但是哲學家不同，哲學家不能僅限於「照著講」，他要反映新的時代精神，要有所發展，馮先生把這叫做「接著講」。人文學科的新的創造必須尊重古今中外思想文化的經典創造和學術積累，必須從經典思想家「接著講」。「接著講」，從最近的繼承關係來說，就是要站在 21 世紀全面復興中國

傳統文化的高度，吸取20世紀中國學術（尤其是分類學、目錄學、版本學、辨偽學）積累的豐碩成果，全面吸收顧廷龍、趙萬里、陽海清、李致忠、崔建英、曹之等前輩學者的學術成果。對中國古籍版本學來說，尤其要從李致忠、崔建英、曹之接著講。之所以特別強調三位先生，主要是因為他們更加重視基礎性的理論工作。李先生突出了對版本鑒定的研究。這些對把握未來版本學的實踐方向具有重要意義。崔先生創造性地建構了一個可以複製的「中國古籍版本志」。曹先生重視版本源流的研究，他從大文獻學的角度建構了中國圖書文化史的體系。他們是我們的老師輩，正是通過他們那一代人，我們這一代才能有所推進，他們的許多深刻的思想可以源源不斷地啟發今後的版本學、目錄學理論的研究。學術研究的目的不能僅僅局限於搜集和考證資料，而是要從中提煉出具有強大包容性的核心概念、命題，思考最基本、最前沿的理論問題。相對於顧廷龍、趙萬里那一輩，李致忠、崔建英、曹之這一代的學科意識更為突出，儘管他們的舊學功底不及前一代（顧廷龍、趙萬里都可以稱得上國學大師），但他們的著述意識更為強烈，他們善於總結歷史經驗，開始自覺地把版本學實踐上升為版本學理論，紛紛構建了版本學的理論框架與實踐模式，又不斷地拓展空間，把顧廷龍、趙萬里那一輩想做而沒有做的工作大大推進了一步。他們是承上啟下的一代，因此我們必須從李致忠、崔建英、曹之三位先生那裏開始「接著講」，沿著他們開創的學術道路，在新的時代條件、時代課題面前做出新的探索。「接著講」的目的是要回應新時代的要求，反映新的時代精神。

第二，應用價值

應用價值即觀照現實。善本書目的數據庫建設，這是與現實生活密切相關的，建議促進二者的融合。善本書目本身就是工具書，是治學的必備工具書，它像蠟燭一樣燃燒自己，照亮別人。

第三，社會意義

本選題是一項具有重要學術與文化價值的文化工程，對研究、弘揚、傳承中華優秀傳統文化，對堅定文化自信、推動中國社會主義文化繁榮興盛，對推進世界多元文化的交流與合作都具有重大意義。

黨的十八大以來，以習近平同志為核心的黨中央高度重視中華優秀傳統文化的傳承發展。古籍是中華民族在數千年歷史發展過程中創造的重要文明成果，是中華民族的寶貴精神財富。我們增訂中國古籍善本書目，對傳承弘揚

中華民族優秀傳統文化具有重要意義。做好這項基礎工作，可以更好地利用古籍，有利於發揮古籍的民族精神家園的作用。我們的文化自信與文化特色來自於五千年延續不絕的中華文明，現在增訂《中國古籍善本書目》，正是我們踐行傳承中華優秀傳統文化的基礎性保障工作。

# 總體框架和預期目標

填寫參考提示：

1. 本課題內含的總體問題、研究對象和主要內容，總體研究框架和子課題構成，子課題與總課題之間、子課題相互之間的內在邏輯關係。2. 本課題研究在學術思想理論、學科建設發展、資料文獻發現利用或實踐運用、服務決策等方面的預期目標。

## 1. 總體框架

本課題內含的總體問題、研究對象和主要內容，總體研究框架和子課題構成，子課題與總課題之間、子課題相互之間的內在邏輯關係。

### 1.1 本課題內含的總體問題

本課題內含的總體問題即對中國古籍善本的總結帳問題。具體來說，包括下面幾個問題：一是中國古籍善本的分類問題，二是中國古籍善本的鑒定問題，三是中國古籍善本的編目問題。一言以蔽之，這三個問題也是中國古籍整理與研究的三個核心問題。如果把這三個問題串起來，編纂一部《中國古籍善本書目》，就是建立中國古籍善本的「檔案館」，也是中國古籍善本的「版本志」（可以簡稱為「善本志」）。

### 1.2 研究對象和主要內容

本課題研究對象為中國古籍善本，主要是乾隆六十年之前的留存在中國大陸的古籍善本，以漢文為主體，其他以外文或者少數民族文字書寫的古籍限

於語言水平暫時排除在外，域外及港澳臺地區的漢文古籍限於條件也暫時排除在外。

　　研究的主要內容主要分為兩大塊：一是中國古籍善本的分類，二是中國古籍善本的編目。至於古籍善本的鑒定問題始終貫串其中，鑒定的過程在書目中難以顯示，而鑒定的結果則以善本書目的形式得到集中體現。

## 1.3　總體研究框架和子課題構成

　　總體研究框架圖示如下：

　　　　古籍分類——子項目之一

　　　　古籍編目之一：南部戰區範圍之古籍善本書目——子項目之二

　　　　古籍編目之二：東部戰區範圍之古籍善本書目——子項目之三

　　　　古籍編目——古籍編目之三：北部戰區範圍之古籍善本書目——子項目之四

　　　　古籍編目之四：中部戰區範圍之古籍善本書目——子項目之五

　　　　古籍編目之五：西部戰區範圍之古籍善本書目——子項目之六

　　古籍分類作為第一個子項目，由王新才教授負責，主要負責清理中國古籍分類史，在古今比較的基礎上提出一個改良版的古籍分類方案，為《中國古籍善本書目》增訂版提供一個骨架結構。

　　古籍編目下設五個子項目，分別由尋霖研究館員、全勤研究館員、李勇慧研究館員、羅琳研究館員、司馬朝軍研究員負責，各自負責的地區對應於「五大戰區」，分別為南部戰區、東部戰區、北部戰區、中部戰區、西部戰區所轄的省份，具體情況如下：

　　　　南部戰區：廣東、廣西、海南、雲南、貴州、湖南——尋霖負責

　　　　東部戰區：江蘇、浙江、上海、福建、安徽、江西——全勤負責

　　　　北部戰區：山東、遼寧、黑龍江、吉林、內蒙古——李勇慧負責

　　　　中部戰區：北京、河北、天津、河南、山西、陝西、湖北——羅琳負責

　　　　西部戰區：四川、重慶、甘肅、寧夏、青海、新疆、西藏——司馬朝軍兼管

## 1.4　子課題與總課題之間、子課題相互之間的內在邏輯關係

　　子課題與總課題之間是部分與整體的關係。

子課題相互之間的內在邏輯關係是兩個層次的並列關係：古籍分類與古籍編目形成第一個層次的並列關係，古籍編目下轄的五個子項目形成第二個層次的並列關係。而「五大戰區」剛好構成中國大陸的版圖（港澳臺地區這次暫時不安排，等合適機會再做）。

## 2. 預期目標

本課題研究在學術思想理論、學科建設發展、資料文獻發現利用或實踐運用、服務決策等方面的預期目標。

### 2.1 學術思想理論

第一，擬在古籍分類方面尋求新的突破，建構更加合理的古籍分類體系，完善中國古籍分類表；

第二，深化版本學、目錄學理論體系，在若干重大問題上（如善本觀、目錄觀、學術史觀等）深耕；

第三，拓展版本文化研究空間，結合審美文化、工匠文化，擬在「版本美學」、古籍善本的工匠精神等論題方面有所開拓。

楊成凱先生認為，「古籍的版本研究目前仍然處於經驗積累的階段，作為一個專門的知識領域，還需要更多的基礎研究和理論總結」。陳先行先生則提出，「中國古籍版本學要有所發展，在注重宋元本和稿鈔校本研究的同時，對明清版本進行廣泛研究尤為重要。而所有的研究，都應先從逐種的版本考訂入手，惟有通過大量的個案研究，為版本學提供新鮮而豐富的素材，才能在此基礎上有新的作為，在這個學術領域有所突破，而不是每每利用前人留下的陳舊材料，作缺乏新意的重複研究或拾遺補闕而已」。版本學目前的主要工作仍然應該是版本的個案研究，對版本學作理論總結的條件還不成熟。我們的長處就在於比較善於總結，通過系統研究，可以總結出一套合乎中國古籍實際的理論，版本研究的現狀給我們預留了足夠的發展空間。

### 2.2 學科建設發展

第一，增訂《善本目錄》，可以加強學科人才隊伍建設

增訂《善本目錄》是培養版本學人才的有效途徑。通過對大量善本的校核，能快速積累豐富的鑒定經驗，這比大學課堂上的灌輸更為有效。與此同

時，也修正了全國古籍普查工作中的大量錯誤，提高了古籍整理的質量。

第二，增訂《善本目錄》，可以深化版本學學科的教材建設

近三十年產生了大量的版本學教材，雖不乏一二精品傑作，但大多數都是急就章，是在缺少版本鑒定實踐的特殊時期製造出來的敲門磚，這樣的專家憑藉這樣的敲門磚成為版本學領域的「專家」，這是真實存在的歷史事實，也是版本學發展史上不可言說的永久的痛。通過增訂工作，我們可以修正各種教材的謬說，同時推出一本貨真價實的版本學教材。

## 2.3 資料文獻發現利用

在新資料方面，將有大面積的突破與發現。這一點已經為全國古籍普查工作所證實。原版僅有 6 萬種左右善本，增訂版可能突破 10 萬種。

# 研究思路和研究方法

## 1. 研究思路

本課題的總體思路、研究視角和研究路徑，具體闡明研究思路的學理依據、科學性和可行性。

### 1.1 總體思路

本課題擬分為兩大板塊，一是古籍分類，二是古籍編目。古籍分類是綱，古籍編目是目，綱舉目張，一手抓綱，一手抓目，兩手都要硬。古籍分類作為第一個子項目，主要負責清理中國古籍分類史，在古今比較的基礎上提出一個改良版的古籍分類方案，為《中國古籍善本書目》增訂版提供一個骨架結構。古籍編目下設五個子項目，各自負責的地區對應於「五大戰區」，分別為南部戰區、東部戰區、北部戰區、中部戰區、西部戰區所轄的省份。

### 1.2 研究視角和研究路徑

#### 研究視角

一是傳統視角，即利用傳統目錄學、版本學、分類學等傳統學科的文獻學視角，實事求是，把版本研究做深做實。

二是現代視角，即利用新系統、新平臺、知識鏈接、知識關聯等技術揭示、組織和利用古籍。

三是文化視角，即從文化學的角度，對古籍版本做一些新的探索，如審美文化、工匠文化等方面皆可以拓展。

### 研究路徑

第一，訂正舊版善本書目，將其錯誤儘量消除。

第二，補充舊版善本書目沒有著錄的項目，完善「版本志」體例，建設一個比較完美的全國古籍善本的版本檔案。原版一般只有序號、題名、著者及責任方式、版本，需要補充的項目有：函冊、版式的尺寸信息、古籍裝幀形式、古籍破損狀態、刻工、鈐印、考訂及鑒別說明。

第三，補充新增善本條目，查漏補缺，彰顯版本目錄之意義，既要精善，又要完備。通過十餘年的古籍普查，全國各地都發現了大量的善本，我們力爭一網打盡。這一部分的增補最為直觀的體現學術增量。

## 1.3 具體闡明研究思路的學理依據、科學性和可行性

技術路線大體上遵循「分類─編目─鑒定─著錄」。

古籍分類與古籍編目是編纂善本目錄的綱與目，綱舉目張。版本鑒定是古籍版本學研究的核心問題，既需要靠實踐經驗的積累，尋找、辨析、研究各種各樣的版本標識，也需要通過全方位、多學科的考證，才能知其源流、真偽和珍善與否。

版本鑒定需要實踐經驗，需要眼光，更需要理論。以前古舊書店的店員沒有什麼文化，只能靠一套所謂的橫通之學遊走江湖，謀取稻糧，他們不惜虛張聲勢，過分誇大觀風望氣，類似海燈法師吹噓的所謂「一指禪」。版本鑒定不易，在很大程度上是由於版本作偽所致，而辨偽正是我們的專長，我們在文獻辨偽方面做了全面系統的研究，也對版本辨偽多所探討，積累了大量的經驗。

版本著錄需要嚴格按照著錄規則。版本著錄不規範就是不合格。一部優秀的善本書目必須嚴格遵守著錄規範。但以往的各種善本書目在此方面都留下了大小不一的問題。敷衍塞則，態度不好；偷工減料，後患無窮。經過普查之後得出的數據不能放心使用，需要嚴格核查，絕不能把偽本誤認為善本。

如何減少錯誤、消除隱患？我們自始至終都要高度注意。千里之堤，毀於蟻穴。我們將嚴格遵守國家標準，嚴守學術規則，與原版釐清界線。只有把好質量監督關，才能做出好產品。做好本項目雖然存在很大的難度，但還是具有可行性。風險與機會並存。我們不能因為有風險就畏葸不前，從而放棄這一千載難逢的好機會。

　　揚州大學趙宣教授在《口述史視閾下的古籍版本鑒定研究》一書中認為，「今後版本學研究的首要任務應是通過修訂《中國古籍善本書目》和編纂館藏善本書志這兩個抓手，從實踐中培養版本鑒定人才」，「以版本鑒定為核心的版本學主體研究部分仍有很大的發展空間」，「即使是明清本的鑒定，也絕不比宋元本容易」，「古籍疑難版本的鑒定工作還遠沒有結束，仍需花大力氣予以研究解決」，這些是在與版本學的高手對談之後激發出來的思想火花，給人以啟發。

# 2. 研究方法

　　針對本課題研究問題擬採用的具體研究方法、研究手段和技術路線，說明其適用性和可操作性。

## 2.1 針對本課題研究問題擬採用的具體研究方法

　　第一，版本鑒定法

　　李致忠先生的《古書版本鑒定》是他 50 餘年的經驗總結，號稱版本鑒定實用寶典，被指定為全國古籍保護培訓的教材。我們在進行版本鑒定時也主要參考此書。至於其他同類性質的參考文獻甚多，也可以擇善借鑒使用。

　　第二，文獻考證法

　　總的原則是傳統考證與 e-考據相結合。申請人在研究《四庫全書總目》時，曾經專門探討其考據方法，歸納出了一整套考據規則。後來在相關研究中又自覺運用了乾嘉考據方法，又結合 e-考據，取長補短，土洋結合，也整合出了一套新的「文獻考證法」。

　　第三，文體檢索法

　　申請人長期在高校講授文獻學與文獻檢索，通過比較各種各樣的文體檢索方法，發現基本上皆為西法與新法，對於古代文獻來說中看不中用。申請人從文獻的構成出發，總結出了一套行之有效的「文體檢索法」。

## 2.2 研究手段和技術路線

　　研究手段和技術路線大體上遵循「分類—編目—鑒定—著錄」。

　　暫擬《凡例》如下：

　　　　一、收錄漢文善本古籍，以清乾隆六十年（1795）以前之刻本、

活字印本、稿抄校本為主,嘉慶元年(1796)以後具有特殊文獻價值、版刻特點之刻本及稿抄本等亦酌予收錄。

二、著錄對象主要指中國古籍之傳世文獻部分,至於出土文獻之甲骨文獻、金石文獻、簡帛文獻、敦煌吐魯番文獻皆為文物範疇,且為冷門絕學,至今反而獨立門戶,近年設立了眾多的研究項目,故暫時不包括進來。

三、古籍分類大體依據司馬朝軍主編的《文獻學概論》一書所使用的分類體系,分為經、史、子、集、宗教、技藝、工具七部,各部之下再視情況分小類。分類及排列次序,經部分為易類、書類、詩類、禮類、春秋類、五經總義類,史部分為正史類、編年類、紀事本末類、別史類、雜史類、詔令奏議類、載記類、史評類,子部分為儒家類、道家類、釋家類、兵家類、法家類、雜家類、雜學類、小說家類,集部分為楚辭類、別集類、詩文評類、詞曲類,宗教部分為儒教類、道教類、佛教類、其他宗教類,技藝部分為農家類、醫家類、天文曆算類、藝術類、術數類、格致類,工具部分為小學類、書目類、政書類、職官類、地理類、傳記類、總集類、譜錄類、叢書類、類書類、雜纂類。

四、每一條目分為著錄、考訂、存藏三部分。著錄部分旨在反映原書面貌及特徵,包括書名、卷數、著者、版本、批校題跋者、存卷、冊數、版框尺寸、行款,以及卷端著者、書名葉、牌記、原書序跋、凡例、目錄等。考訂部分簡述著者仕履、成書情況,記錄避諱字、刻工、紙廠印記等。存藏部分概述各地藏書機構收藏情況及鈐印。各項所述,根據實際情況酌予增損。

五、書名依據卷端如實著錄。如別有所據,則予以說明。

六、版框、行款之描述,以半葉為單位,以卷一首葉為據,如有殘缺、抄配等情形,則順序擇取次卷首葉。版框量取外框尺寸,框寬量至版心折葉處。無版框者,不記尺寸。

七、凡魚尾為黑色者,不再標示顏色。如為白魚尾、花魚尾、線魚尾等,則予以說明。

八、卷端之撰著編校者,若為多人並列,概不分主次,由右至左依序著錄。

　　九、書名頁信息完整反映，以資辨別版本。無書名頁者，不再注明。

　　十、原書序跋注明撰寫時間、撰者。有標題者，錄於書名號中；無標題者，則統稱列於書前者為序、書後者為跋。無撰寫時間者，注明「未署年」。

　　十一、簡述著者仕履，並注明所據之史傳、方志等資料。同一著者再次出現時，標示為參見某書，不再重述。

　　十二、刻工按出現先後排序。刻工名有全名、簡稱之異，如可判定為一人，則在首次出現之姓名後括注其他名稱。

　　十三、卷端、書名、序跋、刻工等處如有異體字，儘量使用原書字形，以資考訂。殘字、未能釋讀之印文，以「□」標示。如原文有訛誤等情況，則隨文括注按語。

　　十四、出版印記有助於版本考訂，據書中所見酌加著錄。

　　十五、鈐印文字按由上至下、由右至左順序釋讀。可考印主之印章，按遞藏先後著錄；不可考之印章，按在書中出現順序排列。

## 2.3 說明其適用性和可操作性

### 第一，具有強大精幹的科研隊伍

　　首席專家司馬朝軍教授，年富力強，學風端正，主持完成了 3 個國家項目（青年項目、一般項目、重點項目各一），完成了 1 個教育部基地重大招標項目，其他省部級項目十餘項，對目錄學、版本學研究動態和前沿成果有非常清楚的把握，能夠瞄準學術前沿，推進和實現「中國古籍善本書目」增訂版的進程和學術目標。本課題組由全國各省圖書館古籍整理專家以及北京大學、中國科學院大學、中國人民大學、復旦大學、武漢大學等眾多一流高等院校的研究專家所組成，提供了良好的學術隊伍。如武漢大學王新才教授長期致力於目錄學、分類學研究，全勤、李勇慧、倪俊明、馬文大、何振作、吳愛雲、顧玉青、王開學、杜桂英等人既是圖書館界負責古籍業務的副館長，也是古籍整理與版本研究的行家裏手。其他成員多為各省圖書館古籍部主任，或者是各大高校研究版本目錄學的骨幹力量或後起之秀。

### 第二，具有重要研究機構的支撐

　　本課題組依託上海社會科學院，對於課題的研究能夠提供很好的支撐和

幫助。申請人所在的上海社會科學院歷史所已經成立 65 週年了，最初隸屬於中國科學院，在人文社會科學方面具有悠久傳統和深厚積澱，李亞農、周予同等、楊寬學術大師長期在此任職，宗風甚遠，流風未絕。

第三，具有紮實的學術功底

申請人研習版本目錄學長達 30 餘年，撰寫《四庫全書總目研究》《續修四庫全書雜家類提要》《四庫全書叢編總目提要》等書，出版的其他著作也大與此相關。可以這樣說，我們的課題組就是一個最具活力的團隊，以中青年的少壯派為主，因此完全有能力完成此項重大文化工程。

第四，學術資源與時間保障

上海社會科學院圖書館與歷史所資料室藏書豐富，四庫系列圖書齊全，歷代類書資料較為完備，基本上解決了研究資料的問題。申請人是專職研究員，沒有行政事物與教學任務，可以集中精力全力以赴地做研究，時間上有充分的保障。其他子項目的負責人與骨幹成員皆在國內一流高校任教，所在高校的圖書館也都是一流的設施與一流的收藏，學術資源極為豐厚，具備從事此項重大課題研究的基本條件。

# 重點難點和創新之處

## 1. 重點難點

本課題擬解決的關鍵性問題和重點難點問題。

### 1.1 本課題擬解決的關鍵性問題

擬解決的關鍵性問題是中國漢文古籍分類問題，在前人基礎上整合出新的類目表。

### 1.2 本課題擬解決的重點難點問題

版本著錄是重點，需嚴格遵守規則。前面的各種版本目錄出現問題最多的地方就是在版本著錄方面。細節決定成敗，此之謂也。

版本鑒定既是重點也是難點。版本鑒定是個技術活，需要經驗。來自各省的圖書館界的古籍專家都是這一領域的行家裏手，我們擬聘請李致忠先生、陽海清先生、崔富章先生、沈津先生、李慶先生、陳先行先生、羅琳先生、韋力先生等版本學大家充任顧問。對於各種疑難雜症，我們可以組織全國性的「專家會診」。

人員協調是難點。這是一盤全國性的大棋，我們動員了全國各地的版本學行家與古籍保護專家，參加的人員眾多，分布地域廣泛，本來需要借助傳統的方式——官方開館修書，便於統一協調，而現在採用招標的形式，無疑增大了協調的難度。當然，也不像個別人所估計的那樣，好像沒有政府出面組織就不

能動工。這種論調未免太悲觀了。我們的團隊成員主要來自兩大塊，以圖書館界從事古籍整理的行家為主，以高校從事古籍研究的專家為輔，現在大家群情激昂，摩拳擦掌，都已經準備撸起袖子加油幹了。

# 2. 創新之處

本課題研究在問題選擇、學術觀點、研究方法、分析工具、文獻資料、話語體系等方面的突破、創新或推進之處。

## 2.1 在問題選擇方面的創新之處

第一，在古籍分類方面有所突破，擬引入「工具書」的概念，將中國古籍中所有的工具書性質的著作匯總為一個新的大類，將原版中的第五部「叢集部」擴展為一個新的「工具部」。

第二，在古籍編目方面有所創新，較之於原版《中國古籍善本書目》，著錄的信息更全面，著錄項目更加完善。

## 2.2 學術觀點方面的創新之處

第一，版本學的美學維度

韋力先生《古書之美》給我們的啟發是，版本學與美學可以雜交，進而弄出來一個「版本美學」。

第二，古籍善本與文本詮釋

顧名思義，善本即最好的文本，而找到善本是文本詮釋的第一步。二者的關係至為密切。誤解在文本詮釋的過程中無處不在，而消除誤解最快捷的辦法就是尋找到善本。

第三，古籍善本的工匠精神

從字體、刻工、紙張等方面探尋工匠文化，弘揚工匠精神。

第四，古籍善本與知識生產

從知識生產的多種模式探討二者的關係。

第五，古籍善本與信息交流

從信息交流的多種模式探討二者的關係。

## 2.3　研究方法方面的創新之處

　　「虛實交會」的研究方法具有普適意義。著名語言學家楊樹達先生說：
「凡讀書有二事焉，一曰明訓詁，二曰通文法。訓詁治其實，文法求其虛。清
儒善說經者，首推高郵王氏。其所著書，如《廣雅疏證》，徵實之事也；《經傳
釋詞》，搗虛之事也。其《讀書雜志》《經義述聞》，則交會虛實而成者也。」
語言學研究需要虛實交會，版本學研究同樣需要虛實交會。版本學研究向來分
為兩派：一派認為版本學研究是一門實證性質的科學，應該徵實，凡事講證據，
有一分證據說一分話，有幾分證據說幾分話，沒有證據不說話；另外一派認為
版本學研究是一門經驗性質的科學，經過長期的經驗積累之後，高明者通過觀
風望氣，足以一錘定音。前一派往往集中在學院裏面，他們經驗不足，而理論
有餘。後一派往往集中在藏書家和販書者裏面，他們經驗豐富，而理論不足。
平心而論，兩派都有自己的長處，也有各自的局限性。艾俊川先生將它稱之為
「兩條路線」之爭。申請人曾經長期在高校任教，師從版本學家曹之先生，當
初對於「觀風望氣」的那一套不以為然。隨著閱歷的加深，過眼古籍的劇增，
也轉變了觀念，認識到「觀風望氣」並非故弄玄虛，而是一種只可意會不可言
傳的直觀法。古籍版本學家在經眼無窮的基礎上，憑藉眼力經驗的觀風望氣，
如紙張、墨色等等，也不失為一種基本功，它與考訂工夫是相輔相成的。黃永
年先生在《古籍版本學》一書中將此法概括為「三看」，即看字體、看版式、
看紙張。顧廷龍先生也為「觀風望氣」辯護，還是基於經驗層面，而李致忠先
生在他的《古書版本鑒定》重訂本的導言部分從理論上加以概括總結，他把古
書版本的鑒定定義為「虛鑒與實證」或「虛鑒與實考」，「虛鑒」是指憑藉眼力
搜索所得之版式行款、字體刀法、印紙墨色、刊工諱字等紙面上顯現出來的風
格特點與考據先在內心做出的大致判斷，也就是通常所說的通過「觀風望氣」
所得出來的判斷。「實考」指對書內書外所捕捉到的可資考證的文獻證據，如
序跋、凡例、書牌、刊記，乃至碑傳、墓誌等反映出來的證據加以有邏輯的考
辨及所得出的結論。我們以為，李先生的這一總結，既是他長期版本鑒定的實
踐經驗，也是他在版本學理論上的一次大突破。只有使用「虛實交會」的研究
方法，才能洞若觀火。

　　「虛實交會」的研究方法就是定性研究與定量研究相結合的方法。章學
誠在《文史通義》中區分兩類學者的不同：「高明者多獨斷之學，沉潛者尚考
索之功。天下之學術不能不具此二途。」高明者多獨斷之學，往往傾向於定性

研究；沉潛者尚考索之功，往往傾向於定量研究。只有把此二途結合起來，高明與沉潛結合起來，把獨斷之學與尚考索之功結合起來，相互為用，才能左右逢源。

## 2.4 分析工具方面的創新之處

版本鑑定向計量學的方向推進，在行款方面實施精確計量，把每種善本的行格字數、版心尺寸都準確記錄下來，把所有的數據進行定量分析，總結出不同時期、不同地域的版本規律。

## 2.5 文獻資料方面的創新之處

借助於全國古籍普查的成果，較之於原版《中國古籍善本書目》，增訂版在善本數量上有非常大的增加，在文獻資料方面毫無疑問將是極大的推進。

## 2.6 話語體系方面的創新之處

在完成《中國古籍善本書目》增訂版的過程之中，同時也將促進中國古籍版本學話語體系的升級。中國古籍版本學理論體系的初步完成是在 20 世紀 80 年代末 90 年代初期，集中推出了一批版本學理論論著，尤其以李致忠、崔建英、曹之等人最為傑出。那批成果正好是與原版《中國古籍善本書目》聯袂而至。這不是偶然的巧合，而是版本學從實踐向理論飛躍的必然結果。原版《中國古籍善本書目》培養了一代學人，提升了一代學人。我們堅信，隨著《中國古籍善本書目》增訂版的實施，大量新材料、新問題的發現，也必將在版本學理論方面有所突破，有所創新。新時代的版本學需要新思維，新思維引導新格局。如版本學與審美意識、文化意識、工匠精神、文本詮釋、知識生產、信息交流、信息計量、信息組織等方面皆有著千絲萬縷的關係，由此完全有可能打開突破口，重構大數據背景下的版本學話語體系。

# 參考文獻和研究資料

## 1. 參考文獻

按引用文獻規範列出本課題研究所涉及的主要中外參考文獻。

下面只列專著，不列論文，版本學研究論文可以詳見李明傑教授《宋代版本學研究》之附錄。

### 第一板塊：核心文獻

1. 顧廷龍主編：中國古籍善本書目·經部，上海：上海古籍出版社，1989。
2. 顧廷龍主編：中國古籍善本書目·史部，上海：上海古籍出版社，1993。
3. 顧廷龍主編：中國古籍善本書目·子部，上海：上海古籍出版社，1996。
4. 顧廷龍主編：中國古籍善本書目·集部，上海古籍出版社，1998。
5. 顧廷龍主編：中國古籍善本書目·叢部，上海：上海古籍出版社，1990。
6. 南京圖書館編：中國古籍善本書目索引，上海：上海古籍出版社，2009。
7. 天津圖書館編：稿本中國古籍善本書目書名索引，濟南：齊魯書社，2003。
8. 翁連溪：中國古籍善本書目，北京：線裝書局，2005。

### 第二板塊：善本書目

1.「國立中央圖書館」編：臺北：「國立中央圖書館」宋本圖錄，中華叢書委員會，1958。
2. 潘寅生、郭建魁主編：青海省古籍善本書目，蘭州：甘肅人民出版社，1993。

3. 「國立中央圖書館」特藏組編：「國立中央圖書館」善本題跋真蹟，臺北：「國立中央圖書館」特藏組，1982。

4. 傅增湘：藏園群書經眼錄，北京：中華書局，1983。

5. 冀淑英編：自莊嚴堪善本書目，天津：天津古籍出版社，1985。

6. 北京圖書館：北京圖書館古籍善本書目，北京：書目文獻出版社，1989。

7. 盧光綿等主編：吉林省古籍善本書目，北京：學苑出版社，1989。

8. 向繼芳、張在德編：四川省古籍善本書聯合目錄，成都：四川辭書出版社，1989。

9. 西北五省區社會科學院圖書資料情報組編：西北五省區社會科學館藏古籍線裝西北地方文獻外文及港臺報刊聯合目錄，銀川：寧夏人民出版社，1991。

10. 中國人民大學圖書館古籍整理研究所編：中國人民大學圖書館古籍善本書目，北京：中國人民大學出版社，1991。

11. 陳力：四川大學圖書館古籍善本書目，成都：四川大學出版社，1992。

12. 「國立中央圖書館」編：「國立中央圖書館」善本序跋集錄，臺北：「國立中央圖書館」，1993。

13. 中國科學院圖書館：中國科學院圖書館藏中文古籍善本書目，北京：科學出版社，1994。

14. 胡昭曦、陳力：四川省高校圖書館古籍善本書聯合目錄，成都：四川大學版社，1994。

15. 北京藝術博物館圖書資料室：北京藝術博物館古籍善本書目，北京：北京燕山出版社，1996。

16. 臺灣「國家圖書館」善本特藏組：「國家圖書館」善本書志初稿，臺北：「國家圖書館」，1996～2000。

17. 常書智等主編：湖南省古籍善本書目，長沙：嶽麓書社，1998。

18. 北京大學圖書館：北京大學圖書館藏古籍善本書目，北京：北京大學出版社，1999。

19. 沈津：美國哈佛大學哈佛燕京圖書館中文善本書志，上海：上海辭書出版社，1999。

20. 任繼愈主編：中國國家圖書館古籍珍品圖錄，北京：北京圖書館出版社，1999。

21. 林祖藻主編：浙江圖書館館藏珍品圖錄，杭州：西泠印社，2000。

22. 澳門中央圖書館：何東圖書館館藏中國古籍展覽目錄，澳門：澳門特別行政區政府文化局，2000。

23. 香港中文大學圖書館：香港中文大學圖書館古籍善本書錄，香港：香港中文大學出版社，2001。

24. 倪曉建主編：首都圖書館館藏珍品圖錄，北京：學苑出版社，2001。

25. 北京師範大學圖書館古籍部：北京師範大學圖書館古籍善本書目，北京：北京圖書館出版社，2002。

26. 王欣夫：蛾術軒篋存善本書錄，上海：上海古籍出版社，2002。

27. 浙江圖書館古籍部：浙江圖書古籍善本書目，杭州：浙江教育出版社，2002。

28. 中國歷史博物館：中國歷史博物館藏普通古籍目錄，北京：北京圖書館出版社，2002。

29. 顧廷龍：顧廷龍文集，上海：上海科學技術文獻出版社，2002。

30. 清華大學圖書館：清華大學圖書館藏善本書目，北京：清華大學出版社，2003。

31. 葉瑞寶等：蘇州圖書館藏古籍善本提要，南京：鳳凰出版社，2004。

32. 萬群華主編：湖北省圖書館藏古籍善本圖錄，北京：國家圖書館出版社，2004。

33. 韓兆海等：武漢圖書館館藏古籍善本書志第一輯，武漢：湖北人民出版社，2004。

34. 何遠景主編：內蒙古自治區線裝古籍聯合目錄，北京：國家圖書館出版社，2004。

35. 陳先行等：柏克萊加州大學東亞圖書館中文古籍善本書志，上海：上海古籍出版社，2005。

36. 嚴紹璗：日本藏漢籍珍本追蹤紀實，上海：上海古籍出版社，2005。

37. （日）和田維四郎：訪書餘錄，北京：北京圖書館出版社，2005。

38. 沈津：中國珍稀古籍善本書錄，桂林：廣西師範大學出版社，2006。

39. 沈津：書韻悠悠一脈香：沈津書目文獻論集，桂林：廣西師範大學出版社，2006。

40. 澳門大學圖書館：澳門大學圖書館古籍特藏圖錄，澳門：澳門大學，2006。

41. 詹福瑞主編：文明的守望，北京：北京圖書館出版社，2006。

42. 國家圖書館、上海圖書館、嘉德拍賣公司合編：祁陽陳澄中舊藏善本古籍圖錄，上海：上海古籍出版社，2006。

43. 嚴紹璗：日藏漢籍善本書錄，北京：中華書局，2007。

44. 山東大學圖書館：山東大學圖書館古籍善本書目，濟南：齊魯書社，2007。

45. 山西省圖書館：山西省圖書館古籍善本書目，太原：山西人民出版社，2007。

46. 北京圖書館：北京圖書館出版社古籍影印書目，北京：北京圖書館出版社，2007。

47. 天津圖書館：天津圖書館古籍善本書目，北京：北京圖書館出版社，2008。

48. 湯蔓媛：傅斯年圖書館善本古籍題跋輯錄，臺北：「中央研究院」歷史語言研究所，2008。

49. 國家圖書館古籍館：西諦藏書善本圖錄，北京：中華書局，2008。

50. 國家圖書館古籍館：國家圖書館藏西諦藏書善本圖錄，廈門：鷺江出版社，2018。

51. 江蘇省文化廳：江蘇首批國家珍貴古籍名錄圖錄，南京：鳳凰出版社，2008。

52. 詹福瑞主編：第一批國家珍貴古籍名錄圖錄，北京：國家圖書館出版社，2008。

53. 黑龍江圖書館、吉林圖書館、遼寧圖書館合編：東北地區古籍線裝聯合目錄，瀋陽：遼海出版社，2008。

54. 陸行素主編：天津圖書館古籍善本圖錄·定級圖錄，天津：天津古籍出版社，2009。

55. 陸行素主編：天津圖書館古籍善本圖錄·賞鑒圖錄，天津：天津古籍出版社，2009。

56. 劉中朝主編：河南省圖書館古籍善本書目，長春：吉林文史出版社，2009。

57. 王愛功、李古寅主編：河南省市縣圖書館古籍善本聯合目錄，長春：吉林文史出版社，2009。

58. 李友仁主編：雲南省圖書館館藏善本書錄，昆明：雲南人民出版社，2009。

59. 李友仁主編：雲南省圖書館館藏珍品圖錄，昆明：雲南美術出版社，2009。

60. 冀淑英：冀淑英文集，北京：國家圖書館出版社，2004。

61. 冀淑英：冀淑英古籍善本十五講，北京：國家圖書館出版社，2009。

62. 趙炳武主編：山東省圖書館館藏珍品圖錄，濟南：齊魯書社，2009。

63. 趙炳武主編：山東省珍貴古籍名錄・第一批，濟南：齊魯書社，2009。

64. 吳愛雲主編：吉林省圖書館珍本圖錄，長春：吉林人民出版社，2009。

65. 謝林主編：陝西省圖書館館藏珍品圖錄，西安：陝西人民出版社，2009。

66. 任競主編：重慶圖書館館藏珍本圖錄，汕頭：汕頭大學出版社，2009。

67. 國家圖書館古籍館：中華典籍聚珍：國家珍貴古籍特展圖錄，杭州：浙江古籍出版社，2009。

68. 張志清、陳紅彥主編：冊府擷英：國家珍貴古籍特展圖錄2009，北京：國家圖書館出版社，2009。

69. 周叔弢：周叔弢古書經眼錄，北京：國家圖書館出版社，2009。

70. 余梁戴光、喬曉勤主編：加拿大多倫多大學東亞圖書館藏中文古籍善本提要，桂林：廣西師範大學出版社，2009。

71. 詹福瑞主編：第二批國家珍貴古籍名錄圖錄，北京：國家圖書館出版社，2010。

72. 國家圖書館、國家古籍保護中心：楮墨芸香：國家珍貴古籍特展圖錄2010，北京：國家圖書館出版社，2010。

73. 上海圖書館：琅函鴻寶：上海圖書館藏宋本圖錄，上海：上海古籍出版社，2010。

74. 俞鋼：上海師範大學圖書館館藏精品圖錄，上海：上海古籍出版社，2010。

75. 周建文、程春焱主編：江西省圖書館館藏珍本古籍圖錄，北京：國家圖書館出版社，2010。

76. 宋立成等：煙台市珍貴古籍名錄圖錄，濟南：齊魯書社，2010。

77. 天一閣博物館：天一閣國家珍貴古籍名錄圖錄，北京：北京出版社，2010。

78. 楊國富主編：浙江大學國家珍貴古籍名錄圖錄，杭州：浙江大學出版社，2014。

79. 韓慕愈、王偉主編：武安市圖書館館藏善本古籍圖書綜錄，北京：中國文史出版社，2010。

80. 周一良主編：自莊嚴堪善本書影，北京：國家圖書館出版社，2010。

81. 馬寧主編：江蘇第二批國家珍貴古籍名錄圖錄，南京：鳳凰出版社，2010。

82. 倪曉建主編：首都圖書館古籍善本書目，北京：國家圖書館出版社，2011。

83. 張新航主編：貴州師範大學圖書館古籍珍善本提要目錄，桂林：廣西師範大學出版社，2011。

84. 李小強主編：第一批山西省珍貴古籍名錄圖錄，太原：山西人民出版社，2011。

85. 鄭智明主編：冊府掇英：福建省圖書館藏珍品集萃，福州：福建人民出版社，2011。

86. 馬寧主編：江蘇第三批國家珍貴古籍名錄圖錄，南京：鳳凰出版社，2011。

87. 沈津：美國哈佛大學哈佛燕京圖書館藏中文善本書志，桂林：廣西師範大學出版社，2011。

88. 王大琳主編：保定市圖書館古籍善本書目，北京：國家圖書館出版社，2011。

89. 楊豔燕：山西師範大學圖書館古籍善本書目，北京：國家圖書館出版社，2011。

90. 蘇州博物館圖書館：蘇州博物館藏古籍善本，北京：文物出版社，2012。

91. 湖北省圖書館：湖北省國家珍貴古籍名錄圖錄，北京：國家圖書館出版社，2012。

92. 林子雄主編：廣東省立中山圖書館古籍善本書目，北京：國家圖書館出版社，2012。

93. 李忠昊：第一批四川省珍貴古籍名錄，成都：四川大學出版社，2012。

94. 葉瑞寶主編：蘇州圖書館藏古籍善本提要·子部，杭州：西泠印社出版社，2012。

95. 廣東省文化廳、廣東省古籍保護中心：廣東省第一批珍貴古籍名錄圖錄，廣州：廣東人民出版社，2013。

96. 安徽大學圖書館：安徽大學圖書館古籍善本書錄，合肥：黃山書社，2013。

97. 馬月華：美國斯坦福大學圖書館藏中文古籍善本書志，桂林：廣西師範大學出版社，2013。

98. 傅斯年圖書館善本書志編纂小組：「中央研究院」歷史語言研究所傅斯年圖書館善本書志·經部，臺北：「中央研究院」歷史語言研究所，2013。

99. 中山大學圖書館：中山大學圖書館古籍善本書目，桂林：廣西師範大學出版社，2014。

100. 陳亮主編：靜海樓藏珍貴古籍圖錄，上海：上海古籍出版社，2014。

101. 束有春等：江蘇第四批國家珍貴古籍名錄圖錄，南京：鳳凰出版社，2014。

102. 陝西省文化廳、陝西省古籍保護中心：第一批陝西省珍貴古籍名錄圖錄，西安：三秦出版社，2014。

103. 陝西省文化廳、陝西省古籍保護中心：第二批陝西省珍貴古籍名錄圖錄，西安：三秦出版社，2015。

104. 湖北省古籍保護中心：湖北省第一批珍貴古籍名錄圖錄，北京：國家圖書館出版社，2015。

105. 威海市圖書館：威海市古籍線裝聯合目錄，濟南：山東省地圖出版社，2015。

106. 楊國富：浙江大學圖書館古籍善本書目，北京：國家圖書館出版社，2016。

107. 天一閣博物館：天一閣博物館藏古籍善本書目，北京：國家圖書館出版社，2016。

108. 李鵬連、殷榕、周正穎撰稿，蔣堅松英文翻譯：湖南師範大學國家珍貴古籍名錄圖錄，長沙：湖南師範大學出版社，2017。

109. 美國普林斯頓大學東亞圖書館：普林斯頓大學圖書館藏中文善本書目，北京：國家圖書館出版社，2017。

110. 張蓓蓓：美國圖書館藏中國法律古籍善本書志，天津：天津古籍出版社，2018。

111. 金陵圖書館：南京市公共圖書館藏古籍善本題錄，南京：鳳凰出版社，2018。

112. 貴州省圖書館：貴州省第一至五批國家珍貴古籍名錄圖錄，北京：國家圖書館出版社，2018。

113. 雲南省圖書館：雲南省國家珍貴古籍名錄，昆明：雲南人民出版社，2019。

114. 廣東省文化廳、廣東省古籍保護中心：廣東省第二批珍貴古籍名錄圖錄，廣州：廣東人民出版社，2019。

115. 北京市文物局圖書資料中心：北京市文物局圖書資料中心古籍善本錄，北京：國家圖書館出版社，2019。

116. 李文潔：美國芝加哥大學圖書館藏中文古籍善本書志·集部，北京：國家圖書館出版社，2019。

117. 李文潔：美國芝加哥大學圖書館藏中文古籍善本書志·叢部，北京：國家圖書館出版社，2019。

118. 楊樹發等主編：江蘇第五批國家珍貴古籍名錄圖錄，南京：鳳凰出版社，2019。

119. 張寶三：美國芝加哥大學圖書館藏中文古籍善本書志・經部，北京：國家圖書館出版社，2020。

120. 洛陽文物考古研究院：（洛陽）珍貴古籍名錄圖錄，西安：三秦出版社，2020。

121. 安徽師範大學圖書館古籍部：安徽師範大學圖書館藏古籍善本目錄，北京：國家圖書館出版社，2020。

122. 党躍武主編：四川大學珍貴古籍名錄，成都：四川大學出版社，2020。

## 第三板塊：古籍普查登記目錄

1. 國家圖書館：國家圖書館古籍普查登記目錄，北京：國家圖書館出版社，2015。

2. 首都圖書館：首都圖書館古籍普查登記目錄，北京：國家圖書館出版社，2015。

3. 北京市文物局圖書資料中心：北京市文物局圖書資料中心古籍普查登記目錄，北京：國家圖書館出版社，2019。

4. 中國民族圖書館：中國民族圖書館古籍普查登記目錄，北京：國家圖書館出版社，2016。

5. 程仁桃等：北京師範大學圖書館古籍普查登記目錄，北京：國家圖書館出版社，2016。

6. 劉培生、李鴻濤主編：中國中醫科學院圖書館古籍普查登記目錄，北京：國家圖書館出版社出版，2014。

7. 軍事科學院軍事圖書資料館：軍事科學院軍事圖書資料館古籍普查登記目錄，北京：國家圖書館出版社，2017。

8. 吳雪梅主編：首都師範大學圖書館古籍普查登記目錄，北京：國家圖書館出版社，2020。

9. 李培主編：天津圖書館古籍普查登記目錄，北京：國家圖書館出版社，2014。

10. 李培主編：天津市十九家收藏單位古籍普查登記目錄，北京：國家圖書館出版社，2015。

11. 張毅主編：南開大學圖書館古籍普查登記目錄，北京：國家圖書館出版社，2014。

12. 包曉東主編：山東省煙台圖書館等十六家收藏單位古籍普查登記目錄，北京：國家圖書館出版社，2015。

13. 於婧、張旭麗主編：青島市古籍普查登記目錄，青島：中國海洋大學出版社，2017。

14. 孔子博物館：孔子博物館古籍普查登記目錄，北京：國家圖書館出版社，2017。

15. 杜保國主編：山東師範大學圖書館古籍普查登記目錄，北京：國家圖書館出版社，2019。

16. 李勇主編：河北省圖書館古籍普查登記目錄，北京：國家圖書館出版社，2017。

17. 劉國紅主編：河北省石家莊市圖書館古籍普查登記目錄，北京：國家圖書館出版社，2018。

18. 齊東明主編：河北省保定市圖書館古籍普查登記目錄，北京：國家圖書館出版社，2017。

19. 李景文主編：河南大學圖書館古籍普查登記目錄，北京：國家圖書館出版社，2014。

20. 李紅岩主編：河南省鄭州圖書館等十一家收藏單位古籍普查登記目錄，北京：國家圖書館出版社，2017。

21. 呂子剛主編：河南省洛陽市圖書館等九家收藏單位古籍普查登記目錄，北京：國家圖書館出版社，2017。

22. 馬慧萍主編：河南省開封市圖書館古籍普查登記目錄，北京：國家圖書館出版社，2017。

23. 安玉龍主編：河南省許昌市圖書館等十六家收藏單位古籍普查登記目錄，北京：國家圖書館出版社，2019。

24. 張愛新主編：河南省新鄉市圖書館古籍普查登記目錄，北京：國家圖書館出版社，2017。

25. 姚武主編：鄭州大學圖書館古籍普查登記目錄，北京：國家圖書館出版社，2019。

26. 魏存慶主編：山西省圖書館古籍普查登記目錄，北京：國家圖書館出版

社，2016。

27. 楊豔燕主編：山西師範大學圖書館古籍普查登記目錄，北京：國家圖書館出版社，2019。

28. 儲節旺主編：安徽大學圖書館古籍普查登記目錄，北京：國家圖書館出版社，2019。

29. 方青主編：安徽師範大學圖書館古籍普查登記目錄，北京：國家圖書館出版社，2016。

30. 安徽博物院：安徽博物院古籍普查登記目錄，北京：國家圖書館出版社，2020。

31. 王筱雯主編：遼寧省圖書館古籍普查登記目錄，北京：國家圖書館出版社，2017。

32. 劉寧寧主編：遼寧大學圖書館古籍普查登記目錄，北京：國家圖書館出版社，2018。

33. 鄭慶偉主編：瀋陽市圖書館古籍普查登記目錄，北京：國家圖書館出版社，2019。

34. 劉冰主編：遼寧省二十六家收藏單位古籍普查登記目錄，北京：國家圖書館出版社，2021。

35. 趙瑞軍主編：吉林省圖書館古籍普查登記目錄，北京：國家圖書館出版社，2019。

36. 禹平主編：吉林大學圖書館古籍普查登記目錄，北京：國家圖書館出版社，2019。

37. 石繼禹主編：吉林市圖書館古籍普查登記目錄，北京：國家圖書館出版社，2019。

38. 高文華主編：黑龍江省圖書館古籍普查登記目錄，北京：國家圖書館出版社，2014。

39. 高文華主編：黑龍江省十家公共圖書館古籍普查登記目錄，北京：國家圖書館出版社，2017。

40. 陝西省圖書館：陝西省圖書館古籍普查登記目錄，北京：國家圖書館出版社，2014。

41. 李永明主編：陝西師範大學圖書館古籍普查登記目錄，北京：國家圖書館出版社，2018。

42. 本書編委會：陕西省二十二家公共圖書館古籍普查登記目錄，北京：國家圖書館出版社，2018。

43. 陕西省三原縣圖書館：陕西省三原縣圖書館古籍普查登記目錄，北京：國家圖書館出版社，2021。

44. 本書編委會：甘肅省四家高校圖書館古籍普查登記目錄，北京：國家圖書館出版社，2016。

45. 曾雪梅主編：甘肅省圖書館古籍普查登記目錄，北京：國家圖書館出版社，2020。

46. 韓彬主編：寧夏回族自治區圖書館古籍普查登記目錄，北京：國家圖書館出版社，2018。

47. 尹光華主編：寧夏回族自治區二十家收藏單位古籍普查登記目錄，北京：國家圖書館出版社，2020。

48. 於立仁主編：青海省圖書館古籍普查登記目錄，北京：國家圖書館出版社，2014。

49. 叢冬梅主編：新疆維吾爾自治區圖書館古籍普查登記目錄，北京：國家圖書館出版社，2016。

50. 叢冬梅主編：新疆大學圖書館等五家收藏單位古籍普查登記目錄，北京：國家圖書館出版社，2016。

51. 李曉秋主編：內蒙古自治區圖書館古籍普查登記目錄，北京：國家圖書館出版社，2015。

52. 全勤主編：南京圖書館古籍普查登記目錄，北京：國家圖書館出版社，2020。

53. 本書編委會：江蘇省金陵圖書館等六家收藏單位古籍普查登記目錄，北京：國家圖書館出版社，2015。

54. 本書編委會：江蘇師範大學圖書館等五家收藏單位古籍普查登記目錄，北京：國家圖書館出版社，2015。

55. 趙萍主編：江蘇省徐州市圖書館古籍普查登記目錄，北京：國家圖書館出版社，2014。

56. 季培均主編：江蘇省揚州市圖書館古籍普查登記目錄，北京：國家圖書館出版社，2019。

57. 本書編委會：江蘇省揚州大學圖書館等五家收藏單位古籍普查登記目錄，

北京：國家圖書館出版社，2016。

58. 本書編委會：江蘇省蘇州圖書館古籍普查登記目錄，北京：國家圖書館出版社，2016。

59. 楊陽主編：江蘇省蘇州市吳江區圖書館古籍普查登記目錄，北京：國家圖書館出版社，2018。

60. 李峰主編：蘇州大學圖書館古籍普查登記目錄，北京：國家圖書館出版社，2017。

61. 楊欣主編：江蘇省常州市圖書館古籍普查登記目錄，北京：國家圖書館出版社，2015。

62. 本書編委會：江蘇省淮安市四家收藏單位古籍普查登記目錄，北京：國家圖書館出版社，2020。

63. 本書編委會：復旦大學圖書館古籍普查登記目錄，北京：國家圖書館出版社，2017。

64. 趙龍主編：上海師範大學圖書館古籍普查登記目錄，北京：國家圖書館出版社，2019。

65. 于建榮主編：中國科學院上海生命科學圖書館古籍普查登記目錄，北京：國家圖書館出版社，2020。

66. 徐曉軍主編：浙江圖書館古籍普查登記目錄，北京：國家圖書館出版社，2017。

67. 蔡琴主編：浙江省博物館古籍普查登記目錄，北京：國家圖書館出版社，2018。

68. 黃晨主編：浙江大學圖書館古籍普查登記目錄，北京：國家圖書館出版社，2019。

69. 本書編委會：浙江中醫藥研究院等四家收藏單位古籍普查登記目錄，北京：國家圖書館出版社，2019。

70. 褚樹青主編：杭州圖書館古籍普查登記目錄，北京：國家圖書館出版社，2018。

71. 本書編委會：西泠印社社務委員會等十家收藏單位、浙江省瑞安中學等八家收藏單位古籍普查登記目錄，北京：國家圖書館出版社，2019。

72. 本書編委會：湖州市圖書館等七家收藏單位、常山縣圖書館等二家收藏單位古籍普查登記目錄，北京：國家圖書館出版社，2019。

73. 徐曉軍主編：嘉興市圖書館古籍普查登記目錄，北京：國家圖書館出版社，2017。

74. 陸愛斌主編：平湖市圖書館古籍普查登記目錄，北京：國家圖書館出版社，2018。

75. 姚春興主編：嘉善縣圖書館古籍普查登記目錄，北京：國家圖書館出版社，2018。

76. 本書編委會：海寧市圖書館等六家收藏單位古籍普查登記目錄，北京：國家圖書館出版社，2019。

77. 廖曉飛主編：紹興圖書館古籍普查登記目錄，北京：國家圖書館出版社，2017。

78. 本書編委會：紹興市上虞區圖書館等八家收藏單位古籍普查登記目錄，北京：國家圖書館出版社，2019。

79. 高月英主編：嵊州市圖書館古籍普查登記目錄，北京：國家圖書館出版社，2018。

80. 徐益波主編：寧波市圖書館古籍普查登記目錄，北京：國家圖書館出版社，2017。

81. 寧波市天一閣博物館：寧波市天一閣博物館古籍普查登記目錄，北京：國家圖書館出版社，2017。

82. 本書編委會：寧波市奉化區文物保護管理所等六家收藏單位、舟山市圖書館等二家收藏單位古籍普查登記目錄，北京：國家圖書館出版社，2019。

83. 徐衛主編：金華市博物館等九家收藏單位古籍普查登記目錄，北京：國家圖書館出版社，2019。

84. 陳榮軍主編：東陽市博物館古籍普查登記目錄，北京：國家圖書館出版社，2019。

85. 本書編委會：麗水市圖書館等八家收藏單位古籍普查登記目錄，北京：國家圖書館出版社，2019。

86. 潘麗敏主編：雲和縣圖書館古籍普查登記圖目，北京：國家圖書館出版社，2015。

87. 柴福有主編：衢州市博物館古籍普查登記目錄，北京：國家圖書館出版社，2019。

88. 盧勇主編：台州市黃岩區圖書館古籍普查登記目錄，北京：國家圖書館出版社，2018。

89. 彭春林主編：臨海市圖書館古籍普查登記目錄，北京：國家圖書館出版社，2017。

90. 本書編委會：臨海市博物館等六家收藏單位古籍普查登記目錄，北京：國家圖書館出版社，2019。

91. 王昀主編：溫州市圖書館古籍普查登記目錄，北京：國家圖書館出版社，2017。

92. 陳欽益主編：瑞安市博物館（玉海樓）古籍普查登記目錄，北京：國家圖書館出版社，2018。

93. 劉漣漣主編：浙江省中醫藥研究院等四家收藏單位古籍普查登記目錄，北京：國家圖書館出版社，2019。

94. 王新才主編：武漢大學圖書館古籍普查登記目錄，北京：國家圖書館出版社，2019。

95. 李靜霞主編：湖北省武漢圖書館古籍普查登記目錄，北京：國家圖書館出版社，2020。

96. 丁希紅主編：湖北省襄陽市少年兒童圖書館古籍普查登記目錄，北京：國家圖書館出版社，2020。

97. 張勇主編：湖南圖書館古籍普查登記目錄，北京：國家圖書館出版社，2014。

98. 方向新主編：湖南省社會科學院圖書館古籍普查登記目錄，北京：國家圖書館出版社，2014。

99. 賀美華主編：湖南省八家收藏單位古籍普查登記目錄（衡陽市·永州市·郴州市卷），北京：國家圖書館出版社，2020。

100. 賀美華主編：湖南省二十三家收藏單位古籍普查登記目錄（岳陽市·常德市·益陽市·懷化市），北京：國家圖書館出版社，2021。

101. 賀美華主編：湖南省八家收藏單位古籍普查登記目錄（邵陽市·婁底市），北京：國家圖書館出版社，2021。

102. 賀美華主編：湖南省四家收藏單位古籍普查登記目錄（湘西土家族苗族自治州卷），北京：國家圖書館出版社，2021。

103. 徐田華主編：江西省景德鎮地區古籍普查登記目錄，北京：國家圖書館出

版社，2018。

104. 徐田華主編：江西萍鄉地區古籍普查登記目錄，北京：國家圖書館出版社，2018。

105. 鄭智明主編：福建省圖書館古籍普查登記目錄，北京：國家圖書館出版社，2015。

106. 三明學院圖書館：三明學院圖書館古籍普查登記圖目，北京：國家圖書館出版社，2016。

107. 福州市圖書館：福州市圖書館古籍普查登記圖目，北京：福建人民出版社，2019。

108. 鈔曉鴻主編：廈門大學圖書館古籍普查登記目錄，北京：國家圖書館出版社，2020。

109. 史小軍主編：暨南大學圖書館古籍普查登記目錄，北京：國家圖書館出版社，2017。

110. 劉洪輝主編：廣東省佛山市圖書館等八家收藏單位古籍普查登記目錄，北京：國家圖書館出版社，2018。

111. 韶關市古籍普查保護工作領導小組：廣東省韶關市古籍普查登記聯合目錄，廣州：花城出版社，2016。

112. 廣西壯族自治區圖書館：廣西壯族自治區圖書館古籍普查登記目錄，北京：國家圖書館出版社，2017。

113. 鍾瓊主編：廣西壯族自治區桂林圖書館古籍普查登記目錄，北京：國家圖書館出版社，2019。

114. 何光倫主編：四川省十一家收藏單位古籍普查登記目錄，北京：國家圖書館出版社，2017。

115. 任競主編：重慶圖書館古籍普查登記目錄，北京：國家圖書館出版社，2017。

116. 任競主編：重慶市北碚圖書館等八家收藏單位古籍普查登記目錄，北京：國家圖書館出版社，2016。

117. 任競主編：重慶市三十三家收藏單位古籍普查登記目錄，北京：國家圖書館出版社，2014。

118. 張麗芬主編：西南大學圖書館古籍普查登記目錄，北京：國家圖書館出版社，2017。

119. 鍾海珍主編：貴州省圖書館古籍普查登記目錄，北京：國家圖書館出版社，2015。

## 第四板塊：海外中文古籍總目

1. 林海青：新西蘭奧克蘭大學中文古籍目錄，北京：中華書局，2017。
2. 李國慶：美國俄亥俄州立大學圖書館中文古籍目錄，北京：中華書局，2017。
3. 本社編：美國杜克大學圖書館中文古籍目錄‧美國北卡羅來納大學教堂山分校中文古籍目錄‧美國灣莊艾龍圖書館中文古籍目錄，北京：中華書局，2017。
4. 李國英，周曉文，張憲榮：英國曼徹斯特大學約翰‧賴蘭茲圖書館中文古籍目錄，北京：中華書局，2018。
5. 王曉燕，楊玉蓉，謝念林：美國達特茅斯大學圖書館中文古籍目錄‧美國紐約州立賓漢姆頓大學圖書館中文古籍目錄‧美國賓夕法尼亞州立大學圖書館中文古籍目錄，北京：中華書局，2018。
6. 張穎，倪莉：美國加州大學爾灣分校圖書館中文古籍目錄，北京：中華書局，2019。
7. 孟正華：美國耶魯大學圖書館中文古籍目錄，北京：中華書局，2019。
8. 駱耀軍，鄭美卿，柳瀛：加拿大麥吉爾大學圖書館中文古籍目錄，加拿大維多利亞大學圖書館中文古籍目錄，北京：中華書局，2020。
9. 蔣樹勇：美國伊利諾伊大學圖書館中文古籍目錄，北京：中華書局，2020。
10. 王立：美國布朗大學圖書館中文古籍目錄，北京：中華書局，2020。
11. 美國哈佛大學哈佛燕京圖書館：美國哈佛大學哈佛燕京圖書館中文古籍目錄，北京：中華書局，2020。
12. 楊岸琳：美國愛荷華大學圖書館中文古籍目錄，北京：中華書局，2021。
13. 沈俊平，高斌：新加坡國立大學圖書館中文古籍目錄，北京：中華書局，2021。
14. 全寅初主編：韓國所藏中國漢籍總目，韓國首爾：學古房，2005。

## 第五板塊：版本學著作

1. 葉德輝著，漆永祥點校：書林清話，北京：北京聯合出版公司，2018。

2. 錢基博：版本通義，武漢：華中師範大學出版社，2013。

3. 繆荃孫：繆荃孫全集・目錄，南京：鳳凰出版社，2013。

4. 趙萬里：趙萬里文集，北京：國家圖書館出版社，2011～2012。

5. 張允亮：故宮善本書影初編，北京：故宮博物院圖書館，1929。

6. 趙錄綽：北平圖書館善本書目乙編，北京：國立北平圖書館，1935。

7. 柳詒徵：盋山書影，北京：北京圖書館出版社，2003。

8. 劉承幹：嘉業堂善本書影，北京：北京圖書館出版社，2003。

9. 故宮博物院文獻館：重整內閣大庫殘本書影，揚州：廣陵書社，1999。

10. 王文進：文祿堂書影，北京：北京圖書館出版社，2003。

11. 陶湘：涉園所見宋版書影，北京：北京圖書館出版社，2003。

12. 顧廷龍，潘景鄭：明代版本圖錄初編，上海：開明書店，1941。

13. 傅增湘：藏園老人手稿，北京：中華書局，2020。

14. 傅增湘：藏園群書經眼錄，北京：中華書局，2019。

15. 傅增湘：藏園群書題記，上海：上海古籍出版社，1989。

16. 張元濟：張元濟全集，北京：商務印書館，2009。

17. 張元濟：涉園序跋集錄，北京：商務印書館，1980。

18. 王重民：中國善本書提要，上海：上海古籍出版社，1983。

19. 王重民：中國善本書提要補編，北京：書目文獻出版社，1991。

20. 謝國楨：謝國楨全集，北京：北京出版社，2013。

21. 孫楷第：滄州集，北京：中華書局，2018。

22. 孫楷第：滄州後集，北京：中華書局，2018。

23. 孫楷第：孫楷第集，北京：中國社會科學出版社，2008。

24. 張秀民：中國印刷術的發明及其影響，上海：上海人民出版社，2009。

25. 張秀民：中國印刷史，杭州：浙江古籍出版社，2006。

26. 陳國慶：古籍版本淺說，瀋陽：遼寧人民出版社，1957。

27. 毛春翔：古書版本常談，北京：中華書局，1965。

28. 朱士嘉：中國地方志綜錄，北京：商務印書館，1958。

29. 上海圖書館：中國叢書綜錄，上海：上海古籍出版社，2019。

30. 北京圖書館：中國版刻圖錄，北京：文物出版社，1960。

31. 魏隱儒：古籍版本鑒定叢談，北京：印刷工業出版社，1984。

32. 魏隱儒：中國古籍印刷史，北京：印刷工業出版社，1988。

33. 魏隱儒：古籍版本鑒賞，北京燕山出版社，1997。

34. 魏隱儒：書林掇英：魏隱儒古籍版本知見錄，北京：國家圖書館出版社，2010。

35. 施廷鏞：古籍珍稀版本知見錄，北京：北京圖書館出版社，2005。

36. 施廷鏞：中國叢書知見錄，北京：北京圖書館出版社，2005。

37. 施廷鏞：中國叢書綜錄續編，北京：北京圖書館出版社，2005。

38. 施廷鏞：中國叢書題識，北京：北京圖書館出版社，2003。

39. 施廷鏞：中國古籍版本概要，天津：天津古籍出版社，1987。

40. 施廷鏞：中國叢書目錄及子目索引彙編，南京：南京大學出版社，1986。

41. 瞿冕良：版刻質疑，濟南：齊魯書社，1987。

42. 瞿冕良：中國古籍版刻辭典，蘇州：蘇州大學出版社，2009（2020 年增訂本）。

43. 李致忠：中國古代書籍史，北京：文物出版社，1985。

44. 李致忠：歷代刻書考述，成都：巴蜀書社，1990。

45. 李致忠：古書版本學概論，北京：書目文獻出版社，1990。

46. 李致忠：宋版書敍錄，北京：北京圖書館出版社，1994。

47. 李致忠：古書版本鑒定，北京：文物出版社，1997。

48. 李致忠等：典籍志，上海：上海人民出版社，1998。

49. 李致忠：肩樸集，北京：北京圖書館出版社，1998。

50. 李致忠：古代版印通論，北京：紫禁城出版社，2000。

51. 李致忠：古籍版本知識 500 問，北京：北京圖書館出版社，2001。

52. 李致忠：三目類序釋評，北京：北京圖書館出版社，2002。

53. 李致忠等：中國典籍史，上海：上海人民出版社，2004。

54. 李致忠：古書版本鑒定（修訂版），北京：北京圖書館出版社，2004。

55. 李致忠：中國出版通史·宋遼西夏金元卷，北京：中國書籍出版社，2008。

56. 李致忠：昌平集，上海：上海古籍出版社，2012。

57. 李致忠等：中國古籍十二講，北京：北京聯合出版有限責任公司，2018。

58. 李致忠：古書版本鑒定（重訂版），北京：北京聯合出版公司，2021。

59. 李致忠：圖鑒宋元本敍錄，北京：北京聯合出版公司，2021。

60. 程千帆，徐有富：校讎廣義·版本編，北京：中華書局，2020。

61. 程千帆，徐有富：校讎廣義·目錄編，北京：中華書局，2020。

62. 程千帆，徐有富：校讎廣義·典藏編，北京：中華書局，2020。

63. 程千帆，徐有富：校讎廣義·校勘編，中華書局，2020。

64. 嚴佐之：古籍版本學概論，上海：上海華東師範大學出版社，1989。

65. 曹之：中國古籍版本學，武漢：武漢大學出版社，1992。

66. 曹之：中國印刷術的起源，武漢：武漢大學出版社，1994。

67. 曹之：中國古籍編撰史，武漢：武漢大學出版社，1999。

68. 姚伯岳：版本學，北京：北京大學出版社，1993。

69. 姚伯岳：中國圖書版本學，北京：北京大學出版社，2004。

70. 姚伯岳：惜古拂塵錄，北京：國家圖書館出版社，2019。

71. 姚伯岳：燕北書城困學集，長沙：嶽麓書社，2010。

72. 姚伯岳：惜古拂塵錄，北京：國家圖書館出版社，2019。

73. 肖瓏，蘇品紅，姚伯岳主編：國家圖書館與圖元數據規範與著錄規則，北京：國家圖書館出版社，2014。

74. 屈萬里：圖書板本學要略，臺北：中華文化出版事業委員會，1953。

75. （日）長澤規矩也：中國版本目錄學書籍解題，北京：書目文獻出版社，1990。

76. 陽海清等：版本學研究論文選集，北京：書目文獻出版社，1995。

77. 陽海清：現存湖北著作總錄，北京：國家圖書館出版社，2016。

78. 陽海清：湖北官書局版刻圖錄，武漢：湖北教育出版社，2014。

79. 陽海清等：文字音韻訓詁知見書目，武漢：湖北教育出版社，2002。

80. 陽海清：中國叢書廣錄，武漢：湖北人民出版社，1999。

81. 陽海清：中國叢書綜錄補正，揚州：江蘇廣陵古籍刻印社，1984。

82. 陽海清：中南西南地區省市圖書館館藏古籍稿本提要，武漢：華中理工大學出版社，1998。

83. 王紹曾：目錄版本校勘學論集，上海：上海古籍出版社，2005。

84. 傅璇琮等：中國古籍總目·經部，北京：中華書局，2012。

85. 傅璇琮等：中國古籍總目·史部，北京：中華書局，2009。

86. 傅璇琮等：中國古籍總目·子部，北京：中華書局，2010。

87. 傅璇琮等：中國古籍總目·集部，北京：中華書局，2012。

88. 傅璇琮等：中國古籍總目·叢書部，北京：中華書局，2009。

89. 崔富章：版本目錄論叢，北京：中華書局，2014。

90. 沈乃文：版本目錄學研究·第一輯，北京：國家圖書館出版社，2009。

91. 沈乃文：版本目錄學研究·第二輯，北京：國家圖書館出版社，2010。

92. 沈乃文：版本目錄學研究·第三輯，北京：北京大學出版社，2012。

93. 沈乃文：版本目錄學研究·第四輯，北京：北京大學出版社，2013。

94. 沈乃文：版本目錄學研究·第五輯，北京：北京大學出版社，2014。

95. 沈乃文：版本目錄學研究·第六輯，北京：北京大學出版社，2015。

96. 沈乃文：版本目錄學研究·第七輯，北京：北京大學出版社，2016。

97. 沈乃文：版本目錄學研究·第八輯，北京：北京大學出版社，2018。

98. 沈乃文：版本目錄學研究·第九輯，北京：國家圖書館出版社，2018。

99. 沈乃文：版本目錄學研究·第十輯，北京：國家圖書館出版社，2019。

100. 沈乃文：版本目錄學研究·第十一輯，北京：國家圖書館出版社，2020。

101. 沈乃文：版本目錄學研究·第十二輯，北京：國家圖書館出版社，2020。

102. 沈乃文：書谷隅考，上海：上海古籍出版社，2011。

103. 國家圖書館，國家古籍保護中心：書志第一輯，北京：中華書局，2017。

104. 國家圖書館，國家古籍保護中心：書志第二輯，北京：中華書局，2020。

105. 陳海燕主編：過雲樓藏書書目圖錄，南京：鳳凰出版社，2013。

106. 王紹曾主編：山東文獻書目，濟南：齊魯書社，1993。

107. 王紹曾主編：清史稿藝文志拾遺，北京：中華書局，2000。

108. 王紹曾等：訂補海源閣書目五種，濟南：齊魯書社，2002。

109. 李雄飛：書林學步，北京：國家圖書館出版社，2019。

110. 韋力：批校本，南京：江蘇古籍出版社，2003。

111. 韋力：古書收藏，瀋陽：遼寧畫報出版社，2004。

112. 韋力：書樓尋蹤，石家莊：河北教育出版社，2004。

113. 韋力：古籍善本，福州：福建美術出版社，2007。

114. 韋力：中國古籍拍賣述評，北京：紫禁城出版社，2011。

115. 韋力：芷蘭齋書跋初集，北京：國家圖書館出版社，2012。

116. 韋力：古書之美，北京：新星出版社，2013。

117. 韋力：芷蘭齋書跋續集，北京：國家圖書館出版社，2013。

118. 韋力：芷蘭齋書跋三集，北京：國家圖書館出版社，2014。

119. 韋力：古書之媒，桂林：廣西師範大學出版社，2014。

120. 韋力：芷蘭齋書跋四集，北京：國家圖書館出版社，2015。

121. 韋力：失書記，桂林：廣西師範大學出版社，2015。

122. 韋力：得書記，桂林：廣西師範大學出版社，2015。

123. 韋力：古書之愛，北京：中華書局，2016。

124. 韋力：書魂尋蹤，北京：國家圖書館出版社，2016。

125. 韋力：蠹魚春秋，上海：上海人民出版社，2017。

126. 韋力：芷蘭齋書跋五集，北京：國家圖書館出版社，2018。

127. 來新夏：書目答問匯補，北京：中華書局，2011。

128. 來新夏：來新夏文集，天津：南開大學出版社，2019。

129. 來新夏：古籍整理講義，天津：南開大學出版社，2019。

130. 來新夏：古典目錄學淺說，北京：北京出版社，2016。

131. 來新夏等：目錄學讀本，上海：上海交通大學出版社，2014。

132. 杜信孚：明代版刻綜錄，揚州：廣陵古籍刻印社，1983。

133. 中國科學院北京天文臺主編：中國地方志聯合目錄，北京：中華書局，1985。

134. 趙嘉朱：中國社會科學院地方志聯合目錄，北京：中國社會科學出版社，2013。

135. 楊繩信：中國版刻綜錄，西安：陝西人民出版社，1987。

136. 黃裳：清代版刻一隅，濟南：齊魯書社，1992。

137. 黃永年：古籍版本學，南京：江蘇教育出版社，2009。

138. 黃永年：史部要籍概述，南京：江蘇教育出版社，2008。

139. 黃永年：子部要籍概述，南京：江蘇教育出版社，2008。

140. 黃永年：清代版本圖錄，杭州：浙江人民出版社，1997。

141. 屈萬里，昌彼得：圖書版本學要略，臺北：中國文化大學出版部，1986。

142. 屈萬里：古籍導讀，上海：上海辭書出版社，2020。

143. 屈萬里：「國立中央圖書館」善本書目初稿，臺北：聯經出版事業公司，1985。

144. 屈萬里：普林斯頓大學葛思德東方圖書館中文善本書志，臺北：聯經出版事業公司，1984。

145. 昌彼得：蟬庵論著全集，臺北：故宮博物院，2009。

146. 昌彼得：中國圖書史略，臺北：文史哲出版社，1976。

147. 昌彼得：中國目錄學，臺北：文史哲出版社，1986。

148. 昌彼得：中國目錄學資料選輯，臺北：文史哲出版社，1981。

149. 昌彼得：臺灣公藏宋元本聯合書目，臺北：「國立中央圖書館」，1955。

150. 李清志：圖書版本鑒定研究，臺北：文史哲出版社，1980。

151. 潘美月：中國大陸古籍存藏概況，臺北：「國立編譯館」，2002。

152. 潘美月：龍坡書齋雜著：圖書文獻學論文集，臺北：花木蘭文化出版社，2011。

153. 潘美月：中國圖書三千年，北京：中信出版社，2016。

154. 萬曼：唐集敘錄，北京：中華書局，1980。

155. 祝尚書：宋人總集敘錄，北京：中華書局，2004。

156. 祝尚書：宋人別集敘錄，北京：中華書局，1999。

157. 徐永明：明人別集經眼敘錄，杭州：浙江古籍出版社，2013。

158. 徐永明：清代浙江集部總目，杭州：浙江大學出版社，2019。

159. 胡旭：先唐別集敘錄，北京：中國社會科學出版社，2011。

160. 趙榮蔚：唐五代別集敘錄，北京：中國言實出版社，2009。

161. 崔建英：日本見藏稀見中國地方志書錄，北京：書目文獻出版社，1986。

162. 崔建英：明別集版本志，北京：中華書局，2006。

163. 崔建英：崔建英版本目錄學文集，南京：鳳凰出版社，2012。

164. 阿部隆一：阿部隆一遺稿集：宋元版篇，東京：汲古書院，1993。

165. 陳先行：中國古籍稿抄校本圖錄，上海：上海書店出版社，2000。

166. 陳先行：打開金匱石室之門：古籍善本，上海：上海文藝出版社，2003。

167. 陳先行，石菲：明清稿抄校本鑒定，上海：上海古籍出版社，2009。

168. 陳先行，郭立暄：上海圖書館善本題跋輯錄附版本考，上海：上海辭書出版社，2017。

169. 陳先行：古籍善本，上海：上海辭書出版社，2020。

170. 江澄波：古刻名抄經眼錄，北京：北京聯合出版有限公司，2020。

171. 江澄波，杜信孚，杜永康：江蘇刻書，南京：江蘇人民出版社，1993。

172. 沈燮元：沈燮元文集，北京：國家圖書館出版社，2018。

173. 李明傑：宋代版本學研究，濟南：齊魯書社，2006。

174. 趙宣：口述史視閾下的古籍版本鑒定研究，北京：社會科學文獻出版社，2019。

175. 余川：古籍版本目錄學論著精編，北京：線裝書局，2016。

176. 王永波：梨雲樓目錄版本論集，臺北：花木蘭文化出版社，2016。

177. 傅熹年：傅熹年論文選，北京：中華書局，2020。

178. 丁瑜：延年集，北京：國家圖書館出版社，2016。

179. 吳希賢：歷代珍稀版本經眼圖錄，北京：中國書店，2003。

180. 江標：宋元本行格表，揚州：廣陵書社，2003。

181. 楊守敬：留真譜，北京：北京圖書館出版社，2004。

182. 郭立暄：中國古籍原刻翻刻與初印後印研究，上海：中西書局，2015。

183. 陳正宏：東亞古籍版本學初探，上海：中西書局，2014。

184. 趙前：明代版刻圖典，北京：文物出版社，2008。

185. 趙前：中國版本文化叢書・明本，南京：鳳凰出版社，2003。

186. 張麗娟，程有慶：中國版本文化叢書・宋本，南京：鳳凰出版社，2002。

187. 陳紅彥：中國版本文化叢書・元本，南京：鳳凰出版社，2002。

188. 黃裳：中國版本文化叢書・清刻本，南京：鳳凰出版社，2002。

189. 裴治國等：中國古籍二百種提要，長春：吉林人民出版社，1991。

190. 王超明：中國古籍編輯提要簡史，天津：天津古籍出版社，2004。

191. 張偉麗：古籍提要題跋節錄，哈爾濱：哈爾濱工程大學出版社，2017。

192. 李方：新疆歷史古籍提要，北京：中國書籍出版社，2019。

193. 傅璇琮總主編：中國古代詩文名著提要，石家莊：河北教育出版社，2018。

194. 王瑞祥：中國古醫籍書目提要，北京：中醫古籍出版社，2009。

195. 郝潤華，侯富芳：二十世紀以來中國古籍目錄提要，上海：華東師範大學出版社，2012。

# 2. 基本文獻資料

## 2.1 基本文獻資料的總體分析

基本文獻資料分為五個板塊，略述如下：

第一板塊為核心文獻，包括 4 部書，第一是顧廷龍主編的《中國古籍善本書目》（經、史、子、集、叢分開出版，故析為 5 種分別著錄），其他三種為：南京圖書館編《中國古籍善本書目索引》、天津圖書館編《稿本中國古籍善本書目書名索引》及翁連溪《中國古籍善本書目》。

第二板塊為善本書目，各種名目的善本書錄、善本圖錄居然高達 127 種，

還不包括版本鑒定的著作，如《中國地方志綜錄》《增訂四庫簡明目錄標注》《四庫存目標注》等書。

第三板塊為古籍普查登記目錄。目前已有 119 種，其他待刊。

第四板塊為海外中文古籍總目。目前共有 14 種。此類著作還在繼續增長。

第五板塊為版本學著作。將近 200 種。

## 2.2 代表性文獻資料的概要介紹

第一板塊為研究對象。顧廷龍主編的《中國古籍善本書目》是我們研究的主要對象，它的幾種衍生物也是核心文獻。

第二板塊為已經公開出版印行的各種善本書目，第三板塊為全國古籍普查之後公開出版的登記目錄，這兩大板塊是我們產生學術增量的資料來源。

第四板塊為海外中文古籍總目，可謂它山之石，可以攻玉，也是重要的輔助參考資料。

第五板塊為版本學著作，是我們參考借鑒的理論武器。

五大板塊的著作我們不再介紹，行家見目自然會意。

我們在前面部分已經重點介紹了《明別集版本志》，它為編製各種總目錄或聯合目錄提供了一個工作樣本。我們苦苦尋覓三十年，經過反覆的比較，歷經痛苦的思索，現在大夢初醒，終於認識到了它的極其珍貴的學術價值！《明別集版本志》理所應當地成為《中國古籍善本書目》增訂版的工作樣本。理由是《中國古籍善本書目》原版著錄版本信息過於簡略，還是一部「簡目」，很多關鍵信息都沒有揭示出來。有人以為，編纂「哈佛模式」的善本書志是比較理想的。我們絲毫不懷疑這一說法的正確性，但問題在於，從「簡目」一步跨到「善本書志」，工程量太大，招標形式有時間限制，難以在短期內畢其功於一役，中間的理想狀態就是「版本志」。從「簡目」到「版本志」，也是版本目錄學的一次飛躍。如果國家有關部門以特批的方式，集結全國的專業力量，開館（「善本志館」）修志，我們完全有能力編纂一部真正意義上的「善本書志」。

原版《中國古籍善本書目》及其衍生物是我們研究的主要對象，也是核心文獻。第二、三兩大板塊是產生學術增量的資料來源。第四板塊海外中文古籍總目是重要的輔助參考資料。第五板塊版本學著作，也是可資借鑒的理論武器。

　　【補記】革命尚未成功，同志仍需努力。這一課題涉及雖然沒有得到有關部門的批准立項，不免小有遺憾，但它仍然是有價值的，對於版本學研究做了大量的調查與深度的判斷，故附錄於書末，一則記錄當時的方案以見一片苦心，二來向所有支持過我們的同行與朋友致以衷心的感謝。

# 修訂版後記

曹之先生在第一版第一編第一章第五節有「破除神秘感」一小節，文曰：

　　過去，人們對古籍版本學存在一種「神秘」感，認為那是一門「玄而又玄」的學問，只可意會，不可言傳。一個人如果不在幽雅深邃的書庫中蹲上幾十年，簡直沒有資格談論版本。這樣，古籍版本學就把自己長期限制在一個極為狹小的天地裏，作繭自縛，容易造成不能自立於學術之林、後繼乏人的被動局面。今後，要繁榮古籍版本學研究，必須首先解決這些認識問題。當然，我們並不完全否認古籍版本學研究的難度，由於古籍收藏單位、知識面等限制，對於初出茅廬的人來說，打一場「短平快」，速戰速決，在短期內登堂入室，實屬不易。但是，經過努力，在不太長的時期內，粗知版本，做到「入門」也並不難。為什麼這樣說呢？（一）版本源流是古籍版本學的研究內容之一，只要具備一定的科研能力，大量翻閱史料，善於綜合分析，就可以順藤摸瓜，逆流而上，追本溯源。那些對古籍版本學抱有「神秘」感的人往往只強調版本鑒定，而忽略了版本源流的研究。（二）版本鑒定是古籍版本學研究的另一個內容。版本鑒定無非兩種方法：一是形式，二是內容。初學的人因為接觸古書不多，從形式上鑒別版本，確有一定困難，但從內容上鑒定版本，完全可以辦到。只要能讀懂古書，具備一定的歷史知識和校勘常識就行。時間長了，見識多了，把內容和形式結合起來，也並不難。那些對古籍版本學抱有「神秘」感的人往往只強調從形式

> 上鑒定版本，而忽略了內容的鑒定。（三）明清本是當今古籍版本學研究的重要內容之一。有的人一談到版本學，就只會想到宋元本，似乎除了宋元本，版本學就無事可幹了。其實，這是一種偏見。古籍版本學固然要研究宋元本，但宋元本時代久遠，藏本日稀，前人已研究了幾百年，多有定論。今後即使有新的發現，也是極少數。現在我們面臨的主要問題是明清本，明清本時間近，數量多，藏家廣，問題很多。我們要面對現實，把主要時間和精力轉移到明清本研究中。明清本是一個廣闊的天地，在這裡是可以大有作為的。

所論言之鑿鑿，但「破除神秘感」是認識問題，不是方法問題，因此，我斗膽將這一小節刪去了。不是說它不重要，而是感到位置不太合適。

　　為什麼有那麼多的人對古籍版本學存在一種神秘感？一是在相當長的時期內形成了一批「觀風望氣派」。此派盤踞在要害部門，幾乎壟斷了古籍善本，他們往往以版本學鑒定權威自居，甚至放言只有他們才懂版本，自炫其技的同時，還要暗示「老虎屁股摸不得」。殊不知「和尚摸得，我也摸得」！二是一些影視作品的誇張渲染，這個號稱「某半張」，那個號稱「某一眼」，經他們遠遠地瞟一眼，就知道該版出自何地何代。其實「觀風望氣派」多為橫通之人，學問不大，脾氣不小，既沒有經過系統的文史訓練，也沒有廣泛地瀏覽古籍，只是憑藉有限的經驗，就敢目中無人，自以為老子天下第一。近幾十年，我也接觸過一些這樣的橫通之輩。曹之先生私下與我也談到過他們的行徑。曹先生一再告誡我們，研究版本學首先就要杜絕形式主義的傾向，必須形式與內容相結合，版本鑒定與版本源流相結合。這是館派與院派的分野，也是「觀風望氣派」與「綜合考察派」的分野。曹先生是後者的傑出代表，他以其廣博精深的研究論著奠定了他的學術地位。北京大學圖書館學系泰斗周文駿先生就一再肯定了曹老師在版本源流研究的巨大貢獻。有人稱曹先生是中國古籍版本學的第一人，這也主要基於他在版本源流研究領域。就連精於版本鑒定的李致忠先生、陽海清先生對於曹先生的學術成就也極為肯定，他們與某些心胸狹隘的玩家相去不可以道里計。

　　我於 1986 年秋天考入武漢大學中文系，翌年選修了曹老師的古籍整理課程。1998 年春天報考武漢大學博士生，有幸成為曹門開山大弟子。入學不久，他特別鄭重地對我說，必須以實際行動證實自己的學術實力，盡快脫穎而出。他專門為我開設版本學課程，命我撰寫《20 世紀版本學研究綜述》，又吩咐我

著手修訂《中國古籍版本學》一書。師命難違，遵而行之，寒窗之下，一字一句反覆閱讀他的幾本書，特別是《中國古籍版本學》，逐句審讀，再三批點。《禮記·中庸》云：「博學之，審問之，慎思之，明辨之，篤行之。」這是治理一切學術的方法與步驟，對於古籍版本學尤其如此。多年之後，武漢大學出版社讓他親自修改《中國古籍版本學》，他索取我的批點本，對於拙見有所吸收。《中國古籍版本學》作為一門教材具有週期性，需要不斷修訂。他生前曾經一再表示要不斷修訂，現在他離開我們又有幾個年頭了，版本學又需要重新修訂。為了他以前的鄭重囑託，作為大弟子的我責無旁貸，雖不能折衝禦侮，但也不能忘記老師的栽培。薪盡火傳，我只好擔負起修訂之責。「吾愛吾師，吾尤愛真理。」毋庸諱言，曹先生的原著也還存在過於華麗、過於和氣、引號濫用、引用過度、時代局限、失於考證、失於校讎、立論不當等問題。例如，我就不同意他的「《四庫全書總目》是版本目錄」的觀點，也不支持他將《雲仙雜記》全部判定為偽書的說法。我在大體吸收其精華的同時，也有意剔除其精粕，在保留主體內容的前提下，對不太適合本科層次的章節逕自刪去，對存在瑕疵的字句及觀點逕自刪改。大刀闊斧，難免傷筋動骨；刪繁就簡，旨在推陳出新。這次修訂過程實際上也是一場學術接力賽。在老師已經逝去多年之後，我們只有接過先師的接力棒，繼續往下傳承，這裡面有因襲，有損益，也有所發展。相對於前面已經出版的幾個版本，這次的變化無疑是最大的。雖然是體無完膚，甚至是面目全非，但它仍然不失為一個學派性質的文本，基本精神與總體框架還是沒有太大的變化，希望得到讀者的理解與諒解。本書的修改得到曹師母的大力支持，特此致謝。

司馬朝軍

2023 年 6 月 1 日於滬西之震旦園